07

天下农本

——制度变革与文化自觉

王曙光 著

中国发展出版社

图书在版编目（CIP）数据

天下农本——制度变革与文化自觉 / 王曙光著. —北京：中国发展出版社，2015. 7

ISBN 978-7-5177-0326-6

Ⅰ. ①天… Ⅱ. ①王… Ⅲ. ①农村经济－经济体制改革－研究－中国 ②农村金融－研究－中国 Ⅳ. ①F320. 2 ②F832. 35

中国版本图书馆 CIP 数据核字（2015）第 090424 号

书　　名： 天下农本——制度变革与文化自觉
著作责任者： 王曙光
出 版 发 行： 中国发展出版社
（北京市西城区百万庄大街 16 号 8 层　100037）
标 准 书 号： ISBN 978-7-5177-0326-6
经　销　者： 各地新华书店
印　刷　者： 北京市密东印刷有限公司
开　　本： 700mm × 1000mm　1/16
印　　张： 18. 75
字　　数： 266 千字
版　　次： 2015 年 7 月第 1 版
印　　次： 2015 年 7 月第 1 次印刷
定　　价： 40. 00 元

联 系 电 话：（010）68990630　68990692
购 书 热 线：（010）68990682　68990686
网 络 订 购： http：//zgfzcbs. tmall. com//
网 购 电 话：（010）88333349　68990639
本 社 网 址： http：//www. develpress. com. cn
电 子 邮 件： bianjibu16@ vip. sohu. com

序言

技术·制度·文化

——中国农村发展的“三位一体”驱动模式

一、技术与制度

技术变革与制度创新的关系，历来众说纷纭。工业革命以来，研究者大多注意到技术变革对制度创新的引领与推动作用，科学技术在生产力层面的革命性开拓，极大地促进了制度层面的创新，导致生产关系发生巨变，无论是马克思主义学派还是非马克思主义学派，在这一观点上基本没有异议。蒸汽机技术等现代工业科技的迅猛进展，在客观上要求与大规模工业生产相匹配的生产形式、组织形式以及与此相应的社会分配制度和劳动制度，于是企业制度以及与此适应的一整套法律制度和经济制度由此诞生，并最终决定了国家的组织形式和运作机制发生深刻的变革。在这样一个理论架构中，技术被作为一个先决的、能动的、积极的因素，推动制度层面的创新，这种理论诚然是自洽的，在解释工业革命以至于更为长期的制度变迁方面仍然表现出一定的解释力。

这种“技术决定论”色彩极其浓厚的思维模式，尽管在理论逻辑上有一定的合理性，但是真实的经济史和社会史的变迁却体现着“技术—制度”之间更为复杂、更为立体的逻辑关系。新制度学派兴起以来，经济史学家们发现，早在技术革命出现之前，若干重要的制度创新早已出现，其中近代会计制度、近代企业制度和近代金融制度的出现，对于纯粹的技术创新转化为具有实际工业推广价值的技术创新（历史上有很多技术虽然在当时堪称是先进的，但是并没有应用到实际的工业生产进程中，这样的技术因为无法参与工业化的真实进程而消逝，被历史自然淘汰或忘记）具有决定性的意义。这些制度主义观点在一定程度上颠覆了以前技术决定论者或者生产力决定论者长期奉行的理论教条，凸显了制度的重要性，认为制度创新乃是能够适合于工业化进程的真实的技术变革的前提条件，假如没有这些制度层面的创新，单纯的技术变革是没有意义的，纯粹的技术变革也许在工业革命之前很长一段历史时期都存在，但是因为没有相应的制度创新作为基础和前提，这些所谓“先进”的科技没有任何途径引发工业革命。

新制度主义观点在20世纪80年代以来对中国经济学者产生了深刻的影响，这些影响，从中国近40年改革开放的大规模自觉的制度变迁的实践来看，大部分是积极的。我们所获得的“改革红利”就是一系列深刻的制度变迁的结果，在技术层面的增进相对微小（当然不能说没有技术创新）的情况下，中国在制度层面的主动革新推动了中国近40年的堪称世界奇迹的经济增长。这就使得很多西方经济学家在考察中国经济增长时感到极其困惑，在全要素生产率没有得到明显的巨大提升的条件下，中国却实现了迅猛的前所未有的经济增长，而这个困惑，只能通过一系列带有中国特色的制度安排来解释（值得强调指出的是，这些制度变迁并不是简单复制或模仿西方新自由主义经济学范式而带来的，在很多方面乃至大部分方面，中国的制度变迁是在中国原有体制框架和传统逻辑下，根据自己的约束条件而采取的积极而独具中国特色的改革模式）。制度主义观点在中国的大行其道，是以中国近40年的制度变迁以及由此引发的经济增长奇迹为依托的，有其经济史意义上的合理性与必然性。所以，在20世纪末的中国学界，中国有学者提出“制度重于技术”的命题就顺理成章，毫不奇怪，因为中国人对于制度变迁的力量的认识有着极为深刻而切身的体会。“制度重于技术”的命题，其积极意义在于，要持续不断地提醒和告诫中国民众和政策制订者，要不断对阻碍经济发展和社会转型的旧有的制度安排进行革新，要不断与时俱进并突破任何阻力，对那些不合理的传统体制进行反思和变革。大部分人包括那些最为严谨的学者都对“制度重于技术”的命题深信不疑，而没有意识到这个命题本身是一个偏颇的、甚至错误的理论。

尽管“制度重于技术”的命题在当时甚至当下的经济政治语境下都有其积极意义和理论价值，但是单纯地重视制度层面的变革的重要性，如同单纯地突出技术层面的决定性一样，是极为片面的，不科学的。从历史的真实开展过程来看，并不存在“技术重于（或先于）制度”或“制度重于（或先于）技术”的偏执的伪命题，历史变迁和社会经济发展是一个复杂的进程，任何重大的技术变革和制度创新都是相互融合、互为条件和保障的。一定的技术手段，往往为制度实施提供基础、条件、前提和保障〔比如产权制度的实施，就必须以一定的技术条件为前提和保障，没有一定的技术条件，产权（比如草原上的产权和海洋中的产权）是很难被清晰界定和保护的〕。没有技术条件作为支撑，制度实施的成本就会变得极为高昂，甚至再美好的制度，因为没有相应的技术条件作为支撑，也成为空中楼阁而难以在实践层面实现（除了产权制度之外，再比如，计划经济制度虽然是一套极为优越和理想的制度安排，但是如果没有极为完善而先进的信息技术和计算技术作为基础，就很难实现，再美好的计划经济制度也很难收到理想的实效）。只重视制度层面的变革而没有看到技术的作用，就会产生制度的迷信，以为制度不需要任何成本就可以实施，实际上，在现实当中，很多美好的制度设计的前提其实是技术，以此来节省制度实施的成本。从另一个角度来说，一定的制度安排也为技术创新得以在人类社会应用并持续发挥作用提供前提和条件，工业革命以来，专利保护制度在技术创新中所发挥的作用已经被公众所熟知，而现代企业制度、产权制度、金融制度（银行和资本市场）等在技术革命、知识传播和科学应用中所起到的决定性作用，正在被经济史研究中的大量经验事实所印证。

从经济史的角度来看，既有大量事实证明制度创新能够促进技术变革，也有大量事实表明技术变革可以促进制度创新。现代互联网技术和信息技术对各个领域的制度创新都产生了极为深刻的影响，当下中国互联网金融技术的变革，正在倒逼中国的金融制度发生意义深远的变革。传统意义上很多看起来极为必要的制度设计和安排，在互联网技术和信息技术迅猛发展的今天都变得不必要了，从而引发一系列的制度创新，比如银行抵押担保的制度安排等，有些制度则要进行重要的革新和调整，如货币制度、知识产权保护制度等。甚至人类交往和行动的模式、企业的组织形式和运作机制、社会治理和民主制度运作的方式等，都会发生深刻的变革。如果在当下的技术变革语境下有人单纯而片面地强调"制度重于技术"，就显得极为幼稚而肤浅了。

二、制度与文化

制度体现为一定的人类社会组织形式和运行机制，从其外在表现形式来看，包含着各种成文的法律制度和国家意识形态，也包括各种非正规和非成文的社会隐性规则。而文化则体现为一个社会群体的思想意识和行为习惯，其外在表现形式是一个社会群体和国家的价值体系、思想观念、生活习俗以及器物文明。文化是一个更为广泛的哲学概念，一切制度（包括正规制度和非正规制度）都是某个层面的文化表现。当然，从另一个角度来说，一个族群的价值体系、思想观念、生活习俗等，本身也是一种可见或不可见的制度安排。

近代以来，西学东渐，西方的经济、社会、政治制度不断被引入中国，中国也在各个层面大力模仿和吸收西方的制度文明。在这个长达一个半世纪的历史进程中，中国传统的制度遗产已经丧失殆尽，西方的经济、社会和政治制度已经在各个层面对中国进行了深刻的改造。但是在引进西方的制度文明（包括新中国成立以来学习苏联的社会主义模式）的同时，我们也要看到文化层面的问题。文化与制度相比，具有相对的稳定性和牢固性，它反映了一个民族更为内在和深刻的心理需求，也反映了更为久远和坚固的历史积淀。因此，它的变化需要更长的时间，它对于制度变迁的反应并不是机械的、即时的、亦步亦趋的，而是保持一定的距离和内在的张力，在制度层面发生变化的过程中，文化层面的调适会显得非常缓慢而隐蔽。一个半世纪以来的历史经验证明了，任何从西方引进的制度，不论它在西方如何高明并显出极大的制度优势，一旦引进中国，就会因文化的调适性而产生诸多水土不服问题，这些制度舶来品如果不能跟中国的文化相互融合，如果不能适应中国的文化环境，则这些制度或者经过一段时间被彻底抛弃，或者经过中国文化的改造而发生深刻的转变，以适应中国的土地。历史经验证明了，如果我们在引进外国制度的时候完全不考虑中国悠久的文化积淀，不考虑我们自己的文化特性，则任何生硬的制度嫁接和制度复制将一无所成。

今天我们对于制度与文化的关系已经可以有比较清醒、平和的认识。制度没有绝对的好坏之分，甚至没有制度绩效的绝对高低之分，任何制度，都必须与我们自身的文化积淀相配合，相适应，相融汇。制度中隐含着一个群体的文化，它也需要一定的文化来维系和保障。无论是合作经济制度、民主政治制度、企业治理制度等，其背后都隐含着一些特定的文化理念和价值观，不同文化的族群，其运用的制度安排也是不同的，不要以自己的文化眼光来审视和判断别人的制度安排，须知这些不同的制度安排乃是根植于、内生于特定的文化土壤，自有其生命力和合理性。世界上没有绝对普适于一切文化的制度，也没有一种制度绝对优于其他制度，一切以盲目的文化优越感和文化偏见来妄断其他族群的制度绩效的做法，注定是幼稚的；任何不顾自身文化的特性而盲目崇拜和照搬其他族群制度的做法，也注定是不会有好结局的。同时，我们也要以平和和公正的心态看待那些制度舶来品来到中国后所发生的变化，这些变化或者“异化”，是在一种异文化环境引入其他族群的制度安排时所发生的必然现象。不要苛求中国在引入这些制度后会原封不动地保留并实施这些制度，也不要在发现中国在实施这些引入的制度后所发生的变异与改造时发出任何抱怨、不解和自嘲，须知这是文化调适的必然。我们需要深入反思和研讨的，是我们的制度创新是否真正适应我们的文化，或者我们的文化生态到底有哪些要素妨碍了制度的创新，从而在制度创新与文化重构之间找到一个最佳的平衡。

中国一个半世纪的中西融合经验，最终所得到的最宝贵的经验就是这个“平衡”。既不是削足适履地不顾自己的文化传统而生硬地照搬别人的制度，也不是固步自封以自己的文化传统与“特色”为理由拒绝外来的优秀文化。在承认一定的制度安排反映着特定族群的文化积淀并以之为前提和条件的同时，我们也要看到，制度创新也会推动文化的演进，文化不是一套既定的、不再变化的、封闭而僵化的价值符号系统，而是一套随着内外条件的变化不断发生变迁和调适的体系，文化具有很强的适应性，可以进行自我扬弃。这是一种更为科学和积极的文化观。文化既有相对稳定而牢固的内核，也是一个具有高度延展性、高度灵活性和弹性、高度适应性的复杂系统。

三、技术变革、制度创新与文化重构——中国农村发展的“三位一体”模式

新中国成立以来，中国农村就一直处于较为密集的制度创新之中，这些制度层面的变革均带有试错的性质，农村基层政治制度和集体经济制度的确立、农业合作化运动、人民公社化运动、粮食统购统销制度的创建等，均被赋予当时社会经济发展的特殊战略目标和特殊时代背景。虽然这些制度变革有利于中国快速工业化和赶超战略的实施，并且空前地提高了中国基层农村的动员能力和农民的集体国家意识，但是在改革开放之后都被很快抛弃，新中国前三十年的农村制度创新的试验似乎在制度层面没有遗留下什么东西。但是深入考察前三十年的制度变革，我们发现，一方面，农业集体化经济制度（包括合作社和人民公社）都是农业发展到一定高度之后所必然采取的制度形态，合作化运动和人民公社化运动尽管以人民公社全部从中国版图消失而告终，但这并不能说明农业集体化和组织化的大方向是错误的。基层动员能力的大规模提升是毛泽东时代的最大制度遗产，改变了传统中国农村千百万小农一盘散沙的局面，使得乡村治理的绩效和乡村公共品供给的水平比传统农村有

了质的提升。中国农村在短期内发生了翻天覆地的变化，其中农村水利建设的大规模推进、耕地的大规模整治、农村医疗保健水平的大幅度提高、农村社会保障体系的建立、农村教育体系的建立等，都极大地提升了当时中国农村的公共品供给水平，并且为以后改革开放之后的农业发展和农村改革准备了雄厚的物质基础和人力资本。在前三十年中，制度层面的变革是与技术层面的革新共同推进的，农田水利建设、农业技术创新、农村机械化程度的提高等，都使得农业生产效率比旧时代有了大幅度提升。所有这些技术和制度层面的变革与创新，我们都要以客观的史家眼光来进行科学的判断，而不应杂以意识形态的偏见，同时对某些制度变革所留下的惨重历史教训，也要加以深刻检讨以避免重犯。

改革开放之后的农业和农村改革以微观主体自由决策权的放开为核心，在一段时间中获得了明显的经济绩效。农村联产承包责任制的推行使农民获得了生产决策的自由，但是这种以小农决策为基础的经济制度在现代经济体系和全球化经济格局中有其天然的弊端，农业生产虽然在改革开放后一二十年的短期中获得了很好的提升，但是农业生产的规模化程度低、农民的组织化程度低、农民抗风险能力和适应市场能力低、农村公共品供给能力低下等痼疾，严重制约了农村的进一步发展和农业生产效率的进一步提升。我们对毛泽东时代的合作化和人民公社的制度遗产抛弃得过于彻底，没有客观而平和地看待那个时代的优势及其制度安排的合理内核，今天我们已经很清晰地看到，乡村治理和基层动员能力低下、乡村公共品供给（如农村水利和农田改造等基础设施建设、农村的医疗保健和初级教育体系）水平低下、小农生产的局限性等，已经成为农村发展停滞、村治混乱、农业水利基础设施陈旧等问题的最主要根源。从改革开放初全面抛弃人民公社体制到21世纪前十年，几乎整整30年的时间，我们没有很好地注意农民组织化程度的提升，没有很好地提升农业生产的规模化水平，农民合作社在2007年才真正具备法律基础，可以说，在农民合作组织发展方面，中国丧失了宝贵的三十年时间，这个历史失误所带来的代价是相当高昂的。制度层面的缺失也导致中国农村的技术革新缺乏载体，从而使农业技术的推广普及和创新受到很大的阻碍。2007 年《农民专业合作社法》颁布实施以来，我国农村合作经济组织得到长足的发展，从某种程度上对我国农业生产的规模化和农民的组织化有一定助益，但是也暴露出很多问题。土地制度的变革最近几年突飞猛进，但是如果没有集体经济作为土地流转和规模化经营的制度载体，大规模的土地流转或许会演变为大资本变相控制土地并挤占剥夺农民土地收益的一场饕餮盛宴。在集体经济丧失功能之后，村庄治理成为制约中国农村社会全面发展的重要瓶颈。村庄治理的失效加上大规模的劳动力流动，导致很多村庄凋敝，村风败坏，村治涣散，人心很难凝聚，基层动员能力丧失殆尽，公共事业更是无从谈起。然而，从更深的层次来说，中国农村最深刻的危机还在于文化的凋敝，传统的乡村习俗正在以极快的速度大规模消逝，传统的伦理与价值观迅速崩溃，这对中国农村发展的影响极为深远。虽然引进了合作经济制度，引进了现代金融制度，虽然尝试了各种扶贫创新机制，政府也加大了对农村发展和扶贫的支持力度，但是乡土文化的坍塌使得所有这些制度安排和政策措施的绩效大打折扣。乡村习俗、传统文化、乡土伦理和价值观的复兴，及其与当代中国乡村政治体系、乡村经济结构进行有意义的重构，是决定中国农村社会未来全面发展的最重要因素。中国农村的全面振兴，可谓任重道远。

中国未来农村经济社会的发展，仍然应该遵循“技术变革—制度创新—文化重构”的三位一体模式来展开。

首先，在技术层面，中国农村应该大力引进并创新现代农业技术、生态环保技术、水利和农田改造技术，大力提升农业和农村治理的信息化水平。值得欣喜的是，现代信息技术和互联网技术近年来的迅猛发展，为农村进步和农业发展提供了历史性机遇，甚至在一定程度上改变了农业生产和农村治理的传统模式，这一技术变革对农村的深刻影响，我们现在还很难进行完整的评估。

其次是制度（包括组织）层面的变革。技术层面的变革要求有相应的组织载体，也必然要求相应的制度保障。原子化的小农经济是难以承载技术的大规模革新和传播的。因此，在进行技术变革的同时，系统的制度创新必须跟上，为此中国农村必须发展多种形式的规模化经营组织（包括合作经济组织、企业化组织和家庭农场组织），必须大规模提升农民的组织化水平，必须以各种形式大力发展乡村的集体经济；必须在农村土地制度、农村社会保障制度、农村金融制度、农业技术推广制度、农村政治制度等各个领域进行综合性的制度创新，以适应现代农业发展和农村治理的需要；必须进一步协调好政府、乡村基层政治组织、乡村其他经济组织、传统乡土社会组织（宗族和宗教）、外生社会组织和商业组织（如公益性组织和商业机构）之间的关系，构建多元化的乡村治理和乡村公共品供给机制，发挥各自的制度优势和制度潜能，不断创造新的农村发展机制，使各个主体都能在未来乡村治理和农业发展中发挥积极作用并获得相应收益。为此，未来农村必须成为一个开放的社区，必须构建一个具有高度开放性、包容性和灵活性的社会体系，来容纳不同的经济社会行为主体，使其在农村的要素配置、社会治理和公共品供给中贡献各自的力量。同时，未来农村社区又必须是一个能够充分体现农民民主权利的社区，要以民主机制来决定农村各种要素的配置和乡村治理的方式。

最后是文化层面。农村文化构建的目的，是为系统性的制度创新和技术变革提供文化上的支撑与保障。传统乡土文化在农村的复兴在很多地区都已经成为一个清晰可见的潮流，传统的乡土文化符号和组织载体正在被大规模恢复，这不但意味着我们的乡村治理体系正在逐步吸收传统社会伦理的价值内核而走向多元化，也同时意味着整个社会开始正视传统农业文明和乡土文化在重构中国文化中的宝贵价值（包括价值观意义上的价值和产业经济价值）。中国农村未来不仅要复兴乡土文化，还应该大力培育以协商、平等、公正为精神内核的民主文化，培育一种开放和包容的文化环境。理想中的中国农村文化，是既能够承继和传递中国历史悠久的传统乡土文化，传播和塑造优秀的传统中华价值理念，同时又能够融汇现代民主治理的精髓，使农村形成和谐、开放且充满凝聚力与活力的社区，它既传统，又现代，亦新亦旧，从而极大地降低制度创新和技术变革的成本，推动中国农村的全面发展。我们要以高度的文化自觉，来审视中国传统的乡村文化，并努力以全球眼光为参照，构建一种新型的乡村文化。

中国农村蕴含着巨大的生命力，也有着充满希望的辉煌的未来。即使是当前农村中存在的若干缺陷或消极因素，从另一个视角看却恰恰是中国的希望所系、机遇所系。中国是很幸运的，我们拥有如此广阔的乡村，这些乡村又存在着那么多有待创新与发展的真空地带，这为中国未来发展提供了极为巨大的空间，这是世界上任何经济体都不具备的优势。我相信中国乡村内部所隐藏的非凡能量，任何一个技术层面、制度层面和文化层面的创新，都可以在中国乡村获得最佳的试验场。毫无疑问，中国农村正在迎来一个技术变革、制度创新和文化复兴的黄金时代。中国要在未来三十年获得稳健的经济增长和成功的社会建设，其真正的希望必然在农村，把农村这件事处理好了，新中国在建立100周年的时候必然无敌于世界。

王曙光

2015年2月19日乙未正月初一于善渊堂

目录

第一章　中国农村金融制度变迁与反贫困

第二章　区域金融发展、政府行为与制度创新

第三章　农村土地制度变革与农村金融发展

第四章　城镇化与农村普惠金融体系构建若干问题探讨

第五章　农村金融机构的文化构建

第六章　农村金融机构治理变革和管理创新

第十章 新常态下中小金融机构要践行六大金融理念

第十一章 互联网金融的哲学与普惠金融构建

第十二章 从金融抑制到金融自由化与金融民主化
——中国金融制度演进的历史逻辑

第十三章　中国乡村治理的历史嬗变与现代转型

第十四章　中国传统经济伦理与商业文明及其现代意义

第十五章　文化自觉与中国文化产业发展

第十六章　谈谈田野调查方法

第一章

中国农村金融制度变迁与反贫困

本章根据作者 2012 年 11 月 24 日在中央民族大学所作的学术报告整理而成。

一、中国的成就和问题：财富增长与贫困问题

今天很高兴跟同学们就我的研究做一点汇报，也特别感谢孙英院长给我这个机会。

关于农村金融这方面的研究，应该说国内系统的学术研究并不多，因为在金融领域，农村金融几乎是一个被人遗忘的角落，所以学术界实际对农村金融研究相对比较薄弱。但是这几年农村金融领域的研究已经有很大的改变。大约从 2002 年开始，我跟我的北大同学们一直在努力完善这个学科，试图建立中国的发展金融学科。发展金融主要讲发展中国家的金融体系发展，而中国作为最大的发展中国家，主要的研究重点应该在农村金融，所以 2002 年我从明尼苏达大学访学归来、做完博士论文之后，就开始着手这方面的工作。大规模发表论文是从 2005 年开始的，团队每年都要发表与农村金融相关的学术专著和研究报告，到现在为止，已经连续出版近十本著作，包括农村金融领域第一本教材《农村金融学》，并大概确立了一个理论体系和教学体系。实际上，农村金融学的背景应该是发展金融学，所以我在经济学院开设的博士生和硕士生课程叫《金融发展理论》，给本科开设的是《农村金融学》。从 2008 年开始，我每年出版一份关于农村金融方面的调查报告，《草根金融》《乡土重建》《守望田野》《金融减贫》《告别贫困》，2013 年出第六册《农行之道》。

今天，我想讲五个问题。首先，从引言开始，讲一下中国现在面临的危机和取得的成就。第二，回顾从 2005 年以来中国农村金融改革的情况，探讨现代农村金融制度的内涵是什么。从增量方面，介绍中国最近七年农

村金融领域的变化。第三，从存量方面，主要探讨中国农村合作金融体系所发生的巨大制度变迁。第四，讲讲这几年田野调查得到的一些结论：重塑中国的农村金融体系。最后，展望中国农村金融改革未来的前景。

十八大刚刚结束，我们对中国经济发展的成就也有了很多了解。现在，在国际上"唱衰"中国和"唱盛"中国两个潮流同时并存。所谓"唱衰"中国，就是有一批人专门以攻击中国为乐，对中国的贫困落后加以攻击、对中国所谓不民主的状况加以攻击、对中国的乱象加以攻击。当然这种攻击好的地方在于我们能够从这些批评中了解自己弱势的一面，"有则改之，无则加勉"。另一方面，"唱盛"中国也大有人在，比如最近讲中国在大概五到六年之后，GDP 总量就会赶上美国，成为世界第一。这种说法我听了以后很惊讶，因为研究这么多年经济学，我都不太清楚这个结论从何而来，后来才知道是按照购买力平价计算的，计算标准是汉堡包的价格，以汉堡包的购买力来计算中国的 GDP，从而得出这个结论。当然，汉堡包价格有一定的可比性，但是很偏颇，毕竟是低级的消费品，以此计算中国 GDP，它的准确性是值得怀疑的。但是不可怀疑的就是：从新中国成立以来到现在，我们的 GDP 确实不是一般的快速增长，用"突飞猛进"这个词形容都感觉不够，比如 1949 年的人均 GDP 只有 70 元，当时的人口只有 5 亿多，今天的人口达到 13.4 亿左右，但是我们的人均 GDP 却达到 35198 元，在全世界排名第 89 位。你们可能觉得第 89 位很低，但是中国至少在十年前、二十年前是排在 100 多位，跟印度差不多，印度到现在还徘徊在 130 多位，而中国升到 80 多位，超过了泰国，我觉得这是一个伟大的成就。

在 60 年间，中国的人均 GDP 增长 500 多倍，成为世界上最大的经济体之一。这些都是在中国人均资源极低的情况下取得的，我们取得这些成就的奥秘到底是什么？我认为就在于我们的制度变迁与制度创新，中国资源有限、人口居多、发展不平衡，但是我们的这种制度变迁释放的能量非常大。党的十八大又提出"国民收入到 2020 年的倍增计划"，意味着在未来八年中国人均收入又要翻一番，比 2010 年要翻一番。再看居民储蓄与外汇储备的变化。1952 年外汇储备是 1.39 亿美元，到 2012 年则为 3.3 万亿美元，增加2万多倍。1952年城乡居民储蓄是8.6亿元人民币，人均1.5元，但是到2011年，城乡居民储蓄总量达到33万亿元人民币，相当于5万亿美元，这个速度比1978年增长了450倍，比1952年增长3800多倍。世界上很少有国家在半个世纪当中发生这么大的变化，把它称为“奇迹”是毫不夸张的。

随着中国经济实力的增长，中国富裕了，富人多了，而且最近十年中国富人数量的增长速度之快简直让人惊讶。富裕阶层的兴起，意味着中国正在迈向全世界富豪最集中的国家之一。从2012年胡润富豪排行榜中可以看到，中国拥有世界最多的白手起家的亿万富翁（即没有继承家族财产，通过创业而跻身亿万富翁行列）。其中亿万美元富豪是600位，亿万人民币富豪是7500位。中国拥有千万人民币的人数大约有90多万人。所以中国富人这几年简直是以指数速度增长。这是好的方面。但是财富增长也有问题。与少数富人的猛烈增加相对照的是，中国有大量的贫困现象，贫富差距逐渐增大。经济学当中计算贫富差距有一个系数，就是基尼系数，基尼系数越高意味着这个国家经济发展越不平衡，贫富差距越大，老百姓幸福感越差。在一个收入分配平均的国家里，幸福感会稍微好一些，人的幸福感不在于自身的绝对量多少，而在于对比，在于自己收入的相对位置。孙英教授写过《幸福论》，财富影响幸福甚大，但不是绝对量，而是相对量。

大约在1978年前，中国应该说是全世界财富最平均的国家之一，所以当时人的幸福感是蛮强的，这个强不是外部宣传的强，而是国民的自我感觉。虽然很穷，但却是那种“喜洋洋的穷”的状态。现在所有人都富了（在绝对量方面），但却批评很多，为什么？因为幸福感下降了。我们看到，中国的基尼系数1978年是0.31，0.31可能是当时全世界最低的国家之一，在1978年之前之所以出现这么低的基尼系数，是因为中国在当时努力建立城乡比较均衡的福利体系，农村的义务教育、农村的医疗水平都在全世界前列，1978年之后我们的体制发生变化，人民公社解体之后集体资产没有了，农村的各种福利急剧下降，教育水平和医疗水平下降，城乡差距就拉大了。

到2010年中国基尼系数大概已经接近0.5，为什么说大概？因为20世纪80年代、90年代中国官方公布过，但是进入21世纪以来官方就不再谈基尼系数了。所以现在只有学者的估计，没有公开的数据。中国现在处于全世界人均收入最不均衡的国家之一，因为很少有国家超过0.4，中国接近0.5，而欧洲、日本等国家基尼系数大概在0.24~0.36。所以为什么中国人幸福指数差呢？根本原因在于收入分配格局变了。实际上中国人生活水平从绝对量来讲，当然比1982年要好得多，已经发生了翻天覆地的变化。我是1990年考入北大的，当时每个人生活费不到60元，但同学们很快乐。因为周围同学差不多，最高的同学75元，最低同学大概45元，我有55元，穷人很多，大家虽然很少吃肉，但是很满足。现在生活水平提高了，人们幸福感反而下降了。这是中国采取非均衡的发展战略所造成的，中国城乡居民收入差距在不断拉大。我们的目标值是红线位置0.35左右，这些年却偏离目标值越来越远，这个问题是大问题。

中国表面看来GDP总量非常大，已经开始迈向全世界最大经济体之一，但是衡量一个国家是不是强大，并不在于其个头，有两个更重要的指标：一是，这个“大”能不能持续？人家那个“大”可以持续，几十年平稳发展，有些“大”看起来很大，其实是泡沫，一弹就破了，很危险；第二是这个“大”给人们带来实际效应到底多大？如果这个“大”给老百姓带来的实际效应是负，那这个“大”一般只会造成这个国家更加不稳定。

2011年我们调整了贫困人口标准，就是以农村居民家庭人均纯收入2300元作为一个标准衡量贫困线，在2010年贫困人口8000多万人，换新标准后贫困人口增加到1.28亿人，又多了4000多万贫困人口。1.28亿人放到任何欧洲国家都难以想象，欧洲很多国家总共不到几千万人，中国绝对贫困人口达到1.28亿，相当于六个澳大利亚的绝对贫困人口，想想看中国是穷的国家还是富的国家？所以不仅要看“胡润排行榜”，还要看中国的另外一面，中国仍然是很穷的国家，而这个穷有它的特点。第一，贫富差距大。第二，城乡差距大。第三，中西部差距大。第四，即使在同一个相对贫困地区，它的中心城市并不差，但中心城市孤立发展，区域内差异很大。比如二、三线核心城市，其基础设施和繁荣程度一点不差，贵州比较贫困的地方黔东南苗族侗族自治州、黔西南布依族苗族自治州这些地方比较贫困，但是它们的省会城市基础设施很好、楼盖得非常好，而距离中心城市不到十分钟的路程就进入一些最穷的地方，这个特点是中国独有的，因为西方很多国家的相对不富裕地区是很平均的。

另外，还有一个特点是民族地区生活水平严重低于平均水平。比如，我曾专门去过新疆，看了之后，就有一个结论，这个地方发生某些问题不是偶然的，因为我是一个经济学者，所以我特别关注经济层面。比如，新疆很多地方农村金融服务严重不足。新疆区域广大，但很多地方要么没有金融机构，要么金融机构极为稀少且缺乏对于农民的服务，这样的农村金融服务怎么可能产生富裕的农村经济呢？所以我回来之后就写了一份报告来分析新疆农村金融的问题，指出东部资本充裕地区应该把资本转移到西部，加大那里的民族地区的农村金融服务，促进那里的反贫困事业，这对于民族和谐是至关重要的。后来，国家民委还将这篇报告评为当年的民族理论研究二等奖。

这几年我关注到了民族问题，几乎所有民族自治区包括自治县都去过，比如，内蒙古、陕西、甘肃、新疆、西藏、云南、贵州、广西、四川、宁夏，这些地方都是中国最不发达的地区，我去的很多。我认为西部可能是未来十年中国最有可能出问题的地方，所以胡锦涛主席在十八大报告中谈到，中国未来要高度关注民生问题，中国再不解决收入分配和均衡发展问题，中国经济就有可能不可持续。

通过以上的梳理，我们得到两个印象。第一，中国这几年发展非常快，GDP 增长非常快；第二，中国 GDP 高速增长背后有一定的弊端，存在严重的贫困问题和收入差距问题，这个问题如果关注不到，中国人就会扬扬得意，对自己的成就看得太高，而对自己的不足视而不见。最近看到很多学者讨论中国模式、中国道路，当然我们必须讨论中国的道路和经验在什么地方？中国有什么样的奥秘值得别人看？但是同时也要正视自己的问题，就是 1.28 亿贫困人口怎么解决？

我想贫困问题有很多的解决方法，社会学家、民族学家、经济学家都有各自的办法。从金融来讲，我觉得农村金融服务是最重要的，金融服务是影响中国将来农村经济发展非常重要的核心方面。

二、2005～2012年的农村金融改革和农村金融新谱系

下面我讲第一个问题，即2005～2012年农村金融改革问题。

如果讲最近几年农村金融改革，我们必须回到2005年之前。从20世纪50年代开始，中国在毛主席领导下建立农村金融体系，主要是农村信用合作社，一直到2005年，这个体系发生很大的变化。在1978年之前，农村信用合作社是人民公社附属的东西，当年为了实现工业化，中国的资金从农村大量流往城市。在这个过程中，中国付出了非常大的代价，尤其是农民付出了非常大的代价。在20世纪50年代末期，北大哲学系的教授梁漱溟先生，中国乡村建设的先驱之一，跟毛主席有过一次公开的争论。梁先生认为在中国发展过程当中很多情况固然很好，但是不能不给主席提出来，现在工人在九天之上，农民在九天之下，太苦了。毛主席听了之后十分生气，主席用很激烈的言辞批评他是“妇人之仁”，说我们是“大仁政”，而梁漱溟先生是“小仁政”，批评说很多人“群居终日，言不及义，好行小惠”。

我20年前看这篇文章的时候十分不理解，当时义愤填膺，我觉得梁先生太伟大了，竟然敢跟毛主席叫板，毛主席的批评看起来太没有道理。但是事情过了20年，我以40岁的年纪再看这篇文章，越来越觉得主席说的有一定道理。新中国从1949年到1980年代，实际上就是实现两件事，一是中国要实现赶超战略，超英赶美，赶超西方发达国家。二是要实现工业化，中国经济体系要从农业国家变成工业国家，变成工业国家就需要大量资金投入，而中国当时是资金严重匮乏的一个国家。在这种情况下，中国不能搞殖民地，必须大量从农业当中获得剩余。在前30年里，中央领导人一直处在纠结当中，时而想农民太苦要解放农民，给农民更多福利，时而

又觉得工业化太重要，中国如果不实现工业化，别说一般的工业体系，就是我们的国防都成问题。无论火箭还是导弹，背后都是钢铁，都是工业体系，都是工业实力，没有这个实力跟美国叫板腰杆就不硬。在这种情况下，由农业获得大量的剩余，支持中国的赶超战略与工业化，这就是历史的必然。在这个历史阶段，中国必须付出这样的代价。所以尽管当时农民确实很辛苦，但是这个过程是非常必要的。我小时候在农村生活，我妈妈一年到头辛苦劳动，到冬季也要劳动，早上把玉米根刨起来要烧火，很辛苦，到年末大队一结算，不但没有一分钱收入，而且还欠大队五十块钱。不但没有任何工资报酬，还要欠人家钱，这就是人民公社，但是我今天理解了，这是在这个阶段中国人民必然付出的代价。

在当时，农业部门充当了工业化与赶超战略的剩余提供者这样的角色。这个历史大约在 2005 年结束。因为在 2005 年，中国基本建立起比较完善的工业体系，中国的赶超战略基本完成，中国的经济总量已经达到世界前三位。之后就是两个任务，一是城市反补农村，二是工业反补农业，中国基本完成工业化之后，就应该做这两件事情。

所以中国在将近半个世纪当中，总是农村向城市转移资金，无论农业银行、农信社还是邮政储蓄，都把大量的储蓄从农村转移到城市，这叫做“负投资现象”。金融机构在农村只是储蓄而很少放信贷，整个体系就是为了工业化。如果回顾一下 1979 年以来中国农村金融改革情况就会发现，尽管从 1979 年到 2000 年左右，我们做了很多事情，但是整个金融体系并没有改变。1979 年，农行恢复，并很快集中于城市业务，对农民放贷慢慢收起来；1994 年，中国农业发展银行成立之后，试图加强农村的信贷，但是农发行基本不跟农民打交道，而主要是为粮棉油大宗商品收购服务的，不单独跟农民打交道；1996 年，农行跟农信社脱钩，农信社独立发展，当时想加强农信社独立性，后来发现农信社慢慢脱离农村、慢慢商业化；1998 年，在亚洲金融危机背景下，当时的中央领导为了防范金融危机，就命令大型商业银行大量从中国县以下区域撤走金融机构，所以当时工行、农行、中行、建行，包括一些股份制银行都把他们的网点从基层撤走了，这对中国影响很大。比如现在到县域看，真正在县域放贷的大银行相对来讲很少，“工农中建”这些大银行在县域放贷很小，他们主要吸收存款，然后吸到地级市或者省城，供城市使用。1999年，中国又办了一件大事，就是全面取缔当时农村将近3万家的农村合作基金会，当时大概为了防范风险，也确实有很多地方合作基金会面临很大的风险，但是后来发现，当时一个不留的全面取缔政策，对中国农村金融服务有很大的负面影响。所以，我们看到这些改革最后结果都不是太好，这些自上而下的改革，几乎没有农民的参与，也没有经过比较科学的论证。最后导致大量在农村放贷的金融机构慢慢脱离农村，行政化、商业化使农村金融服务严重不足。大概在2006年，中国人民银行发布中国农村金融服务报告，报告说，中国大约有一万个乡镇只有一家金融机构，将近8000多个乡镇是零金融机构。中国有2800多个县，4万多个乡镇，其中，竟然有1万乡镇只有1家金融机构，有8000多个乡镇是零金融机构，这样差的金融服务怎么能振兴农村经济呢？中国每个乡镇大概有3万~5万人，甚至10万人不等的规模，一个金融机构怎么服务过来呢？这就造成中国农村金融服务的真空，对农村的发展影响很大。最近三十年中，城乡差距拉大的一个很大原因就在于农村金融机构的服务弱化。

下面我们看几方面的农村金融改革情况。

1. 农村的合作金融

大家可能对“合作”两个词不太了解，合作社最早发源于欧洲，欧文提出了合作社与空想社会主义的思想，到18、19世纪合作社普遍发展，其中以罗虚戴尔先锋社为主要代表。合作社的本质就是它必须是一个互助共济的组织，内部实行民主管理，以非盈利为经营宗旨，为社员服务。这是合作制，但是中国一学就走样了，20世纪50年代毛主席大力提倡农村信用合作，但是信用合作社发展过程中政府的介入太强，最后变成官方的机构。到了80年代就面临一个问题：到底怎么改革合作社？搞成合作制还是商业化？有两派意见。一派老同志认为必须回到合作制，必须把信用合作社办成具有合作性质的内部互助共济、民主管理、一人一票决策、服务于社员的真正的合作组织。另外一派认为不行，因为中国从来就没有办过真正的合作制，真要办合作社理论上不通，实践层面也没有可操作性。所以后来就出现所谓的“修正主义的合作制”。后来的发展证明，经典合作制在农信社领域是很难实现的，最终一定会搞成一个商业化、市场化、股份制的盈利性的金融机构。今天，在中国的现实情况下，农村信用合作社必然走这条道路。中国将来的合作金融应该是走股份化的道路。

从 1980～2005 年，中国农村信用合作经历了四个阶段，大概前二十年当中，信用合作社是以强调恢复合作制为主的；到 2003 年左右就开始强调要调整合作制的产权结构，要吸引大量的投资股，把合作制方面逐渐淡化；2003～2005 年就是不断完善治理结构的阶段；2005 年之后开始逐渐建立社区银行，放弃合作制，开始股权多元化、大规模的商业化。

比如我刚去过的余姚，余姚农村合作银行非常强，总资产达到两三百亿，不良贷款只有 0. 7%～0. 8%。经济学上认为，不良贷款达到 1% 以下是全世界最优秀的商业银行标准。比如花旗银行是在 1% 以下，中国农村信用社当中这样的银行并不多，所以我到余姚很兴奋、很震撼。当然余姚吸引我的地方还在文化，余姚是严子陵、王阳明、黄宗羲、朱舜水等名流的故乡，历史文化丰厚，农村金融发展也非常好。这主要得益于它有一套真正的商业化体制。

2. 农村的民间金融

说到民间金融可能想到地下钱庄、非法集资。比如温总理曾在人大会上提到的“吴英案件”应该慎重处理。吴英事件当然在中国不是个案，如果查历史文献，在最近的十年当中，浙江以非法集资的罪名大概处决了 10 个人。他们集资规模大概从 2 亿到 10 亿不等，而且有一个特点，这些非法集资的人大多是以妇女居多，学历水平都不高。吴英案既然不是个案，那背后反映了什么问题？我想有以下几点。第一，浙江民间资本实在太多了，据说浙江民间资本目前流量 5 万亿左右，占中国 GDP 的 1/8 左右，这部分钱我们叫“热钱”，今天看中紫砂壶就炒紫砂壶，明天看中房地产就炒房地产，炒什么就什么赚钱，因为资本实在太大了。这些人实际并不是要做坏事，但是吴英拿钱去投资，承诺大家很高的回报，最后却破产，导致很多人因此受损。

西方有一个“庞氏骗局”，就是到处诱骗人投资，用新骗来的钱偿还那些已经投资的老会员，但是亏空越来越多，难以为新会员提供所承诺的高回报，最后包不住了，导致崩溃。吴英案在法律上争议非常大，为什么？因为她的罪名是《刑法》中的“非法吸收公众存款罪”。此事出现之后财经杂志采访我，我只有一个很简单的观点。我说这个罪名不成立，法学当中没有以“非法”两个字作为判定标准，不能说非法重婚罪，重婚罪本身就是非法的，也不能说非法抢劫罪，抢劫就是非法的，所以“非法吸收公众存款罪”，这个词在法理上讲不通。这个词实际上在经济学也讲不通，它指“向不特定对象吸收存款的行为”，但是认识吴英的人说，她跟我们借钱，我们都认识，我们是“特定对象”，什么叫“不特定对象”呢？比如，90 年代河北徐水县孙大午，也是被以同样的罪名被逮捕了，当时很多学者声援他，觉得这个人没有错，在当地是道德模范，是很好的企业家，为当地老百姓谋福利，但是他就是吸收很多人的资金，还给他们不低于农信社存款的利息。但是这个问题在法律上没有解决，因为到现在法律的界定标准还没有。

中国的民间金融形式非常多样，而且历史悠久。从形式来讲最早有互助会，英文上称“储蓄信贷轮转协会”（ROSCA），这种形式在中国很多地方都存在，比如浙江、福建以及很多内地地区都有这种形式。而且我查史料得知，这种形式最早可以追溯到三千多年前。而且在东亚国家有很多互助会的借贷形式，比如在韩国叫“契”，这个词非常好，表明互助会就是不同人之间的契约关系。日本人叫“无尽”。可见它是全世界好多国家都通行的老百姓用来互助共济的方法，它有多种形式，如轮流使用资金的轮会、竞标使用资金的标会、摇色子来决定使用资金顺序的摇会等。民间金融还有一个形式，所谓的地下钱庄，现在基本以地下担保业为主。第三个形式是合作基金会。第四种形式是典当业。典当业在中国以前名声很坏，实际上典当业很重要，用经济术语讲就是有抵押的小额贷款，到期再将抵押品赎回的一种借贷方式。比如鲁迅先生那时候去到典当铺把家里的东西典当，用换来的钱买药，但是没有典当铺的话没有办法买药，谁给他提供流动资金？所以典当铺也很重要，中国典当铺目前被真正注册的很少。第五种就是私人借贷，签个条就可以了，没有什么合同，带有很大的随意性，有些利息水平很高，带有高利贷的性质。第六种民间金融形式是银背。有些人在银行有很好的关系，就把钱从银行里边以极低成本借出来，比如以7%、6%的利率借出来，以18%、15%放出去，这就叫“银背”，也叫“银中”。中国很多银行信贷就这样被挖空了、倒出去了。有门路是一个原因，但根本原因在于中国正规银行体系利率市场化远远不到位，借贷价格太便宜，自然有人以更高水平贷出去，就成为一个地下市场。总体来说，中国的民间金融应该说不但种类繁多，而且为中国经济发展其实做出了一定贡献，虽然它的消极层面也不容忽视。根据我们调查，中国农村70%左右信贷是靠民间金融支撑。中国人民大学温铁军教授调查说有85%的农村信贷都是靠民间借贷。但是不管怎么样，民间金融是支撑中国农村金融体系的一个有机组成部分。中国人不能不正视这个体系。所以在2005年左右，央行就在着手制定《放贷人条例》。但《放贷人条例》到现在还未出台，法律不明确，民间金融的合法性危机就一直存在，很多乱象也难以在法律上讲清楚。

3. 新型农村金融机构

2005年是一个很重要的年份，这一年央行（中国人民银行）推出一个农村金融试点工作，就是小额贷款公司试点，在山西、内蒙古、湖北、四川、贵州五个省份建立七家小额贷款公司，其中四家我都去了。这个举动应该说是中国农村金融体系中破天荒的大事，表面来看建立七家公司不算什么，都是很小的公司，但是这个举动意义非常大。以往农村金融机构只有两家，要么农行，要么农信社，但是2005年央行终于下决心要建立新的农村金融机构，虽然规模很小，数量也很少，只做了七个，但是意义非常重大，我认为它揭开了中国农村金融改革的序幕。2006年12月，银监会也拿出更大规模的改革方案，尝试建立三类农村新型金融机构，即村镇银行、农民资金互助组织以及贷款公司。银监会为什么这么快推出这么多改革举措？人民银行出台小额贷款公司方案之后，银监会压力非常大，当时银监会刚成立两三年时间，在农村金融改革方面明显落后于央行，所以它要较劲、要竞争。

2007 年，农村金融发生了两件大事。一是中国邮政储蓄银行成立了，以往邮政储蓄银行只有负债业务没有资产业务，即只吸收存款但是不发放贷款，把存款上存其他金融机构或者央行，会拿到很多利息，而且这个利息几乎是没有任何风险的，也不用自己管理。所以以往邮政储蓄银行生活过得很滋润。2007 年邮储银行成立，结束只有负债没有资产的情况，同时要放贷，而一旦邮储银行放贷，对农村金融的影响就非常大。因为它是仅次于工、农、中、建的第五位的大银行，而且在中国大概有几十万家的基层网点，力量很强。当年邮储银行一成立，我就非常兴奋，我意识到中国农村金融中最大的一股力量进来了。第二件大事就是 2007 年的中国通过一部重要法律《农民专业合作社法》。看起来这是一部很小的法律，但是这部法律对中国的影响非常大，中国农村实际上从 20 世纪 50 年代就开始搞合作社，但是一直没有法律。2007 年这部法律通过了，农民可以建立自己的合作社，可以建立自己的合作金融组织，这是一个巨大的进步。

十八大提出一个概念“新型农业现代化”，有什么标准呢？我理解新型农业现代化只有一个标准，就是中国农村的微观主体必须从“小农”变成“大农”。中国小农经济当然很有生命力，几千年没有倒下，问题是当面临全球农业竞争的时候，小农没有任何竞争力，小农破产的概率相当高。所以小农必须消灭，当然不是肉体上消灭，而是从体制上消灭，而要从“小农”变成“大农”，必须组建中国的农民合作社。这几年在网络上总是看到一些信息，比如某地有一个农民白菜丰收但卖不出去，这样的消息很多。农产品丰收卖不出去，农民投入的大量资金就泡汤。中国的农民不清楚到底生产多少才合适，没有订单，如果上年韭菜很好，今年就扩大一倍产量，结果今年价格降低一半，就破产了。所以，要变成“大农”，才能以市场方式接受企业的订单，以订单指导生产，这没有合作社坚决不行。

从 2005 年到现在，中国经过七年的改革，农村金融体系的变化非常大，我们要对这七年成绩给予充分重视、肯定。这个新的农村金融谱系，我把它画成金字塔形状。处在金字塔底端的是数以万计的草根农村金融机构，包括各地的农村资金互助社、农民合作基金会、大量的小额贷款机构。为什么叫草根？因为它们服务于最穷的人，服务于最弱势的群体。第二层是面向基层的农村金融机构，主要是大量的村镇银行、农村信用社和贷款机构，这些机构主要面向小微企业、面向大的种植户。第三层是大型银行类农村金融机构，比如农商行、农合行。这些银行规模都比较大，比如北京市农商银行注册资本金 60 亿元人民币，相当于 10 亿美金，在美国算是巨型银行。上海组建了上海农村商业银行，重庆组建了重庆农村商业银行、宁夏组建了黄河农村商业银行，这类银行正在崛起为中国最优秀的商业银行，可以跟工农中建等大的金融机构竞争。这些地方性的农村商业银行资产规模都在 500 亿元人民币以上，注册资本金都在百亿元人民币左右，应该说实力非常强，比村镇银行大得多。第四层是巨型银行金融机构，一个是农行，一个是邮政储蓄银行，为什么叫巨型？因为他们资产都在数万亿元人民币左右，每个银行都富可敌国。最高层的塔尖就是农发行，农发行最近也在变化，它正在更多向农业基础设施、向中国粮食安全方面投资。它也在不断转型，对于我国的农业安全和农业发展非常重要。

三、现代农村金融制度的内涵和目前存在的不足

所以我们看到，目前中国农村金融机构确实有很大的变化，比 2005 年之前有很大进步。但是目前存在的问题也很多。现在中国农村金融机构距离建设一个现代农村金融体系还有距离。2011 年中央“一号文件”提出一个新概念，要构建中国的“现代农村金融制度”。文件一出台大家都觉得很新奇。后来有一个记者采访我，问什么叫现代农村金融制度？我说这个

词是新的，我也不太清楚，但是我知道一个良好的农村金融体系应该至少有以下五个方面的特点。

（1）这个体系一定是多层次的体系。即规模要多层次，不但有巨型农村金融机构，还要有大型、中型、小型和微型。中国现在大型金融机构太多，比如农行、农商行、农合行、邮储银行等，都是个头比较大的，包括地方性的如北京农商行、重庆农商行、上海农商行等都很大，但是我们缺小银行，尤其小小银行太少，要发展微型金融机构，制造更多的毛细血管。

（2）现代农村金融制度应该实现产权多元化，必须更多地吸收私人产权，吸收民间资本。我们的农信社大部分都是政府产权，更不要说农行、邮储行，如果私人资本不进入，农村金融就没有希望。

（3）现代农村金融制度一定是多类型的金融体系。不仅包含农村信贷市场，前文讨论过的所有农村银行都是信贷机构，无论是小额贷款公司，还是资金互助，都是信贷机构，我认为除了农业信贷之外我们还应该大力发展农业保险。比如2010年贵州、四川一带发生大规模雪冻灾害，一场雪把好多农民的生计给毁灭掉了，农民完全处于破产状态，为什么？因为没有农业保险，大棚蔬菜甚至牲畜都冻死了。所以农业保险如果不行，农村金融就不能发展。除了农业保险，还要大力发展农产品期货市场，农产品期货非常重要。表面来看期货市场是一个投机性的市场，但是农产品期货最重要的功能是规避价格风险。预计价格上涨的时候，就买入期货；预计价格未来下跌，就卖出期货。比如对于大宗农产品生产者，假定现在是6月份，在8月份将出售10万吨的小麦，那最担心的是小麦价格会下跌，每斤哪怕跌六分钱，就有可能亏掉几百万、几千万，怎么办？担心下跌就卖出小麦期货；相反，如果要收购小麦，担心小麦价格上涨，怎么办？买入小麦期货。但中国的农产品期货市场发育比较晚，而且大部分人没有风险规避的概念。未来应该将农产品期货引入中国农村金融体系当中。

（4）中国农村金融必须具备广覆盖的特点。就是不光服务于富裕的农民、富裕的企业，而且覆盖微型企业、覆盖最贫困的农户。这是一个重要标准，即要建立一个普惠式的金融体系，覆盖最大规模的农户和农村微型企业。

（5）现代农村金融制度必须是可持续的。一个企业、一个金融机构如果不可持续怎么叫现代？靠补贴生活，那是以往农信社的做法。

以上这五个特点，多层次、多元化、多类型、广覆盖、可持续，是现代农村金融制度比较重要的五个方面。

农村金融体系，缺陷在什么地方？第一是农业保险制度发育滞后。第二是农产品期货市场还不发达。第三是农村金融当中农民缺乏一定的抵押物。农民的很多东西不能作为抵押品，比如农民有房子，但不能抵押，房子在城里却可以做抵押品，比如到典当铺贷一笔款，把房产证拿出来抵押就可以了。但是农民不行，农民的房子没有产权证，所以我们总说保护农民、爱护农民、提高农民收入，这些话要落到实处，最实在的就是给农民发房产证，把农民房产确定下来就可以作为抵押品。第四个问题是土地不能抵押。农民有土地，但是土地不能抵押，土地是集体土地，所以现在关于土地流转、土地可抵押问题成为很大的问题。我在做农村金融调查时发现，很多地方小额贷款公司就是以农民土地作为抵押，比如农民把土地抵押出去，拿10万贷款就可以发展生产。第五个问题是中国农村信贷的激励和约束机制还有待完善。尤其是约束方面，没有法律约束金融机构放贷。如果一个农村金融机构从农村吸走100亿存款，但是只发放1000万贷款，你也管不了它。美国有一部法律《社区再投资法》，就惩罚那些在乡村地区吸收很多存款，但是没有以相应比例发放贷款的银行，但中国没有这种法律。

四、增量：村镇银行、小额贷款公司、农民资金互助的发展和局限

这几个新型农村金融机构在中国起到很好的作用，原来清一色的农村信用社垄断体系被打破，新型金融机构的逐渐成长对中国农村金融服务来

说是好事。但是三类金融机构命运应该说不太一样。其中发展最好的还是小额贷款公司，小额贷款公司在全国蓬勃发展，据不完全统计，到现在达到几万家左右。我去过全国各地很多小贷公司，小贷公司蓬勃发展的根源在于中国民间资本太多，原来民间资本不能进入金融业，现在可以拿牌照，所以大量资本涌入小贷公司，这是很好的现象。

但小贷公司现在有什么问题？我觉得小贷公司最麻烦的问题是只贷不存，没有存款，因此后续资金比较缺乏，怎么办？只好想各种方法，从银行搞委托贷款，或者扩大资本金规模，或者搞集资，有些已经触及法律的底线。有些小贷公司发高利贷，高出基准利率四倍以上。小贷公司发高利贷很危险，印度、孟加拉在2010年左右爆发过小额贷款危机，这个危机主要是小贷公司拼命发高利贷引发的。要引以为戒。中国小贷公司问题也很大，而且监管非常难。比如浙江有近万家小贷公司，由浙江省金融办公室发执照。浙江省金融办公室人数很少，管理近万家小贷公司工作量很大，所以风险非常大，各个省情况都差不多。

最近中国的小额贷款领域出现一些新现象，就是网络型小额贷款的兴起。网络的兴起对人类来讲是好事情，比如最近网络型的小贷公司P2P正在兴起，我们叫人人贷。有人翻译为PEER TO PEER，有人说是PERSON TO PERSON。这是一种新型的网络信贷形式，现在在西方发展也很快，中国现在每年P2P增长率都翻番。

还有一种信贷形式跟网络购物有关系。阿里巴巴有一个信贷形式，叫“阿里小贷”，贷款给网店。比如我是做服装的网店，一个网店每天的流动资金一分不差地显示在他的网站上边，想撒谎都没有用。阿里根据每天的网店订单数量来发放信贷，比如你每天订单100万，发80万信贷应该没有风险吧？因为你有订单，订单作为抵押品，就消除了信贷风险。所以“阿里小贷”实际上创造了一种新型网络贷款的方法。马云曾经在一个研讨会上说了一句很牛的话，他说：“如果你们银行不改变，我们就改变银行。”这个话不是大话，因为“阿里小贷”实际正在取代银行的传统信贷，成为新型的贷款方式。银行在贷款时很麻烦，而阿里小贷成本低，因为他对对方的信用了如指掌，订单就摆在那里；而银行需要到现场调查客户，看资产负债表、损益表，这多费劲！所以马云是很牛的，马云是金融家，他必将带来中国银行界的一场革命。

村镇银行在中国现在实际数量不多，从2007年正式建立村镇银行到现在，中国村镇银行大概有1500家。中国有2800个县，当时把村镇银行定位在村镇，但结果所有村镇银行都放在县或者县以上，没有一家放在村镇，有些地方把村镇银行都放在地级市。因此村镇银行覆盖面非常差，只覆盖中国县域二分之一，不能覆盖中国大面积的县以下村镇地区。

村镇银行大多规模小，竞争地位非常尴尬。我访问过很多家村镇银行，注册资本金都在5000万元人民币左右，在中国这些小规模的村镇银行跟当地农信社很难竞争，且处于很尴尬的境地。而且大部分村镇银行都是由大银行办的，有些甚至由大银行独资举办，比如国外大的金融机构独资成立村镇银行，北京有一家村镇银行在密云，是汇丰银行独资办的。农行办了很多家村镇银行，国家开发银行也办了很多。由大的银行举办村镇银行优势就是资金优势，但是劣势也很明显，比如农行要办村镇银行，最大的弊端就是它把一家大银行所有的习惯都带过去，村镇银行本来应该服务于微型客户、服务于穷困阶层，但是农行没有服务于微型客户的习惯，不了解农村的信贷需求，在这种情况下由大银行办村镇银行我认为弊大于利。

当然其他银行也各有自己办村镇银行的动机，但总体来讲几乎没有一家大银行办村镇银行是以服务穷人为宗旨的。但是村镇银行也有一个方面的积极作用不得不强调，就是它变相实现了农信社的跨区域竞争。比如原来农信社在各地自己办银行，不允许跨区经营，现在可以通过村镇银行这个平台来跨区。我去过一家新疆五家渠国民村镇银行，领办者是浙江鄞州农村商业银行。鄞州属于宁波地区，当地钱很多，他们就到新疆去办村镇银行，把东部的资本带到西部，同时激活西部的资金，提升那里的农村金融服务质量。我觉得这是将来东西部合作的示范，东部资本富裕的地方输出资本，而西部渴求这些资本，需要有资本来给农民放贷。实际东部银行到西部办分支机构是双赢的，因为这些银行在东部的回报率非常低，竞争很激烈，因此利润达到平均利润率以下，但是到西部去就赚钱，因为那里竞争不充分，资金短缺。所以鄞州农村商业银行负责人告诉我，他们到新疆第一年就赚钱了。那个地方是军团建制，有规模化优势，一个团相当于一个镇，找渠道成本很低，不良贷款也很低，兵团的人多守纪律，这样银行成本大为降低。而且当地很欢迎它，因为它带了资本，这样东西部实际上是双赢的。所以鄞州农村商业银行不但在新疆，而且在四川邛崃、广西平果这些不发达地方都在建他们的分支机构，我觉得这点是可以肯定的。

农村资金互助组织的发展也非常差，从2007年7月1号，中国成立第一家由银监会颁发执照的资金互助组织以来，到现在（2012年11月）一共成立不到50家，这50家都在村上。中国有大约65万个行政村，只成立50家农民资金互助组织，比例很小，50家村级资金互助根本起不到作用。

中国农村资金互助我是最赞成的，因为这是中国最基层最草根的金融机构，但是中央和地方政府对于农民资金互助实际有很多担心，担心资金互助重蹈当年合作基金会的老路，因此不愿意做。但是很多地方政府正在自己探索搞农村资金互助。地方政府搞农民资金互助就有一个合法性问题。地方政府的农民资金互助要说合法也合法，地方政府让当地的民政部门给农民资金互助社发放执照，但是另一方面也可以说是非法，因为没有得到银监会的同意。所以，地方政府是冒一定风险做这件事。中国的农民资金互助应该说步履维艰，这除了监管部门消极的因素以外，最关键还是自身风险问题，在这里我讲一个小案例。

大概三四年前，河北顺平县的一位农民给我打电话，说他们建立了一个农民资金互助组织，不到三个月时间就有几十万的信贷量，信心很足，希望我看看他们的经验。我就坐了大约三个小时汽车去了，果然很好，各种章程非常完善，我很兴奋就写了一篇调查报告。结果2011年他们又给我打电话，说资金互助社关门了。原因在于他们的管理不够严格，内部出了问题。农民办资金互助也许几十万可以，几百万就很难办了，因为这里边涉及大量信用评估问题、信息收集问题、抵押担保问题、利率控制问题，如果农民资金互助组织内部治理不完善、农民素质低，那么风险就会很大。所以我觉得农民资金互助发展慢，不只是银监会不支持、地方政府消极这些外部原因，农民自身的素质也是一个很重要的因素。我特别不赞成一些民粹主义者单方面强调农民讲信用、农民很诚实，要把农民当一个人看待，农民是人，因此农民也会出现各种各样的现象，在制度设计时不要太理想化。

五、存量：农信社近期的体制变革与创新

农村金融的存量方面说起来非常麻烦，因为农民信用合作社有60年发展历史，有很多问题长期累积，很复杂。以往农村信用社几乎是政府的附属品，理事长政府任命，业务方面政府也介入很多，导致农信社发展长期受到束缚。当然今天农信社发展有很大的变化，这些变化反映出中国农村经济的变化。

一个值得注意的现象是农村信用社改革模式已经逐渐多元化，现在合作制已经基本淡出，各个地方都在寻找自己的改革发展模式，重庆有自己的模式，宁夏也有自己的模式，还有天津、广西、海南等，各地都在探索。今天农信社领域就是“诸侯争霸”，这是一个没有规则的时代，每个地方都有自己的模式，要敢于创新，勇于探索。

另外一个现象就是中国农村合作金融在管理体制方面还存在很多纠结之处，省联社体制成为争议的焦点。省联社高高在上，各个县联社处在他的管辖之下，省联社理事长人多是政府的高官，这种政府的痕迹在很多地方都大量存在，省联社以行政命令管理各县农信社，但是各县农信社也是独立法人，这样省联社的地位就显得很尴尬。如何发挥省联社的管理和服务职能，同时还能够发挥县级联社的独立性，这是现在农信社领域最棘手的问题。

第三个现象是农信社产权体系的逐渐多元化。产权决定着公司治理，公司治理绩效如何，要靠产权结构决定，产权结构如果是政府产权为主，公司治理就永远没有效率。这几年农信社产权结构发生很大的变化，农信

社原来有两个主要的产权组成结构，一个是资格股，另一个是投资股。资格股就是交钱成为社员，可以有话语权；投资股就是你可以投一定数量的钱取得红利，有收益权。但是现在投资股比例越来越高，资格股逐渐式微，据我所知，银监会在最近一两年之内，要全面取消资格股，只有投资股，这就意味着农信社将成为真正的股份制的银行。

最后就是内部治理问题。农信社内部法人治理结构当中，原来是社员代表大会为最高权力机构，理事会是执行机构，监事会是监督机构，但是现在发生了变化。商业化之后，法人治理机构中股东大会成为最高权力机构，股东大会产生董事会，董事会再任命执行机构即 CEO（行长或者理事长），结构就完全变化了。所以我相信未来几年农信社会有非常大的变化，而且农信社跨区竞争会越来越多。

六、农村社区银行的新设想

前文我们分析了中国农村金融当中的存量部分即农信社，又梳理了中国农村金融当中的增量部分，即三类新型农村金融机构，发现实际上中国农村金融发展模式到今天为止仍然不太对头。我曾在拙著《金融减贫》中提到，我考察了宁夏银川郊区一个村子里边的一个小额贷款机构，通过考察提出了新的模式叫社区银行模式。社区银行与农信社的重要区别在于产权，社区银行的产权是以私人产权为主。社区银行与村镇银行是有区别的，农村社区银行不像村镇银行那样需要一个大银行作为领办银行，它是以民间资本为主，同时以服务于社区为宗旨的社区银行体系，是股份制银行。农村社区银行有可能成为中国农村金融中最重要的一个组成部分。村镇银行的模式不行，必须走社区银行道路。

中国农村金融未来还应该实现大型金融机构跟微型金融机构的对接，所以我就画了一张图（如下图所示）。

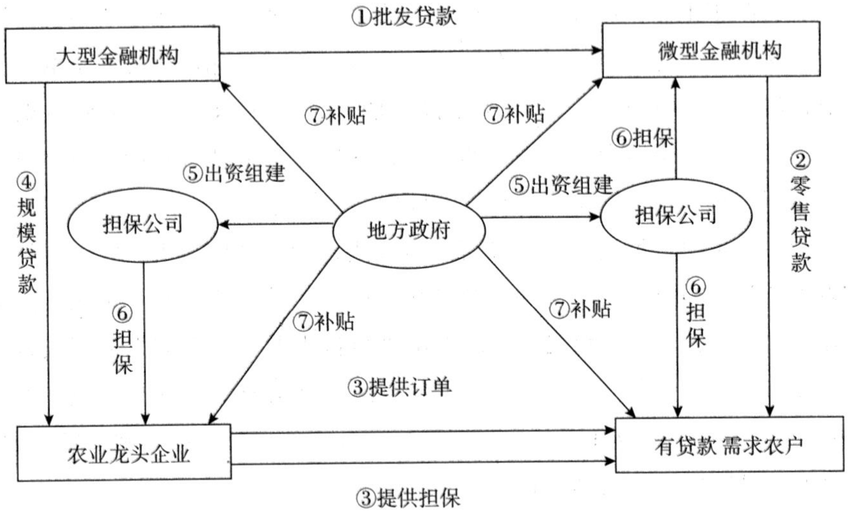

图左上角是大型金融机构比如工农中建、交通银行、中信等，右上角是微型金融机构比如村镇银行、农民资金互助、小贷公司等，左下角是农业龙头企业，右下角是农户，中间是地方政府，地方政府两边是担保机构。大型金融机构可以向微型金融机构发放批发贷款，所谓批发就是非零售，比如交通银行向一个小贷公司批发贷款5亿元人民币，交行不可能到农村给农民直接发放信贷，因为没有分支机构在农村，可以委托村镇银行或小贷公司做小额信贷。小额贷款公司再给农民发放零售贷款，这样大小金融机构就匹配起来了。农业龙头企业可以用订单的方式跟农户建立订单关系。外国有一种银行叫“仓单银行“，就是一个农户假如生产苹果，他向果品公司或者饮料公司提供苹果，拿到五万斤订单，农民可以把订单拿到银行做抵押。这种情况在美国、欧洲、日本非常多，龙头企业跟农户不但建立订单关系，而且龙头企业可以为农户建立信用担保。大型金融机构针对龙头企业发放规模贷款，政府可以出资组建担保公司，为农户、为龙头企业做担保。当然还可以再加上保险机构和农产品期货等因素，那就更复杂一些了。农业保险机构可以为大型龙头企业、为农户做保险；还有农产品期货市场，比如大连农产品交易所、郑州农产品交易所，农业龙头企业和大宗农产品生产者可以到期货交易所做期货规避价格风险。

七、结束语：赋权与反贫困——通往更幸福的生活

前面我们用很短的时间追溯了中国农村金融走过的历程，同时分析了农村金融体系当中的存量和增量部分，总体的感觉是中国农村金融改革在未来几年将会突飞猛进。十八大提出来一个新的提法叫“新四化”，所谓新四化就是新型工业化、新型信息化、新型城镇化、新型农业现代化。这“新四化”的提法不得了，因为中国未来在农业方面将有大的改变，这是中国实现民族复兴的必要条件和前提。

未来的农村金融发展要在存量不断改革的同时，着重于发展增量，要大力吸收民间资本，允许民间资本建立中小金融机构，为农民放贷、为小微企业放贷，要在制度方面激励民间资本，而不是设置障碍。

在农村金融改革中要尊重农民的自主选择，允许农民建立自己的农民资金互助组织，同时还要给农民相应的指导和教育。反贫困的核心是给农民赋权，把农民应该享有的权利还给农民，比如农民应有信贷权，如果把金融机构都从农村撤走，农民就丧失了信贷权，而信贷是基本的人权，所以要给农民发信贷，要建立更多的微型金融机构，提高农民贷款可及性和可行能力。

中国还要大力发展民族地区的金融体系，农村金融对于少数民族地区的反贫困非常重要，少数民族地区在农村金融服务方面尤其缺乏。

由此说一句题外话，就是方法论问题。我认为做农村金融研究，缺不了田野调查，坐在办公室做不了研究，我们更多应该到民族地区做一些实实在在的研究，把少数民族优秀的文化发扬出来，把民族地区经济方面的缺陷、不足搞清楚，真正实现民族地区的反贫困。如果少数民族地区实现反贫困了，中国就基本没有问题。

最后，我想引用孟加拉乡村银行创始人、2006 年诺贝尔和平奖获得者

尤努斯教授的一句话作为结尾。他说："如果我们把与给别人相同或者相似的机会给穷人的话，他们是能够使自己摆脱贫困的，穷人本身能够创造一个没有贫困的世界，我们必须做的只是解开我们加在他们身上的枷锁。""我们已经创造了一个没有奴隶制世界、一个没有天花的世界、一个没有种族隔离的世界，而创造一个没有贫困的世界比所有这些成就更伟大。"

中国就是这样，中国面临 1.28 亿绝对贫困人口脱贫的问题，这个问题大到不可估量。我希望我能够跟各位一起，把中国的反贫困问题好好研究一下，我相信再过二十年，中国不仅是赶超美国的问题，而是中国人民实现更幸福、更民主的生活的问题。我们大家一起为这个前景而努力。

主持人：谢谢王教授。刚才王教授给我们梳理了中国经济崛起背景下农村金融制度的历史变迁，总结归纳了在中国现代化进程中，中国农村金融制度建设方面取得的初步成绩、潜在的危机、存在的问题，并提出一些建设性构想。王教授建立在丰富田野调查实践基础上的深入分析，使我们清晰认识到制约和影响中国农村发展的金融瓶颈问题。相信通过王教授的分析，我们对中国农村金融制度建设的战略地位、对做好中国农村金融制度的建设、对中国农村发展的重大战略意义可能有更加深刻的认识。今天王教授的讲座非常精彩，材料翔实，而且王教授娓娓道来，很有感染力，这个讲座对同学们更好解读中国农村、中国农民、中国农业，激起同学们的问题意识，加强自己的专业研究，更好服务于国家发展，有非常重大的理论意义，最后再次感谢王教授的精彩讲座！

听众提问：您刚才谈到很多关于农村金融的风险问题，现在农民如此缺乏抵押品，对于农村金融服务方面的巨大风险，村镇银行或其他商业化的小额贷款机构承担得起吗？

王曙光：农村金融机构一旦商业化就面临大的危险，就是风险太高。确实，农业领域相对来讲风险很大，那就是自然风险。天气改变不了，自然风险很大，另外农民创业、生产方面的风险也很大。农村金融机构包括村镇银行在内怎么控制风险？我觉得要双管齐下。一个方面就是提高农民自己的素质，比如说我们现在政府也好、农村金融机构也好，很多都在帮农民做培训，教农民怎么做生产、如何创业、如何防范创业风险。通过农民自身创业水平的提高，来降低他的失败概率，这样风险就控制住，这是消除风险的积极的一方面。

从机构这个方面来讲，农村金融机构得有一些方法避免自己的风险，在放贷时要谨慎，第一做好农民的信用调查，信用的甄别很重要，得把没有信用的农民排除出去，挑出有信用的人；第二要创新经营方式，农民同样有信用的，品质上很可靠，但还是有可能发生违约问题，因为农民的能力不同，所以在贷款方式方面，包括利率分层设计、抵押担保机制（互相担保、联保机制等），都要积极探索，用这些方法降低农村信用社或者村镇银行本身的风险。

当然在这两个方面之外，还有更宏观的方面，就是要引入农业保险机制，政府要有这方面的意识，加强农业保险，从宏观方面降低农民的风险。

听众提问：感谢王教授给我们做的全面深入的农村金融讲座，你在讲座里边一直提到农村。农村是一个很大的概念，包括草原牧区和典型的农村，您有没有注意关于草原牧区的金融机构？

王曙光：谢谢您的问题。这几年我对这个问题当然也很关注，比如我在内蒙古西部和东部都做过很多调查研究，也写过很多调研报告。牧区的金融有一个特点，地域广大、网点非常稀少，因此牧区农村金融机构大部分都是成本很高的。农村金融机构不敢在牧区多设点，因为在如此广袤的土地上设点成本高到不可想象，这是一个问题。另外一个问题是，原来的牧区人民是流动的，有时候还款率会有影响，因为他跑到很远的地方放牧，还款就可能不及时。第三个方面特点是，不要小瞧牧区人民，牧区人民信贷需求量非常大，远远大于农区，比如他有 300 头牛，300 头牛有可能需要信贷几百万。出于以上三条原因，农村金融机构在面对牧区的时候，一定要创新金融服务方式。

我给您介绍一个案例，内蒙古赤峰市有一个翁牛特旗，那里建立了牧民互助担保组织。比如，我们这个嘎查（就是村），有 50 家大型的养殖农户，每个农户都有上百头牛，原来一个人到农信社借贷信用额度只有十几万元，根本不够用，他们就利用牧民互助担保组织，联合起来放大他们的信用额度，互相提供担保，最后额度达到几千万。所以在农牧区做农村金融，农村金融机构第一要降低成本，第二要创新信贷方式，不然风险是相当大的。

第二章

区域金融发展、政府行为与制度创新

本章根据作者2013年6月17日在河北省张家口市金融创新大会上的讲演整理而成。

一、中国经济结构转型与潜在的经济金融危机

今天非常高兴跟各位领导、企业家以及金融界的朋友们，来探讨区域金融创新问题。今天，我想讲四个问题。第一个问题，中国经济结构转型与潜在的危机，主要讨论一下中国金融改革与经济发展的大势。第二个问题，对城市中小企业融资难与农村融资瓶颈的深层原因进行剖析。第三个问题，探讨解决中小企业融资难与农村融资瓶颈的系统性的政策框架和金融创新。第四个问题，主要着重于地方政府创新，讲讲地方上如何推动区域金融改革。

中国经济走到了2012、2013年，我认为走到了一个转折的关头，或者说进入了一个拐点。我对中国经济的总判断有三点。第一个判断是，在这个拐点上，中国经济总量还将迅速增长一段时间，尽管增速会比前十年有所减缓。2012年我们的GDP是51万亿元人民币，在全世界排名第二位，同时从人均来看，中国人均GDP已经达到了5400多美元，大概在全世界占87位。这也是一个不得了的奇迹，因为我们的邻邦印度现在是138位，泰国也已经被中国甩在后面了，是第90位，所以中国从人均GDP来讲，取得这个成就是非常难得的。我们要对中国经济的发展有信心。

第二个判断，中国经济增速会明显减缓，中国会进入一个经济下行的周期。未来几年的增长速度预期每年增长7.5%（实际上很多学者认为这很难达到）。未来一段时间，中国经济进入拐点之后，经济增长速度必然更加缓慢，大概在6.5%~6%之间。

第三个判断，中国经济不仅增速会减缓，下一个阶段结构性矛盾会逐

渐突出，不可持续的危险会不断呈现。

不可持续的危险，或者结构性矛盾主要有四个方面。

第一，我们的长期增长方式不适合，出现大量的产能过剩，能耗过大，污染太重，从而导致增长方式不适应于可持续发展的需要。

第二，最近几年以来，中国经济当中出现一个新的现象，“国进民退”。这一方面是好事，国有经济进一步发展，国有企业进一步壮大；另一方面应该说也有弊端，因为“国退民进”意味着民营经济发展长期得不到重视，民营经济发展面临很多瓶颈，这也是结构性问题。

第三，中国的收入差距正在逐渐加大。中国已经成为全世界收入差距最大的国家之一，换句话说，也是全世界最不平等的国家之一。我们的基尼系数已经达到了 0.48 左右，如果基尼系数达到 0.5 的话，说明这个国家的经济处于极端不均衡状态，我们现在逼近这样的临界点。所以中国的很多社会问题，包括社会动荡、民众怨气大、社会矛盾激化等，很大程度上与收入差距有关系，与中国的基尼系数过高有关系。收入差距体现在地区之间差异、城乡之间差异、行业之间差异。地区之间，如东部发达地区跟中西部的差距越来越大。城乡之间差距也很大，在一个区域当中，比如河北，城市和乡村之间差距很大。行业之间，垄断性行业跟其他的行业收入差距慢慢在拉大。这种收入差距过大的问题不仅是一个结构性问题，也是一个影响经济社会和谐发展的政治问题。

第四，我们的增长模式面临着重大的转型。我们以往靠大量的要素投入来推动增长。1994 年美国著名经济学家克鲁格曼写了一篇文章，探讨亚洲的奇迹问题，他认为亚洲没有奇迹，亚洲正在面临一个危机。他认为亚洲的奇迹全是要素投入带来的，是大量的资本投入和劳动力投入带来的，但是全要素生产率没有提高。所以他当时就预期，亚洲很快就会迎来一次金融危机，三年之后，1997 年，亚洲果然迎来了一场金融危机。

中国现在这种要素投入型驱动的增长是不可持续的，将来必须以创新来驱动增长，必须提高全要素生产率。经济的发展需要生产率的提高，包括人力资源的提高、资本效率的提高、技术的创新以及制度的创新。我们现在依靠大量资本和劳动力的投入，包括地方政府的大力推动，来促进经济的发展。这种发展模式短期中可能很快推动经济增长，但是长期来看不可持续。

这个问题很严重。实际上从2007、2008年开始，依靠劳动力大量投入来推动增长的时代已经过去，因为我们的人口红利已经释放殆尽。社科院人口所的所长蔡昉先生认为，中国的人口红利，2007、2008年已经没有了，中国的人口在2020年将达到最高峰，但这个最高峰达不到14亿，也就是说，中国的人口永远也达不到14亿了。新增人口太少，人口结构逐渐转向老龄化，这样，中国人力资源方面就面临巨大的挑战。将来我们依靠什么来发展？我认为就要依靠继续的、深度的改革，来驱动经济的发展，不断释放改革的红利，这样我们的经济才能不断的增长。

下面我着重谈一谈中国的金融改革与金融领域潜在的危机。这几年中国的金融改革进展比较迅速，分以下几个方面。

第一，我们的大型银行实现了股份制改造，工行、中行、建行、农行都实现了股份制改造，先后上市。政府为了促进国有大型银行的股份制改造提早完成，费了大约十几万亿元人民币，甚至更多的成本，但这对于国有银行的改制极其重要。

第二，持续推进利率市场化。我们的利率机制越来越依靠市场来调控，政府管制的利率空间越来越少，这一点是有很大进步的。

第三，中国正在逐步推进汇率形成机制的市场化。人民币以前靠管制来确定价格，最近几年以来，人民币依靠市场来确定价格，稳步渐进地升值。

第四，资本市场不断深化改革。中国资本市场几年前实现全流通之后，市场的秩序有一定的好转，但是市场低迷的情况还没有根本改观，上市公司的质量、规范性问题到现在还没有完全解决。

第五，农村金融改革从2007年开始启动，进展很快。银监会推出了村镇银行、小额贷款公司、农民资金互助这样一些新型的农村金融机构。在存量部分，农信社改革也在不断推进，农信社资产质量有了大幅度提高。同时，农村金融服务的覆盖面也比以前好很多。

这是中国金融改革进展的基本情况，应该说基本面是很积极的，应该予以肯定。但是，中国的金融领域潜在的危机也非常大。中国金融现在确实到了非常危险的时候，居安思危非常重要。“金融是现代经济的核心”，这句话很多人有误解，认为金融一定是引领经济发展的火车头，我觉得这样理解有片面性。金融是经济的一部分，我们的研究证明，金融和经济是“一而二，二而一”的关系，不能单方面地理解为金融就是引领经济发展。我们知道，当一个地方企业质量不行，企业缺乏创新，企业成长潜力比较小，金融是没法生存的；当一个地方信用环境比较差，经济各方面生态比较差，金融体系是没有办法提高质量的。

所以我们一方面要理解金融引领经济发展，反过来也要深刻认识到，经济对金融的发展有非常大的影响作用。现在金融体系有一种倾向，越来越脱离实体经济的发展，自我膨胀，自我循环，金融跟经济发展的关系越来越淡薄，我觉得这是一个不好的现象。我认为，当前中国金融领域存在五大危机。

第一大危机，结构性的资产质量危机。大金融机构的很多资产来自于房地产，根据统计，中国房地产贷款大约有 13 万亿元人民币，其中，有一部分房地产是存在泡沫的。因此，这部分资产存在很大的资产质量危机。

第二大危机，地方债务平台危机。中国地方债务平台，据我们估算，大概 15 万亿 ~ 18 万亿元人民币。地方政府为了推动地方经济的发展，搞了很多基础设施建设、房地产项目，政府拿自己的信用做担保来获得银行的贷款，因此地方债务平台非常庞大，而且现在成为影响各级政府运作的一个非常重要的因素。这个危机，有些地方处理得比较好，通过各种方法还债；有些地方处理得不好，地方债务平台危机很严重，有可能威胁到金融机构的发展。

第三大危机，企业成长乏力带来的危机。根据我们统计，银行业给制造业的贷款大概是 20 万亿元人民币，而制造业这几年成长乏力，创新不足，也为金融体系造就了很多的风险。

第四大危机，农村金融领域存在的危机。危机一方面来自于存量，有很多地方农村信用社资产质量不高，濒临破产倒闭的边缘；另一方面来自于增量，就是小额贷款公司跟农民资金互助组织。小额贷款公司全国各地发展很快，但是质量良莠不齐，危险很大。

第五大危机，民间金融和民间借贷危机。中国现在民间借贷十分活跃，很多民间借贷打着各种旗号，比如打着融资担保、典当业的旗号，进行非法集资，或者进行大规模的高利贷融资。这个危机前几年已经爆发了，其实现在全国各地这方面的危机仍然存在，而且愈演愈烈。

未来我们怎么应对这种危机？一靠转型，二靠创新。

首先，要提高企业的创新能力。政府要支持企业创新，为企业创新提供助力。创新的主体应该放在企业，我们以往把创新的主体放在科研单位、放在大学，这是不对的，创新的主体应该是企业，要促进企业的研发与创新。

第二，要鼓励民营企业的发展，鼓励民营资本进入关键行业，打破垄断，尤其是要支持中小企业，支持小微企业发展。以往地方政府的眼界比较高，都是只看这个地方有多少大型企业入驻，有多少世界500强入驻。但是现在各级地方政府要重视中小企业发展，要破解中小企业融资难题。

第三，中国要应付这些危机，必须实现城乡统筹发展，要鼓励和引导资源从城市向农村转移。这里面有很多问题需要仔细分析，比如土地怎么流转，怎么鼓励资金由城市转到农村，怎么鼓励人才由城市到农村创业。同时，为了实现这种城乡统筹发展，如何实现农业产业的组织化，这些都非常值得研究。我们以往的农业产业，尤其是县域农业产业往往是分散的，没有规模效应。现在，中央大力提倡发展龙头企业，建立家庭农场，鼓励农民合作组织，从而促使农民组织化、农业产业化，这是一个非常重要的举措。

要消除二元经济对立，在中国必须进行大力推进城镇化的发展，我认为城镇化就是“四化”：一是农业的产业化。城镇化的基础就应该是实现农民的宜居宜业，不能让农民住在城镇里面没有产业，不能就业，所以农业的产业化非常重要，要形成一个产业链条，没有这个产业链条，农民进城以后没有办法生存。二是做农民的市民化。所谓农民市民化就是农民要享受跟城市居民一样的普惠型的社会福利和社会保障。三是农村生态化。城镇化之后，农村不可能变成高楼大厦，不可能变成高度污染的城镇，我们还要加强农村生态化建设。四是农村信息化。信息化非常重要，农村的信息化建设决定了城镇化的效率。

二、城市中小企业融资难与农村融资瓶颈的深层原因剖析

中小企业融资难的问题应该说是世界性难题，不只中国很头疼，美国、欧洲、日本都把解决中小企业融资难的问题当成一个重要的事来抓。从一般的理论分析来讲，中小企业融资难有以下几个原因。

第一，是信息不对称。银行跟小微企业信息不对称，小微企业非常分散，银行不了解那么多企业的资产状况、财务状况、经营状况、信用状况，由于信息不对称，很容易引发道德风险和逆向选择问题。所谓道德风险是指银行把贷款出后，受贷人有可能把贷款用在别的地方了。逆向选择是由于信息不对称，银行所选择的客户，选择的企业不一定是最好的，恰恰相反，可能不好的企业、资不抵债的企业、发不出去工资的企业，反而要去银行借贷。

不管是道德风险还是逆向选择，原因只有一个，就是信息不对称。银行没有办法判断小微企业的信用情况、风险情况，没有办法科学评估，所以这是银行非常挠头的问题。

当然，这个问题不是不可以解决，将来随着信息科技的发达，有可能解决小微企业信用评估问题。比如阿里巴巴的“阿里小贷”，影响非常大。阿里小贷有可能引发中国银行业的一次大的变革，阿里巴巴旗下有数十万家的网店，这些网店都是小微企业，每个网店每天货物的进出、资金的进出、盈利情况都如实反映在阿里巴巴的网站上，想改变这个记录是不可能的。因此，阿里巴巴手里面有几十万个企业信用情况的记录。他就可以向金融机构出售出售这些大的数据。我相信将来马云卖数据赚的钱比他在网店上赚的钱多得多。这对现在银行业是个冲击，当这套体系生长起来以

后，银行业就面临挑战了，因为阿里小贷本身是一个大的借贷平台。

第二，现实当中存在着一个矛盾，银行的规模跟中小企业贷款往往具有负相关性。银行的规模越大，越不愿意为中小企业贷款。大银行为什么天生要为大企业服务？这里面有一个理论叫做“规模匹配理论”，我们以往总是片面批评银行。我觉得这个批评不够全面。作为一个巨型银行，一定会找大的客户来做，这样比较合算，这叫“规模匹配”，这也符合生物圈的选择，大鱼吃小鱼，小鱼吃虾米，虾米吃微生物。让一头鲨鱼直接吃微生物，那是不可能的，所以规模匹配理论很有道理。但也不是绝对说大银行不能做小业务。

农行上市之前，为了加大对于农业的支持，发放了数亿张惠农卡。我当时认为惠农卡的发放一定要非常慎重，因为农行作为一个巨型银行，它的主要客户群体一定不是单一的、分散的小农户，它可以为部分农户服务，但是主要客户对象应该是规模化的、产业化的农村主体，包括合作社、家庭农场、龙头企业等。所以尽管初衷是好的，但是惠农卡没有起到相应的作用。有相当一部分惠农卡处于休眠状态，成为死卡，现在中国农业银行为了清理各地发放的这些死卡、休眠卡，可能要付出数亿元，甚至十几亿元。这证明了规模匹配理论是对的。

第三，我们不得不反省中小企业自己的问题。首先，中小企业现在信用不足。所谓信用不足，不是道德有问题，而是信用记录非常短，不足以让银行进行信用评价。据我们统计，一般的小微企业生命周期是3.5～4年，每隔3.5年左右就要死一批小企业，这批小企业的信用是不足的。其次，小企业往往太不重视财务记录。银行发放贷款，要求出示财务报表，包括资产负债表、损益表、利润表等，小微企业或者没有财务报表，或者记录很零碎、不完善、不规范，阻碍了金融机构的放贷。再者，中小企业成长风险太大。最后，小微企业缺乏有效的抵押和担保。这些都是小微企业自身的原因。

从我国金融体系的结构来说，也十分不合理。中国的银行结构是一个比较垄断的结构，大银行比较多，小微银行比较少。美国超过十亿美元注册资本金的银行只有不到7%，其他90%多的银行都是小微银行，或者说就是社区银行。而中国大部分的银行都是大银行。而我们深入社区的银行和小微金融机构太少，必然影响到对于中小企业的放贷。我国的中小企业融资高度依赖自我融资，高度依赖民间融资，我们的融资还不是市场化的，还带有深刻的乡土社会、封闭社会、熟人社会的印记。

我们最近研究了中国的库兹涅茨曲线效应。如下图，横轴是金融发展，纵轴是基尼系数。随着时间的进展，金融不断发展壮大，这是金融发展过程，而纵轴则是指国民收入不平等的程度。在金融发展的初期，基尼系数不断上升。这表明在金融发展早期，金融不但没有缩小人们的收入差距，而且有可能拉大收入差距，一百多个国家的经验，都证明了这一点。但是，随着金融发展到一定程度，到了顶点之后，曲线向下面走了，说明金融越发展，基尼系数越低，表明人们的收入差距慢慢缩小了。实际上，这说明了金融对经济的影响、对人们收入差距的影响是有时间概念的。早期，金融发展会导致收入差距拉大，之后，会减小收入差距，使得人们的收入越来越平均。

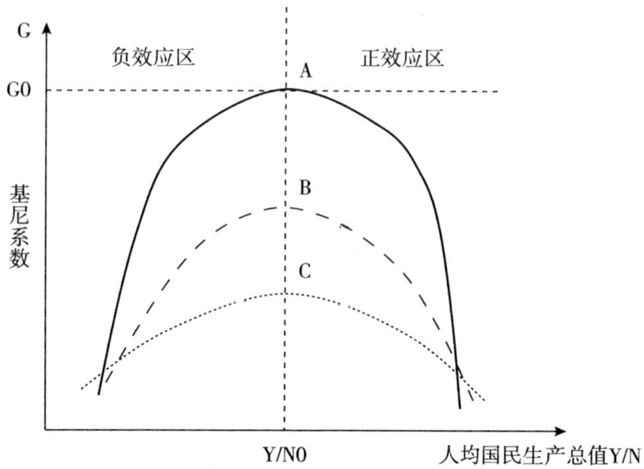

库兹涅茨曲线效应示意图

这个曲线包含着什么样的政策含义呢？在这里，政府要做以下事情。一是不要让收入差距过大，要让这个倒 U 型曲线往下一点。二是要让收入差距大的时间缩短一点，即倒 U 型曲线扁平一些。这里最重要的一个方法，也是全世界学者研究的唯一的答案是，政府应该加大对于微型金融的鼓励力度，这就会使得库兹涅茨曲线往下走。

农村融资瓶颈的根源在什么地方？大概从20世纪五六十年代开始，中国农村就建立了农村信用社，半个多世纪以来，农村金融一直没有发展，因为在中国的工业化与赶超战略下，农业剩余只能单方面由农村向城市转移，在这种情况下，农村的资金慢慢被抽走。另外，90年代末期，中国大型商业银行掀起了返城运动，国有银行大量在县域以下撤并网点，导致工农中建这些大银行，在县域设的分支机构就比较少，县域以下基本没有了。即使在县域有分支机构，银行的放贷权也非常小。大量的资金由农村被吸到了大中型城市，所以人们抱怨银行就是农村金融的抽水机。农村信贷供给严重不足，高利贷现象非常严重。而且边远地区农村金融覆盖面严重不足，到现在，中国的边远地区，包括内蒙古、新疆、西藏、青海、云南、贵州一带，没有金融机构的乡镇现在还有数千个。

同时，农村的信用情况现在也堪忧。农民是有信用的，这句话对农民朋友来讲当然是令人愉悦的，但是这句话并不客观全面。农民也是人，也有诚实的人和不诚实的人两类。而且现在由于农村人口流动性太大，封闭社会逐渐开放，农民的道德风险加大，很多农村金融机构的不良贷款就来自于农村人口的流动性太大。比如农信社把五万块钱贷给一个农民，他两天之后跑到广东打工去了，他把五万块钱当成他在广东打工的初始投入资金了，然后就不还了。由于农村的信用网络没有建立，很难追溯到他，就销声匿迹了，这成为目前农村金融机构不良贷款的重要来源之一。

三、解决中小企业融资难和农村融资瓶颈的系统性政策框架

前面讲了城市中小企业融资瓶颈和农村贷款难深层的原因，就要讨论一个政策框架来解决。

第一，就是建立信用管理体系。中国在这方面还比较落后，美国现在

大约有16部法律涉及信用管理，而且有非常强的针对性。美国政府的信用管理职能主要如下。①依照法律，对不讲信用的人进行惩罚。要加强地方对信用问题的重视程度，我们要评信用企业、信用个人，每个人都要有信用记录，对于不讲信用的人要公布，要进行惩罚。②教育全民对失信的责任人，在惩罚期当中，不要对这些人进行任何的授信，直到惩罚期过了为止。③法定期限当中，政府的工商注册部门不允许有严重违约记录的法人注册新的企业。在美国，只要有不良记录，惩罚期当中，不能注册新企业。④允许信用服务公司在法定期限当中长期保存并传播失信人的原始不良信用记录，在各种媒体上传播，告诉大家这个企业不守信。⑤对有违规行为的信用服务公司进行监督和处罚。美国通过这种完善的法律体系，还有政府的执行力度，保障了美国信用市场良性的发展，为个人、企业、消费者融资营造了很好的环境。一个社会当中，不打击坏人就是在打击好人，坏人不被打击，好人做好事的权利都没有了。

第二，就是要大力培育信用产品供应商。中国现在信用产品的需求量很大，比如每个银行都需要对于企业进行评估，每个交易、每个贷款、每个授信背后都是要有信用记录在后面做保障的。美国有三类不同的信用服务提供商。第一类，负责为股票和债券等资本市场进行评估的机构。第二类，企业征信服务公司，比如美国有一个著名的企业征信服务商叫邓白氏，它已经进入中国了，它对全球七千万个企业进行评估，积累了大量对于不同行业、不同产业、不同企业的评估模型。中国现在还没有这样巨型的评估公司。第三类，是对消费者进行评估的评估机构，比如穆迪，穆迪对全球一百多个主权国家进行评级，不但对企业评级，对银行评级，而且对国家信用评级。欧洲出现所谓的“肥猪四国”，包括希腊等国家出现债务危机，就是穆迪在背后起作用。穆迪不断降低对于希腊这些国家的信用评级，使得人们不断抛售债券，结果这些国家的债务危机越来越严重。穆迪这些评估公司对主权国家的金融安全都造成了影响。我们国家信用评估服务商太少，这方面的发展潜力巨大，包括农村金融的信用评估市场非常大，农民和农村微型企业以及合作社等的信用记录几乎是零，如果哪个人敢把这个市场做起来，能把农村数百万家小微企业和合作社的信用、把农民的信用搞清楚，那就会创造一个商业奇迹。

在信用评估的过程当中，政府应该起到很大的作用。我到基层调研，经常碰到一些抱怨，农信社、小贷公司、村镇银行，互相抱怨彼此的信用纪录不提供和分享给大家使用，信息不共享，农村金融机构就很难可持续发展。所以政府应该在这当中牵头，联合农信社、小额贷款公司、担保公司、村镇银行、国有商业银行以及当地的乡镇政府和村委会，搞一个联网的微型企业和农民信用的查询系统。农民有了信用纪录之后，就很容易获得信贷，农村金融机构也可放心大胆地放贷，这不是利国利民的好事吗?

第三，政府可以建立中小企业的信用担保体系。中国以政府为主导的信用担保体系在各地已经有成功的经验，我到甘肃、宁夏这些经济欠发达地区，发现他们都已经建立起了以政府为主导的、市场化运作的融资担保公司。在这方面，日本模式值得借鉴。日本模式总结起来，就是“以政府为主导，市场化操作，担保跟保险相结合，担保跟互保相结合”。担保跟保险相结合，即一边建立一个融资担保基金做担保，同时还要求这个企业做贷款保险。同时担保和互保结合，企业之间可以互保，比如 50 家企业，每家出资 2000 万，搞一个担保基金，这个担保基金有互保的功能，起合作保险作用。

第四，政府要大力发展中小金融机构，发展社区银行。我曾考察宁夏回族自治区银川市兴庆区掌政镇五渡桥村一个小的农村金融机构，花了四年时间，并写了一本书《金融减贫》。在书的最后，我提出一个政策建议，建议银监会停止对村镇银行的推进，改成推进社区银行，广泛建立农村社区银行。村镇银行对于民间资本的吸引力是很小的，因为民间资本一旦进入村镇银行，必须有一个大的银行做发起行，民间资本的话语权就没了，只有分红权，连主导自己经营的权利都没有了，所以村镇银行作为一个目标模式，不适合于中国的发展。而且，村镇银行大部分在县城里面，它的服务下不到村，下不到乡镇。

我认为农村的社区银行要在现有农村中小金融机构中来选拔。比如刚才提到的这家小额贷款机构，2007 年开始建立，有六年良好的信用记录，有稳定的客户基础，有比较好的资产质量，有当地比较好的口碑，为当地农村经济做贡献，这样的小微金融机构，我认为应该给它发农村社区银行牌照，这是中国发展微型金融的康庄大道，也有利于引导民间资本进入农村金融领域。

第五，要建立普惠型的现代农村金融制度。我今年 7 月份就要出一本书《普惠金融》。所谓的普惠型的现代农村金融制度，就是多层次、多元化、多类型、广覆盖、可持续这五个方面。所谓多层次，就是农村金融机构要大中小微多层次，不能只发展大的。所谓多元化，是产权多元化，不能只吸收国有产权，要把民营资本放进去。所谓多类型，不光是信贷机构，还有农业保险、农业投资公司、农业资本市场、农业股权投资基金、农产品期货。所谓广覆盖，就是增大农村金融服务的覆盖面，不要有服务的真空。所谓可持续，就是要盈利，不要靠国家补贴讨生活。

要建立现代农村金融制度，必须要有金融创新，以下几个方面很重要：

（1）要大力推广农业保险。2012 年，中国农业保险保费额达到 240 亿元人民币，比 2011 年增了 38%，说明中国的农业保险需求量非常大，但是中国农业保险尚处于起步阶段。

（2）要大力发展农产品期货。中国 2012 年农产品期货市场的成交额达到 51 万亿元人民币，相当于当年 GDP 总量。农业龙头企业要消除价格风险，必须上农产品期货市场，现在农业龙头企业大部分没有这种意识。比如一个饼干的加工商，每年需要用数千吨的小麦做饼干，小麦价格每斤上涨一毛钱都受不了，可能会被压垮。怎么办？到期货市场，担心价格上涨，就买入期货，跟现货对冲，就消除了价格风险。

（3）要创新抵押担保机制。现在农民跟小微企业缺乏抵押担保，怎么办？要创新，比如林权抵押、渔业水面抵押、存货质押、应收账款抵押、仓单质押、动产的浮动质押。政府还有可能推动涉农融资担保基金。

（4）地方政府也应该在土地方面创新。有些人说土地不能动，因为这是农民的命根子，这个我同意，但是土地可以有条件流转，因为土地是一个要素，要素不流转就实现不了它的市场收益。因此，很多地方在尝试土地流转和土地经营权抵押。至于怎么降低农民的风险，各级地方政府可以探索。

（5）要建立农村信贷的激励机制。衡量一个金融机构是不是为当地企业贷款，是不是为当地经济服务，一个很好的指标就是存贷比，即贷款占存款的比重。如果一个银行存贷比很高，为当地发放了很多贷款，建议政府给予奖励，比如税收优惠、财政支持、政策扶持，各种荣誉，激励金融机构更多地为当地经济服务。而对那些存贷比特别低的、不为当地服务、只把钱吸走的银行，也要曝光，相信这是会有压力的。

（6）要建立直接融资机制，鼓励农业企业规模化，要鼓励上市。政府应该帮助企业进行更多的上市前的辅导、扶持，鼓励上市，培育现代企业。

（7）建立风险投资和股权投资基金发展机制。很多的小微企业有自己独特的技术，很多农业企业有自己的拳头产品，应该鼓励风险投资进入，建立股权投资基金。

（8）要加大创新，建立“合作社＋农户”、“公司＋农户”、“公司＋专业合作组织＋农户”的大联保体，比如农户联保跟微型企业联保等多种增信模式，目的是为农户增信，为企业增信，为它们获得融资增加保障。

（9）要建立大型金融机构跟微型金融机构的对接机制。大型金融机构一方面可以为龙头企业发放信贷，同时，也可以为微型金融机构发放批发贷款，也叫委托贷款。比如中国工商银行太大，不可能面对这么多微型企业和农户，怎么办？可以把这些钱，每年两三千万元，委托给一个或者几个优秀的小贷公司帮忙发贷，两个机构规定好分成比例，这样形成一个互惠的机制。龙头企业和农户之间可以形成订单关系，也可以形成担保关系。比如一个养猪的龙头企业与下面的农户之间有产业链的关系，企业可以给农户做订单，也可以为农户做担保。农民一旦拿到这个订单之后，就可以做仓单质押。欧洲、美国有一种银行叫仓单银行，作为龙头企业，向农民收购什么东西，银行给农户一个仓单，农民可以拿仓单去做质押，向农信社获得信贷。政府在当中可以建立担保机构，牵头建立担保公司，由市场化进行运作，同时对大型金融机构进行补贴，对龙头企业进行补贴，对农户进行补贴，对微型金融机构进行补贴。在对接机制中，核心是政府，大银行与小银行之间形成一种良性的委托代理关系，这个对接机制值得大家探索。

四、地方政府创新与区域金融改革

中国改革开放30多年来，地方政府竞争与创新是拉动中国经济发展的引擎之一，而且是最有力的引擎。很多外国经济学家不太能看得懂中国的经济发展，中国增长奇迹的奥妙在什么地方？我认为，奥妙就在于中国利用地方政府的竞争来拉动经济发展。中国政府官员从某种意义上来讲，是最具有企业家精神的一批人，这批人为当地争资源，争投资，争人才，争政绩，争政策，为当地塑造好的形象，归根结底为了发展经济。当然，地方政府的企业化也有问题，但不管怎么样，地方政府创新确实是中国改革与增长的动力之一。

以往的改革，包括乡镇企业改革、民营经济的发展、民间金融的规范化、农民合作社的发展，都是地方政府搞起来的，是自下而上的。举一个小例子，农民合作社立法在中国讨论了三四十年，一直没有立法，后来习近平总书记在浙江省主政的时候，出台了第一部地方性的农民专业合作社法，所以在2007年7月1日，由农业部牵头，才制定了中国第一部《农民专业合作社法》。地方先试验了，最后中央承认了，这是自下而上的改革模式。实际上，很多创新、很多经验、很多政策、很多制度都是从下往上发展起来的。所以我觉得要充分尊重地方政府的实践，鼓励地方政府的创新，进一步解放思想，这是未来深度改革的主旋律。

第一，要改善区域金融生态，推动信用环境建设，建立良好的信用体系。政府要与金融机构密切合作，讲信罚诈，加强信用文化建设。

第二，推动地方性的新型金融机构的建设，争取更多国家支持。要建立更多的地方性的社区银行，建立更多的小微金融机构，扶持小额贷款公司的发展。

第三，提供优惠政策，加强基础设施建设，吸引优秀金融机构入驻。

现在不少股份制商业银行、地方股份制银行，还要加大吸引力度，增强地区金融资本凝聚力，把工行、农行等银行请过来。

第四，要为企业做好增信服务。我觉得可以发起建立政府主导、市场运作的担保体系。

第五，加大对政府平台债务的清理，防范区域性的金融风险。政府要守信，要防患于未然，要加大清理力度，保证政府的信誉。

第六，要为金融机构做好基础服务，鼓励金融机构为当地微型客户放贷。政府要有优惠政策，包括贴息、税收优惠、财政支持。

第七，政府应该在金融机构跟企业之间充当协调员，加强信息沟通，让金融机构认识更多好的企业，让企业能找到好的金融机构。

第八，要创新金融监管的模式，防范区域性的金融机构的风险。很多地方农村资金互助组织、小额贷款公司都面临一个很大的风险，非法集资现象比较严重，要加大这方面的监管和清查力度，尤其是各地的金融办，既要做好协调工作，又要做好相应的信息收集、监督管理的工作。

第九，要加大金融教育的力度，对农民、农村金融机构、农民合作社、城市金融机构、地方政府等，加强金融业务与金融知识的教育。重要的在于教育政府，政府有正确的理念，其他事情就好办。

五、政府行为：掌握有为和无为的辩证法

在这个过程当中，政府要掌握一个有为与无为的辩证法。老子《道德经》第十七章中讲："太上，不知有之；其次，亲而誉之；其次，畏之；其次，侮之。信不足焉，有不信焉！悠兮，其贵言。功成事遂，百姓皆曰：我自然。"政府作为的最高境界就是老百姓不知道政府的存在，"太上，不知有之"。再往下一个境界，"亲而誉之"，老百姓都觉得这个政府值得亲近，是好政府，赞扬政府的作为。再往下一个境界，"畏之"，老百

姓怕政府，不敢跟政府打交道。最低的境界是“侮之”，老百姓轻蔑政府，政府的信誉与权威扫地。“信不足焉，有不信焉”，政府不守信用，才有可能导致老百姓不信任政府。“悠兮，其贵言”，政府出台任何一个法令，出台任何一个政策，都要非常谨慎，不要多行政令，不要过于繁琐，更不要乱发政令。“功成事遂”，事做成了，有政绩了，老百姓说“我自然”，这是政府做事的最高境界。

司马迁在《史记·货殖列传序》中说：“故善者因之，其次利道之，其次教诲之，其次整齐之，最下者与之争。”老百姓中特别好的东西就任由它自我发展，“因”就是顺其自然；“其次利道之”，往下一个档次是政府因势利导，用各种政策、优惠措施，引导老百姓的行为；“其次教诲之”，再往下，就是教育他，带有自上而下的教训的味道了；“其次整齐之”，就是监督他，管理他，不行就惩罚他，“整齐之”译为白话就是“修理他”；最下的一个档次是“与之争”，政府与民争利，必然导致民怨沸腾。

老子跟司马迁的话的核心，是教导我们要掌握一个有为和无为的辩证法。政府应该提供一个好的氛围、好的环境、好的制度框架，让老百姓按照自己的本性去发挥，这是好的政府。所以我认为，地方政府在发展经济的过程中，在推进金融创新过程中，既要积极有为，又要防止过度介入；既要主动行动，又要注重营造一个法律环境和文化环境，要做足“无为”的功夫。“无为”不是不做事，而是做那些看不见的事，顺其自然，因势利导，尊重微观主体的创新精神和市场规律，努力营造全社会的诚信与创新的氛围，将“有为”跟“无为”密切结合，地方官员就可以垂拱而治，地方经济就一定可以走向持续、健康、发展的轨道。

第三章

农村土地制度变革与农村金融发展

本章是作者在2013年12月28日召开的“中国农村金融论坛”季度闭门研讨会上的发言整理稿。

一、农地变革：自由主义与福利主义的平衡术

农地问题是解读历史上中国王朝兴衰与治乱循环的核心密码之一。土地是农民的命根子，由土地而生出来的税赋当然也是传统农业社会治国者的命根子。几千年来，一种以土地为主角的历史剧反复上演：当一个王朝肇创与兴起时期，治国者往往以平均地权作为统治合法性的基石，农民获得耕地并得到较长时期的休养生息；在此期间，主要依赖土地产出的税赋持续增加，而随着国家汲取能力的增强与国力的提升，国家治理体系亦开始膨胀，财政支出压力随之增大；继而，随着经济的发展与社会结构的演变，小农经济内部出现贫富分化，富裕阶层的土地兼并以及拥有较高政治地位的官僚阶层的土地占有亦有逐渐加剧的趋势；在王朝由盛转衰的后期，大规模的土地兼并带来社会矛盾的激化，此时治国者必须进行深刻的社会变革以抑制豪强对土地的过度占有，然而这种社会变革虽然可能给农民带来局部的福利改善，却又极易导致统治者内部的剧烈冲突，从而使土地变革搁浅；在王朝的最后阶段，失地农民往往以集体暴力的形式满足自己对土地的梦想与渴求，从而颠覆旧王朝，创建新王朝。如此周而复始，千年兴衰故事又开始重演。在这个治乱循环的历史图景中，土地流动与农民福利之间的张力，一直是决定我们这个以小农经济为基础的国家兴亡的主导力量。

直到今天，尽管国家的经济结构和社会结构发生了深刻的变化，但是在考虑国家治理与经济发展时，农地仍是一个极其敏感而又不可能绕过的问题。福利导向的农地政策思路与市场导向的农地政策思路之间的冲突与

平衡，一直是决策者极感棘手的难题。以经典经济学理论为基础的市场导向的农地思路，往往把土地作为一个单纯的市场要素来看待，而市场要素只有在充分自由流动的前提下才能实现最优配置，才能获得最大的效率与产出。然而在中国这样一个小农经济国家，土地从来就不仅仅是一个纯粹的生产要素，单纯用现代经济学视角、搬用现代一般均衡理论来探讨土地问题，只能显示研究者对中国悠久历史经验与复杂现实的无知以及在土地变革问题上的幼稚病。从政治经济学的高度，从国家安全和社会结构角度来审视土地问题，才能得到真正符合历史规律又具有现实可操作性的结论。任何基于新自由主义经济学而作出的简单的土地市场自由化与土地资本化的政策主张，在实施层面都是危险的。

与此相反，福利主义导向的农地思路更多地考虑到农地作为社会结构平衡器与社会矛盾稳定器的作用，持这种观点的人往往从中国历史治乱循环的教训出发，发出“一旦土地完全市场化则极易导致社会矛盾激化、贫富差距拉大、社会结构断裂的严重后果”的警告。在城镇化迅猛推进、大量农民工涌入城市并部分地成为城市居住者的今天，福利主义的农地思路对社会稳定与和谐的意义不言自明。但是福利主义农地观影响下所导致的对市场化的过度恐惧、对国家土地市场的过度管制姿态、对土地产权交易所设置的种种障碍与枷锁，却恰恰在某种程度上损害了农民的利益，降低了农民在城镇化进程中和中国经济改革过程中所应享受的改革红利和福利，他们在一定程度上丧失了土地资本化和市场化所带来的收益，虽然国家在迅猛发展、城镇化如火如荼地推进，但所有土地增值似乎与农民无关。带有民粹主义色彩的福利主义观点虽然有保护农民的初衷，但是在实践中却往往导致农民的福利流失。更重要的是，福利主义观点低估了中国农业经营模式的变革所蕴含的巨大力量，低估了中国小农经济向现代农业经济转型所带来的潜在冲击力，而这种变革和转型，是不以个人意志为转移的历史潮流。农民合作组织、农业产业化组织、家庭农场组织的兴起，内在地要求土地制度必须做出相应的调整。小农经济所赖以生存的经济条件已经逐步丧失，小农正在被挤压到一个非常危险和尴尬的角落，随时有被农业经营风险（市场风险和自然风险）推向破产边缘的可能。而福利主义导向的农地思路无疑为中国农业经济的结构演进设置了巨大障碍。

于是在激进与保守之间、在自由和管制之间、在市场导向与福利主义之间，决策者必须掌握极其高超的平衡术。一个很显明的事实是，由于中国农地制度调整的严重滞后，正在有大量的土地被抛荒闲置，利用效率极其低下，农业经营机制变迁与提升受到严重限制。农地的细碎化使得运用大型现代农业生产设备和使用现代生态农业手段来提升农业效率和品质的努力归于失败，使我国的农业形态长期处于小自耕农状态，农业的安全甚至食品的安全受到严重影响。农地的非资本化使得农民难以获得资本收益，难以分享经济增长和城镇化带来的红利，更难以利用土地的产权抵押获取金融支持。所有这些，都束缚了农民收入的增长和农业生产绩效的改善。因此，当下农地政策的深刻变迁势在必行，这是新中国继五十年代初土改、五六十年代合作化运动与人民公社化运动、七十年代末土地联产承包责任制改革之后的第四次土地变革。这场土地变革，不仅仅是土地制度本身的调整，而且还涉及一系列与“三农”有关的制度的系统性调整。这是一个系统工程，一环扣一环，互为条件，只有从这种宏观的制度视野出发，才能最终解决好农地问题。具体而言，在土地制度调整的同时，诸如土地产权市场的建立、城乡统筹的社会保障体系的构建、国家户籍管理制度的深刻变革、乡村民主治理制度的完善等方面的改革必须同步进行，这样才能真正为农地制度改革提供良好的法律和制度前提与保障。

历史总要向前走的，虽然自由主义与福利主义之间的纠结和争议仍会存在，但是农地制度的变革却是大势所趋，不容回避和拖延。在中国这样一个农业大国和农业人口大国，对待农地问题既要稳健慎重，不要搞运动式推进，同时又要与时俱进，不能丧失改革良机。

二、农村土地制度变革的历史逻辑起点

我国当前的农村土地制度，是在改革开放之后30余年的时间里逐渐形成并固化的，是我国整体改革逻辑中一个不可分割的部分。所以，要探讨我国农村土地制度变革的逻辑，就要搞清楚在中国改革的大逻辑中，农村土地制度到底扮演了什么角色。从整个中国改革的历史逻辑来看，可以概括为三个方面。

第一，是通过“故意”把价格搞错的方式，为我国改革和工业化提供资金。所谓“故意把价格搞错”，是指通过工农业产品价格剪刀差的方式、通过城乡要素价格（包括土地价格等）分离的方式、通过农民工和城市职工在工资和社会福利上的分离的方式（体现为劳动力市场价格的扭曲），为我国快速的工业化、城市化提供了基础和条件。在这个历史进程中，城市和工业部门获得了大量的租金，获得了廉价的农产品，获得了廉价的城市发展和工业发展用地，获得了廉价的劳动力要素，从而极大地加快了城市扩张和工业部门发展的速度，也为地方政府竞赛提供了大量的财政剩余（主要由土地的级差地租带来的财政收入），从而成为地方政府主要的财政来源之一。

第二，是通过“故意”把产权搞模糊的方式，为实现工业化和城市化提供租金和要素支撑。产权制度的清晰化固然是交易的前提，然而产权的清晰化是一个历史的进程，是需要时间和成本的。因此中国改革的一个秘密在于，经济改革和发展往往是在产权尚未清晰的时刻开始的，初期的产权模糊化给经济发展带来大量的租金机会，支撑着经济的快速发展。土地产权的模糊化是最典型的代表之一。土地产权的模糊化使得政府的土地征用成本降低，这为城市扩张和土地财政奠定了制度基础；同时土地产权的模糊化和土地产权市场的不完善也支撑了一个隐形的社会保障体系，使得

农民工在社会保障未能实现均等化的时代还能够保有一份安全感。因此很长一段时间以来，政府在农村土地产权（包括农民住宅）清晰化和农村土地产权市场完善化方面的动力和激励均很小，这一方面基于发展城市和工业部门的考虑，另一方面也出于社会保障和稳定和谐方面的考虑。

第三，是通过“故意”把资源配置方式二元化的方式，将城市资源和农村资源人为地割裂开，从而在制度上鼓励农村资源向城市的单向流动，来支撑快速的工业化和城市化。其中的典型代表是农村集体建设用地与城市建设用地的人为的二元化管理体制，导致农村集体建设用地与城市国有土地不能同等入市，不能实现同权同价。这种二元化土地管理体制导致的结果是农村集体建设用地难以得到高效率的利用，其经济效益极低且大多处于法律的真空状态。另一个典型的例子是农村金融的二元化。二元金融结构的核心在于城市金融吸纳了大量农村资本，形成农村负投资现象，而大型商业银行和农村金融机构在一个很长的历史时期中仅仅扮演了农村资金“抽水机”的角色，从而形成城乡二元金融格局，这极大地影响了农民的信贷可及性，影响了农村经济的可持续发展。

明白了以上我国改革的历史大逻辑，我们就会清楚当前农村土地制度和农村金融制度的历史根源，从而找到未来改革的方向。从以上三个“故意搞错”的历史条件出发，我们未来的使命是工农业要素市场和产品市场的一体化，建立统一的城乡土地市场，实现农村集体经营性建设用地与国有土地同等入市、同权同价，并赋予农民更多土地财产权利，从而实现城乡要素的合理流动与科学配置。

三、农村土地制度存在的问题及改革的总体方向

我国现行的农村土地制度是一种集体土地所有制下农民拥有承包经营权的制度，在这个制度框架下，集体拥有土地的所有权，从而拥有土地的

发包权和处置权，而农民拥有土地的承包权、经营权、收益权和转包权。这种在十一届三中全会后逐步形成的农村土地制度，由于承认农民对土地的承包经营权长久不变，从而极大地激发了农民在土地上长期投入的热情，对于我国改革开放后农业生产的长期稳定起到至关重要的作用。也可以这样说，如果没有农民的家庭联产承包制，就没有我国改革开放的发轫与成功推进。经过三十年的农村土地制度的不断调整和固化，我国农村土地承包关系逐步长期化，接近于我国古代的永佃制，这种稳定的带有永佃制特征的土地制度在总体上是有利于农村社会稳定和农业生产发展的，应该加以肯定并长期坚持。

但是这种制度在执行运转过程中存在很多问题，也引发了某些消极的后果。其中之一是这种承包经营权长期稳定的制度在土地流转权方面存在很大的问题，农民的土地在法律层面很难得到有效的流转，土地流转的市场机制没有形成，其法律程序也没有清晰和完善。在这种情况下，农民的经营权就很难转移到别的主体手中，这就阻碍了农村土地的规模化利用。而由于没有规模化的利用，就很难形成规模经济，现代化的农业产业和农业经营方式就很难在现有制度条件下得到发展。小农难以转化为大农，就难以抵御市场风险，难以融入大的农产品市场，也就难以分享市场收益，从而导致我国小农经济下的农户很难获得应得的收入，难以分享改革开放和市场化带来的好处。这是由其所面临的土地制度的历史条件所决定的。要使家庭经营向规模化的家庭农场、企业化的现代农业企业和有组织的合作社等现代经营模式转变，就必须完善土地流转市场和法律程序，使土地得到集约化和规模化的利用。土地流转方面的障碍也使得我国珍贵的耕地资源得不到有效的利用，很多耕地被闲置或者低效使用，远远没有释放土地应该有的生产力。这对于中国这个土地资源至为稀缺的国家是一种巨大的浪费。

其中之二是在原有土地制度下，我国农民所享有的土地权利实际上仅仅是承包权和经营权（经营权很难转让），农民对现有土地的处置权、抵押权、担保权等权利还不能充分享受；农民仅仅享有住房的所有权，农民的住房很难被抵押；农民只享有宅基地的使用权，但其收益权和转让权是不完整的，导致其宅基地的财产功能难以发挥。农民不享有承包地的抵押权，则土地难以作为抵押物，土地仅仅作为一种耕种的对象，而不是一种活的资本，农民难以通过土地的抵押来获得融资支持。农民不能享有住房财权的抵押、担保、转让，就难以获得住房的财产性的收益。

十八届三中全会明确了未来的改革方向，大致有三方面：一是赋予农民对承包地的占有、使用、收益、流转及经营权抵押、担保权能，如此则可以使土地要素得到合理流转，为现代农业经营体系的构建奠定制度基础，同时农民所拥有的抵押和担保权也可以促使其更多获得银行的信贷支持，提升其进入农村金融市场的能力。农民可以将土地承包经营权入股，组建土地股份合作社，既使生产经营规模扩大，有利于农业的规模化和集约化经营，有利于现代农业产业的培育，同时也可以使农民获得更多财产性收入。这方面的制度创新对于那些拥有承包经营权但又在城市务工的农民工而言非常有利，既增加其收入，又避免土地的闲置抛荒，可谓一举多得。二是十八届三中全会决议提出要保障农民集体组织成员权利，积极发展农民股份合作，赋予农民对集体资产股份的占有权、收益权、有偿退出权以及抵押、担保和继承权。三是推进农民住房财产权抵押、担保、转让，探索农民增加财产性收入渠道。最近一个时期以来，很多地区实施农民住房的确权和颁证工作，农民有了房产证，就可以拿去抵押，就可以获得银行信贷，这是对农民增收的最大支持。当然，上述改革的推进有赖于一个完善的农村土地和住宅产权市场的构建，来完成土地和住宅产权的确权、登记、定价和交易等诸项功能。

四、土地资本化给农村金融带来的机遇

十八届三中全会关于农村土地制度调整的一系列政策框架和设想，其目的有四个：一是实现土地的集约化和规模化利用，促使小农经济向规模

化的现代农业经济转型，为农村经营体制的变革奠定制度基础；二是使土地得到更有效的利用，避免土地的大规模抛荒，既使农民获得更多的土地收益，又可以在此基础上使稀缺的土地资源得到更合理的配置；三是促使农民土地资产和住房资产转变为农民的活的“资本”，使农民土地经营权和住房财产权可以实现抵押和担保等各项权利，增加农民的财产性收益，并使农民获得更多的信贷支持；四是通过城市和农村土地同地同权、同地同价，建立城乡统筹的土地产权市场，促进农村土地征用的规范化，使农民更多分享城镇化和工业化的收益。

农村土地制度创新和调整的核心是土地的资本化和住宅的资本化，这将对我国农村金融供给带来极大的积极效应。在原有的农村土地制度下，农民缺乏可以抵押的资产，银行在考察农民的还款能力和评估银行信贷风险的时候，往往仅仅是根据农民的信用来考察，这使得农村金融机构在给农民贷款的时候心存疑虑。农民几乎没有银行认可的合格的可抵押物，与城市居民可以用自己的合法房产作为合格抵押从而获得银行信贷不同，农民没有房产证，其承包地也不能抵押，所以银行的贷款意愿很低。这很难怪银行，因为银行需要控制风险；因此我们往往把这种因为资金需求方的一些问题而导致的信贷不足称之为“需求型金融抑制”。现在，土地的资本化解决了农民抵押物不足的问题。农民可以将农村土地的经营权和住宅产权作为抵押向银行申请信贷，这就极大地提升了农民的信贷可及性，并极大地推动了农村金融机构向农村的放贷，由此撬动的银行信贷每年会多达数万亿。同时，集体建设用地也可以用来抵押和担保，这对银行信贷的撬动能力更大。

农村土地制度变革所引发的农村经营制度的转型与升级，其对农村金融发展提供的机遇也许更大。十八届三中全会提出要通过土地的合理流转，促进土地向家庭农场、种养殖大户、合作经济组织和现代农业企业这四类现代化的农业经营主体集中，这必将使得我国农业经营体制发生根本性的变革。这些规模化的“大农”的金融需求，比原有的那些原子化的“小农”更旺盛，金融需求的规模更大，类型也更加多元化，这给农村金融机构的扩张和金融产品创新带来很多机遇。当前，农村金融机构对家庭农场和农民专业合作社以及种养殖大户的信贷力度还很不够，其金融产品的开发力度也很不够，应该说有极大的发展空间。因此，农村金融机构和商业银行应该加大对土地制度变革后农村新型经营主体的信贷需求特征的研究，大力开发新的金融产品，以满足其强烈的金融需求。

在强调土地资本化给农村金融发展带来的机遇的同时，我们也应该充分认识到在这个过程中农村金融机构所面临的风险和挑战。我们要认识到，在现有的法律制度和社会保障制度以及市场条件下，农村土地经营权的转让还存在很多实际的操作层面上的困难，农村住宅的抵押和担保也存在很大的障碍。如果一个银行接受一个农民的土地经营权或者农民住宅作为抵押物，一旦农民不能还款，则银行将获得土地经营权和住宅的产权，由此造成的农民土地经营权的丧失和住宅产权的丧失的后果是非常严重的。如果没有一个完善的土地评估机制和农村住宅评估机制，土地和住宅的价值很难被科学评估，这也就使得银行很难由此确定其信贷风险和信贷规模。如果没有一个完善的土地和住宅产权的交易市场和规范的交易机制，农民的抵押权的实现和土地住宅资本化就很难落地。如果没有一个完善的社会保障体系，农民在不能还款的情况下丧失土地和住宅，其生活就难以保障，农村社会和谐与稳定必然受到影响。而且，中国农民拥有的土地规模非常小，人均一两亩耕地带来的收益是非常低的，以这些狭小的耕地作为抵押向银行申请信贷，对于银行而言其价值极小，不足以激发其发放信贷的热情。因此，假如仍然以小农的狭小地块作为抵押物，虽然在理论上和法律上可以算是合格的抵押物，但是在现实当中这些微不足道的抵押物所能撬动的银行信贷是极为有限的。基于这个理由，我一直强调，单纯试图以小农土地经营权作为抵押来撬动农村金融需求，在实践中是很难操作的，这里面既有土地收益低从而抵押价值小的原因，也有社会保障和社会稳定方面的原因，因此在这方面农村金融机构不要盲目乐观，而要谨慎研判，谨慎推进，政府也要在产权市场建立和社会保障制度完善方面有突破性与实质性的举动。

五、关注家庭农场的发展：意义和挑战

在全球农业市场一体化和我国农业现代化的大背景下，我国农业经营体制正在面临着新的转型与提升。2013 年中央“一号文件”提出，坚持依法自愿有偿的原则，引导农村土地承包经营权有序流转，鼓励和支持承包土地向专业大户、家庭农场、农民合作社流转，发展多种形式的适度规模经营。家庭农场是指以家庭成员为主要劳动力，从事农业规模化、集约化、商品化生产经营，并以农业收入为家庭主要收入来源的新型农业经营主体。农业生产经营方式由传统的小农经济向家庭农场模式转变，对我国农业和农村的发展有重大意义。

首先，家庭农场的经营方式促进了农业生产的规模化和集约化。传统的小农经济土地分散，经营规模小，土地使用率低，限制了先进技术的使用，致使农业生产率低下。家庭农场的经营模式，通过土地承包经营权流转，可以提高农户的农业生产规模，提高土地的使用率。在规模化的基础上，家庭农场可以通过种养结合等方式，高效利用在生产中投入的劳动、原料和技术，从而实现农业生产的集约化，减少生产成本，提高产量。

其次，家庭农场的经营方式可以促进农业生产的市场化。与自给自足的传统小农经济不同，家庭农场具有企业的特征，以盈利为目的，追求利润最大化，其经营方式有明显的市场导向性。具有一定生产规模的家庭农场可以直接和市场进行对接，打破了传统农业经济的封闭性，实现劳动力、资本、信息和技术等要素的充分流动，打通农产品从生产到销售的一系列环节，使市场充分发挥对农业生产的调节作用。

最后，家庭农场的发展能够推进农村现代化进程。目前由于农村发展停滞不前，大量农村青壮年劳动力外出打工，出现了农村空心化的问题。家庭农场的健康发展，能够提高农民收入，吸引更多农村青壮年留在本地

进行农业生产，从而有助于解决农业生产老龄化和留守儿童等一系列社会问题。而随着家庭农场的发展，农业经济实现产业化，农村基础设施逐步改善，农民的生产生活观念不断进步，最终实现农村的现代化。

家庭农场、专业大户、农民合作组织和现代农业企业一起，构成我国现代农业发展的主要支撑点，必将促使我国“原子化小农”向“规模化大农”的历史性转变，为我国构建新型农业经营主体和现代化农业体系奠定制度基础。

目前我国的家庭农场模式虽然仍处在起步阶段，但各地都在积极培育家庭农场。在农业部确定的33个农村土地流转规范化管理和服务试点地区中，已有家庭农场6670多个。其中浙江宁波、上海松江、湖北武汉、吉林延边和安徽郎溪五个地区的家庭农场发展尤其迅速，形成了五种各具特色的家庭农场模式。

浙江宁波家庭农场是由当地种植规模大户自发或在政府指导下，进行工商注册登记，成立公司，进行规模化经营。这些家庭农场面积一般在50亩以上，需要雇佣工人进行生产，并且拥有自主商标。

上海松江采取以农户委托村委会流转的方式，将农民手中的耕地流转到村集体。土地流转到村委后，由区政府出面将耕地整治成高标准基本农田，再将耕地发包给承租者。上海松江的家庭农场主需要持证上岗，单户家庭农场的面积在100～150亩之间，并在当地政府帮助下进行产业链衔接。

湖北武汉在2011年确定“支持发展家庭农场等新型经营模式”，鼓励农村有文化、懂技术、会经营的农民，通过承包、投资入股等形式，集中当地分散的土地进行连片开发。湖北武汉要求家庭农场主必须是武汉市农村户籍农户，具有高中及以上文化水平，单户农场面积从15～500亩不等。

吉林延边从2008年开始，鼓励农村种田大户、城乡法人或自然人，通过承租农民自愿流转的承包田，创办土地集中经营的经济组织。这些农场平均经营土地面积为1000亩左右，可享受各项国家农业财政补贴政策和税收优惠政策。

安徽郎溪从2009年起，连续3年安排项目资金90万元，在全县优选

10 个家庭农场，每年为每个农场投入项目资金 3 万元，开展示范家庭农场建设。实行家庭承包经营后，农民家庭通过租赁、承包或者经营自有土地实现规模经营的形式来经营家庭农场，其规模通常在50 亩以上。当地政府成立了“郎溪县家庭农场协会”，创建了科技示范基地。

以上这些比较成功的家庭农场试点，都是在政府的协调和引导下有序实施的，政府在示范、规范、管理和服务方面起到很大的作用，在家庭农场的注册登记、土地流转的程序设定等方面，政府的作用是非常明显的。但是同时，各地又能根据各地的经济发展水平、农业产业特征、农村要素结构等方面的特点，实事求是，进行制度上的创新。

现阶段我国家庭农场面临的主要问题和障碍主要体现在以下三个方面。

第一，家庭农场的立法不完善。我国家庭农场自出现以来，一直以地方实践为主，关于家庭农场的一系列问题，中央都未作出明确的法律规定。由于缺少政策的扶持，家庭农场主扩大生产的积极性受到影响。完善家庭农场的立法，首先，必须明确家庭农场的法律地位，在认定标准、性质、税收等方面作出明确法律规定；其次，还需建立规范的注册登记制度。各地应根据当地农业生产环境，明确认定标准、登记办法，使家庭农场逐步成为具有法人资格的市场主体。

第二，土地流转不规范。难以获得相对稳定的租地规模是发展家庭农场面临的直接困难。由于农户承包地分散细碎，很难租到大面积耕地实现土地的规模经营；此外，由于签订协议的不规范、农户对短期利益的高度重视，致使家庭农场难以获得租期较长、相对稳定的土地经营规模。必须加快土地流转制度建设，通过规范土地流转合同、引入事前准入审核、事中监督管理等机制，使农地相对集中、延长土地承包期限，并规范土地流转过程，保护流转双方的权益。

第三，家庭农场融资困难。家庭农场从土地流转、农场基础设施建设、前期生产资料购置、后期经营管理等生产环节都需要投入大量资金，而农民贷款渠道少、可抵押资产缺乏，使得融资难成为制约家庭农场发展的重要因素。为此，首先，必须赋予农场法人主体资格，解决其在抵押担保等方面面临的难题；其次，商业银行和信用社需要创新家庭农场贷款模式，可以采取多种抵押和担保模式，同时对现有贷款模式实现升级。十八届三中全会提出的关于土地流转、农民土地经营权和住宅抵押担保方面的创新性的举措，对于解决家庭农场的融资困境有重要意义，也为农村金融机构带来巨大的商机。

家庭农场能不能继龙头企业、农民合作社之后成为中国农业规模化经营的可供选择的主要模式之一？回答这个问题还为时过早。但值得肯定的是，家庭农场正在以其经营的灵活性、产权的清晰性和企业化运作的机制优势，在中国很多地方崛起。政府要注重规范和扶持，并在土地制度方面加以适当调整，让家庭农场的发展有一个宽松的法律制度环境。

第四章

城镇化与农村普惠金融体系构建若干问题探讨

本章是在作者 2013 年在国家行政学院、北京大学国家发展研究院等单位举办的几次讲座的基础上整理而成。

一、城镇化的内涵和挑战

中国的经济社会正处在一个极为重要的转折点上。从经济发展的量的角度来说，我国经济总量已经跃居世界第2位，人均收入也已经跻身世界第87位，实现了长足的进步，创造了中国经济增长的奇迹。但是另一方面，增长的速度开始放缓，结构性的矛盾突出，经济增长不可持续的危险逐步显现。产能过剩、资源消耗过大、环境约束严重、单纯依赖投资拉动而全要素生产率未得到有效提升、收入差距问题愈加严峻、城乡二元经济格局不断强化……这些问题，对我国的未来经济社会可持续发展造成了巨大的障碍。这就要求我国的增长模式实现重大转型，增长要从要素投入型转到创新型，大力鼓励微观主体的技术创新和制度创新行为，从而提高全要素生产率；我们要继续推进深度的经济政治体制和机制变革，解放思想，不断释放改革红利；我们要运用各种市场手段和政策手段，竭力消除二元经济对立，实现城乡统筹发展，鼓励资源向农村转移，从而实现城乡交融、和谐发展，为社会政治的稳定奠定牢固的经济根基。

而未来的20年中，城镇化就是实现上述目标的重要途径之一。城镇化归根到底要解决两个问题：一是解决城乡二元结构问题，促进城乡一体化发展，并实现城乡福利体系和社会保障体系的对接，全方位提升农村居民的生存质量，实现普惠型的经济增长；二是解决经济可持续发展的动力问题，通过城镇化的带动，鼓励中小企业的发展与创新，鼓励农民的创业，提高农民的收入水平并带动农村消费需求，并通过资源的转移，调整整个国家的产业结构，促进区域经济的协调发展，为整个经济的可持续发展提供机制保障和动力支持。当然，随着城镇化的推进，农村的社会政治结构也会发生深刻的变化，乡村治理模式和社会秩序也会随之改变。因此，城镇化不仅是关乎“三农”的问题，而且更是关乎整个国家增长与转型的大问题，是我国未来20年经济发展与社会变革的总引擎。

然而对于城镇化的内涵，学术界看法纷纭，需要更深层次的探讨与沟通。我认为，城镇化至少包含如下四个方面。

一是实现农业产业化。城镇化的前提和基础是形成可以为农村劳动力提供就业机会的产业群与产业链。没有产业基础，则农民难以实现在城镇的就业，因而就难以有效提高农民收入，从而难以覆盖其在城镇化过程中付出的成本。农民在农村生活的成本极低，但一旦进入城镇，则其生活成本会大幅度提升，此时若没有就业作为收入来源，则其福利和生活质量甚至会比农村更差。依靠市场力量构造产业集群，依据区域经济社会特征与优势打造产业链，大力吸纳农村就业，并有效鼓励农民创业，这样的城镇化才会可持续，才不至于出现农民进城又难以维持生活的状况。

二是实现农民市民化。城镇化的过程也是农民不断转化为城市居民的过程。在农民市民化的过程中，他们要享受与城市居民同等的城市基础设施，要有同样的社会福利和社会保障，其中包括医疗卫生、教育文化、养老保障等。所以农民的市民化过程同时意味着我们的城乡二元隔离的社会保障体系和福利体系的转型，意味着我们的经济实现普惠型的增长，意味着计划体制下公民身份差异的彻底消失。

三是要实现农村的生态化。我们所需要的城镇化，不是简单地盖大楼和城市硬件基础设施的建设，不是把城市的一套生态系统复制到农村，更不是复制以严重损害环境生态福利为代价的传统城市发展模式，而是要通过技术的创新和机制的创新，使城镇化的过程更加科学合理，实现绿色低碳、低能耗、低污染、高效率、高回报、可持续，使城镇化的过程伴随着环境的持续改善。如果我们的城镇化最终仍旧延续以往的粗放型的工业化和城市化发展战略，如果我们的农村在城镇化过程中沦为严重污染的城市群，那么我们的城镇化无论带来多少产值的增加，都注定是失败的。

四是实现农村的信息化。信息化是支撑整个城镇化的基础性的工作，只有实现信息化，才能有效建立现代城镇社会的网络体系，从而为构建新的农村社会结构奠定基础；只有实现信息化，农村的微观主体在经济运行过程中才能实现创新创业，降低企业运营成本，降低信息不对称的程度，从而使整个社会运行的交易成本得到控制；只有实现信息化，传统农村的政治生活、文化生活才能得到根本的改观，其司法体系、金融体系、行政管理体系的运行效率才能得到根本提升。因此，信息化是城镇化中不可忽略的组成部分，信息化不仅意味着低碳和可持续发展模式，而且意味着整个农村社会结构和文化形态的根本转型。

真正的城镇化，并不仅仅是GDP的增长、城市的简单扩张或是城市人口的简单膨胀（农转非），而是要着眼于城乡的协调发展，城镇的均衡、可持续化发展，这是一个经济、社会、生态、文化的协调发展过程。新型城镇化的目标定位应有更高的要求，在发展哲学上，应坚持和谐发展、以人为本的发展取向，要实现城市、自然和人的和谐发展，城市和城郊农村的和谐发展，要体现绿色、低碳、可循环、可持续的城市发展模式。

从城镇化的内涵和外延上来看，推进城镇化建设至少涵盖三层次内容：人口城镇化、经济城镇化和社会城镇化。首先是人口城镇化，主要是基于城镇人口的增加，农民真正转变为市民的过程；第二是经济城镇化，是人口城镇化的经济基础，在于农业剩余和城镇化产业（现代工业、服务业）的发展扩大及其对农业剩余劳动力的吸纳；第三是社会城镇化，主要显现在城市规模和外观、生产方式、生活水平、社会组织关系等方面的全面转变。如果城镇化并不能带来福利的改进，包括生活环境（基础设施、自然环境）的改善、生活水平（就业、消费、社保等）的提高、更好的医疗教育保障等，那就失去了城镇化的本质意义。

当前，我国的城镇化，过多地注重“人口学意义上的城镇化”，注重“经济城镇化”中的经济增长，在“社会城镇化”方面仍有很大不足，因而让城市化的社会成本不断增加。世界城市发展的历史经验表明，在城镇发展过程中必须处理好核心城市区、城市郊区和城市周边农业区的关系，要注重城乡一体化发展。在城镇化的同时要逐步注重乡村的重新振兴和乡村机能的均衡化，即重视乡村的生态机能、环保机能、绿地机能、文化传统延续机能，要促进乡村社会生活和社会组织的复兴、促进市民与村民的交流机制以建设城乡共存的乡村社会。

二、城镇化进程中的金融需求与普惠金融体系构建

城镇化给农村经济增长和农村金融发展带来巨大的机遇。在城镇化过程中，农民需要创业和再就业，农民在城镇化过程中得到的收益也可以转化为巨额的储蓄资源和再投资资源，这就为金融机构的业务扩张提供了基础。随着城镇化进程中新的经济增长点的培育和新的就业机会的出现，农民和微型企业的贷款需求也会有迅猛的增长。城镇化过程中产业结构的转型和大规模的基础设施建设也为金融机构提供了大量发展机会。因此，可以预见，在未来十几年中，随着城镇化的大规模推进，我国农村金融的发展必然会驶入加速轨道，我国农村金融的创新和普惠金融体系的建设必然会迅猛推进。

举世瞩目的十八届三中全会成功召开，这次重要会议对我国农村制度变革尤其是土地制度变革和农村金融制度变革提出了一系列具有深远影响的举措。十八届三中全会的《中共中央关于全面深化改革若干重大问题的决定》提出“发展普惠金融”的战略构想，虽然只是短短六个字，但是其意义却非常重大。这是“普惠金融”这个概念第一次在党的决议中出现，标志着“普惠金融”已经提升为党和国家的重要战略性政纲之一。

那么，什么是“普惠金融”？普惠金融来源于英文“inclusive financial system”，即“普惠金融体系”。“普惠金融体系”于2005～2006年由联合国和世界银行“扶贫协商小组”（CGAP）正式提出并见诸相关出版物。“普惠金融体系”的基本含义是，金融体系应该具有包容性的特征，应该以有效方式使金融服务惠及每一个人、每一个群体，尤其是那些通过传统金融体系难以获得金融服务的弱势群体。联合国希望通过微型金融的发

展，通过传统金融体系的创新与转型，促进这样的金融体系的建立，从而进一步促进全球的反贫困事业。

构建“普惠金融体系”，强调两个方面的意义：一方面，普惠金融强调金融体系要为所有人服务，金融体系应该是包容性的、普遍惠及于各阶层群体的，包括在传统上难以获得金融服务的农村人群和微型企业；另一方面，普惠金融体系意味着要把微型金融整合到整个金融体系当中，使它成为金融体系不可或缺的组成部分，在法律政策上给予微型金融更广阔的发展空间，使其不再处于边缘化地位。构建“普惠金融体系”的目标，完善农村金融市场，服务广大农民和弱势群体，在客户定位上始终瞄准低收入阶层和微型企业。将小额信贷整合到金融体系中去，一方面是创造一个合适的政策和法律环境；另一方面，更重要的是要创造一个微型金融市场的竞争环境。微型金融（包括小额信贷和小额保险）应当被理解为一种市场经济行为，一个向贫困人口提供市场化扶助的机制，一个向市场化程度低的贫困地区灌输市场意识的通道。

普惠金融体系得到提出，具有重大的理论意义和实践意义，对于全球微型金融的发展和反贫困事业，产生了巨大的推动作用，具体体现在以下几个方面。

第一，“普惠金融体系”确立了一种全新的金融理念。2006 年诺贝尔和平奖得主、孟加拉乡村银行创始人尤努斯教授说：信贷权是一种人权。就是说，每个人都应该有获得金融服务机会的权利。只有每个人拥有金融服务的机会，才能让每个人有机会参与经济的发展，才能实现社会的共同富裕与和谐。这个理念与“包容性增长”是一致的，即要在经济增长和金融发展的过程中，使每一个人都能够得益于这种经济增长与金融发展，而不是被经济增长和金融发展所排斥。

第二，构建普惠金融体系的前提是金融创新。为让每个人获得金融服务机会，就要在金融体系进行创新，包括制度创新、机构创新和产品创新。在宏观的金融体系和法律制度层面，要进行创新，以制度性的框架鼓励微型金融的发展，为微型金融机构创造平等的竞争环境；金融机构层面上，应该建立更多的微型金融机构和创新性的金融机构，来服务于更多的弱势群体与贫困人群，同时一些商业性的金融机构包括大型商业银行，也可以通过机构的创新来进行微型金融服务；产品创新的意义在于只有开发出适合于农村微型客户和贫困人群的金融产品，这些原本难以获得金融服务的人群才能真正享受有效的金融服务，同时金融机构才能有效控制风险和获得一定的经济回报。

第三，由于大企业和富人已经拥有了金融服务的机会，建立普惠金融体系的主要任务就是为传统金融机构服务不到低端客户甚至是贫困人口提供机会，这就是小额信贷或微型金融——为贫困人群和微小企业提供的金融服务。为此，首先要在法律和监管政策方面提供适当的空间。其次，要允许新建小额信贷机构的发展，鼓励传统金融机构开展小额信贷业务。普惠性金融体系致力于将普遍惠及一切人群的金融服务有机溶于微观、中观和宏观三个层面的金融体系，过去被排斥于金融服务之外的低收入阶层和微型客户群体才能获益。在客户层面，贫困和低收入客户是这一金融体系的中心，他们对金融服务的需求决定着金融体系各个层面的行动。在微观层面，金融体系的主体是零售金融服务和微型金融服务的提供者，它直接向穷人和低收入者提供服务。这些微观层面的服务提供者应包括从民间借贷到商业银行以及位于中间的各种类型。在中观层面，包括基础性的金融设施和一系列能使金融服务提供者实现降低交易成本、扩大服务规模和深度、提高技能、促进透明的要求。这涵盖了很多的金融服务相关者和活动，例如审计师、评级机构、专业业务网络、行业协会、征信机构、结算支付系统、信息技术、技术咨询服务、培训，等等。这些服务实体可以是跨国界的、地区性的或全球性组织。在宏观层面。如要使可持续性的小额信贷蓬勃繁荣发展，就必须有适宜的法规和政策框架。

三、现代农村金融制度的内在要求及农村金融改革的总体路线

实际上，早在2008年10月，中共十七届三中全会就提出了“现代农村金融制度”的理念，“现代农村金融制度”作为农村金融改革的未来目标模式，有着丰富的内涵，对于农村金融改革的顺利推进有重要意义。我认为，现代农村金融制度至少包含以下内涵。

第一，现代农村金融制度要求农村金融体系必须具备完善的市场竞争结构。也就是说，在农村金融市场中，各类不同性质、不同规模、不同地域的农村金融机构应展开较为充分的竞争，充分的市场竞争有利于提升农村金融市场中金融服务的质量，有利于提高农村市场的整体效率以及农村金融机构自身的绩效，从而能够使农村金融服务拓展延伸到所有人群，尤其是那些在传统金融体系中难以获得金融服务的贫困人群和微型客户群体，就是要实现“普惠金融”的目标。我国现在大型金融机构众多，但是缺乏微型金融机构，微型金融机构的发育明显滞后，这对于建设“普惠金融体系”是不利的。

第二，现代农村金融制度还要求农村金融体系中的金融主体结构充分多元化，这些金融主体既包括银行类金融机构，也应该包括农业保险机构、农产品期货市场、农业信贷担保机构、农业资本市场、农业投资基金等其他农村金融主体。在银行类农村金融机构中，又包括农村政策性金融机构、农村商业性金融机构、农村合作金融机构、农村小额贷款机构以及农民资金互助组织等。只有实现农村金融主体结构的充分多元化，才能在提高竞争和资金流动性的同时有效分散金融风险。

第三，现代农村金融制度要求农村金融机构必须具有完善合理的产权结构，使得产权结构能够实现充分的多元化。合理的产权结构是农村金融机构保持充分活力与竞争力的重要条件之一，而产权结构的单一化有可能

导致农村金融机构的行为扭曲。在合理的产权结构中，尤其应该强调民间资本对农村金融机构的参与程度。而尽量吸收民间资本进入正规农村金融机构，不仅有利于动员资本和扩张农村金融机构资金实力，而且有利于农村金融机构保持灵活的经营机制。

第四，现代农村金融制度要求农村金融机构内部要具备完善的治理结构，拥有有效的激励约束机制。完善的内部治理结构，意味着农村金融机构的控制权处于一种均衡的状态，这种均衡状态可以保证提供良好的约束机制，使得农村金融机构的决策行为不至于扭曲。这就必然要求其内部治理结构符合现代企业制度的要求，在农村金融机构内部，董事会、监事会、理事会、股东（社员）代表大会等机构各负其责，互相制衡，各自担负起自己的权利与义务。这些要求，与现代公司治理的一般要求是基本一致的。

第五，现代农村金融制度要求农村金融机构必须拥有良好的、有竞争力的人力资源结构，使之不仅能够满足当前的农村金融市场竞争要求，而且要满足未来金融创新的要求。这就使得农村金融机构必须着眼于长远，合理配置人力资源，提升人力资源素质，才能使农村金融机构在业务拓展中保持不败。我国农村金融机构中的人力资源素质参差不齐，部分农信社及其他农村金融机构的经理人员与信贷部门员工对现代金融知识了解有限，缺乏竞争理念，其素质亟待提高。

第六，现代农村金融制度的内在要求还天然包括农民信贷可及性的提升，即现代农村金融制度能够充分满足农村各类经济主体的融资需求。现在，由于农村经济的迅猛发展，农村各类经济主体（包括一般农户、农民种养大户、农民专业合作社、农村中小企业以及其他各类经营者）的贷款意愿很强，但是由于大型金融机构撤离农村和新型农村机构覆盖面尚很小，导致农村的融资需求还在很大程度上得不到满足。因此，衡量现代农村金融制度的一个重要标尺，是看在这种制度下农民的信贷可及性是否得到实质性的、有效的提升。如果一个农村金融体系虽具有良好的市场竞争结构、产权结构与内部治理结构，但是都眼盯城市，不为农民提供基本的金融服务，那么，这种农村金融制度仍然不能算是一个真正有效的现代农村金融制度。

第七，现代农村金融制度的内在要求还包括农村金融机构在财务上必须具备可持续性。财务可持续性意味着，农村金融机构不再依赖政府的补贴，而是通过自身的业务结构的合理调整、通过提供各种符合农村需求的金融服务、通过不断的金融创新，就能够实现自身的可持续发展。这就要求农村金融机构必须紧贴农村金融市场需求，具备过硬的业务拓展能力、金融创新能力和风险控制能力。

以上所说的七个要素，可以说基本上概括了现代农村金融制度的本质内涵。但是目前，我国农村金融制度与现代农村金融制度的内在要求还有很大的差距，农村资金流向城市所造成的“农村负投资”亟待扭转，金融二元结构亟需缓解。近年来，中央政府对农村金融问题高度重视，央行和银监会做出多个若干重大决策，我国农村金融生态已经有了很大改观。未来农村金融改革的总体思路，是存量改革和增量改革并进、激励机制和约束机制建设并举，大力推进农村金融制度变革。

第一，应通过存量改革和增量改革来建立多层次、广覆盖、可持续的农村金融体系。在存量方面，加大对现有农村金融机构（包括农行、农信社、邮政储蓄银行和农发行）的改革力度，尤其是对农信社体系进行产权结构和管理模式变革，使之成为服务广大农民的具有发达网络的小型社区银行。在增量方面，应扶持村镇银行、小额贷款公司等新型农村金融机构，使农村金融体系的市场竞争结构迅速改观并提升农村金融信贷供给的效率。

第二，为阻断“农村负投资”现象，应建立促使农村资金回流的激励和约束机制：在激励机制方面，对于那些支农信贷比例达到一定要求的农村金融机构，要建立包括财政补贴、税收优惠、增量奖励等一系列激励制度，同时应建立支农资金发放的招标机制，整合各种渠道的支农资金，委托农村金融机构发放，对中标者实施成本补偿（贴息和经营成本补贴），以激励农村金融机构更多地承担政府支农信贷发放；在约束机制方面，应建立科学的监测和考核指标体系，对农村金融机构的信贷供给比例提出明确限制性要求，并建立合理的惩罚机制。只有将制度激励和制度约束相结合，增量改革和存量改革相结合，才可以有效缓解农村金融负投资局面，促进农村经济的持续增长。

四、十八届三中全会之后农村变革与农村金融发展新趋势

在十八届三中全会所描绘的未来农村金融改革和构建普惠金融的战略布局中，极其具有前瞻性的一项改革思路是降低金融行业准入门槛，鼓励新兴民营金融机构的发展，鼓励社会资金设立农村金融服务机构。同时，十八届三中全会在农村土地制度领域的变革对于农村金融发展亦有深远意义，将有助于解决长期困扰农村信贷供给的抵押机制缺失问题，极大地提升农民信贷可及性。

我国农村金融面临着一个看似悖论的局面：一方面，农村金融的供求缺口很大，农村金融机构的服务及其覆盖面远远不能满足农民旺盛的资金需求，农民信贷难局面长期得不到有效解决，甚至有些地区存在大面积的农村金融服务空白，农民信贷可及性极低，这种局面极大地影响了农民收入提升和农村经济的可持续发展；另一方面，我国城乡民间资本极为充裕而且活跃，民间资本对于金融行业的投资热情很高，但由于缺少正规的投资金融的渠道，面对民间旺盛的资金需求，大量民间资本遂流向地下钱庄等非正规金融机构，甚至演变为高利贷、非法集资等，这不但不利于金融监管，更严重冲击着金融秩序，影响社会稳定。因此，我国金融业面临的一个迫在眉睫的问题是如何通过制度变革，降低民间资本进入金融业的准入门槛，鼓励民间资本参与金融业尤其是农村金融发展，以疏导民间资本，规范民间金融，改善农村金融供给。

目前，中央正在酝酿的降低金融行业准入门槛、鼓励新兴民营金融机构发展、鼓励社会资金设立农村金融服务机构的思路，对于我国农村普惠金融体系的建设极为有益。新兴民营金融机构的发展，主要是指面向微型

客户的小微金融机构的发展。在农村金融市场中，各类不同性质、不同规模、不同地域的农村金融机构应展开较为充分的竞争，充分的市场竞争有利于提升农村金融市场中金融服务的质量，有利于提高农村市场的整体效率以及农村金融机构自身的绩效，从而能够使农村金融服务拓展延伸到所有人群，尤其是那些在传统金融体系中难以获得金融服务的贫困人群和微型客户群体，就是要实现“普惠金融”的目标。我国现在大型金融机构众多，金融“脱农”现象严重，但是我们缺乏为微型客户服务的微型金融机构，这对于建设“普惠金融体系”是不利的。我们要大力鼓励民间资本参与农村合作金融、村镇银行、小额贷款公司、农民资金互助组织的组建，使得这些小微金融机构能够促进农民信贷可及性的提升。

合理的产权结构是农村金融机构保持充分活力与竞争力的重要条件之一，而产权结构的单一化有可能导致农村金融机构的行为扭曲。在合理的产权结构中，尤其应该强调民间资本对农村金融机构的参与程度。尽量吸收民间资本进入正规农村金融机构，不仅有利于动员资本和扩张农村金融机构资金实力，而且有利于农村金融机构保持灵活的经营机制。鼓励民间资本进入农村金融领域有以下意义：第一，增强农村金融机构的经营实力，使之在市场中更具竞争力；第二，可以充分调动和激活民间资本，使民间资本阳光化；第三，产权结构多元化还可以使农村金融机构内部治理结构逐步完善，有利于改善农村金融机构的法人治理结构，建立一个真正有效的激励和约束机制；第四，从宏观上来说，民间资本的进入，会极大地改善我国农村金融的供给状况，丰富农村金融市场竞争主体的多元性，对提高农民的信贷可及性、缓解农村信贷约束意义重大。

未来将鼓励有实力的互联网机构发挥自身独特优势进入微型金融领域，这是饶有新意且影响深远的一项举措。最近一段时期以来，我国互联网金融发展迅猛，创新模式层出不穷，这对我国普惠金融体系的构建将产生十分积极的影响。互联网金融的主要服务目标，是为中小型的贷款者提供手续便捷、短期灵活且抵押担保要求低的贷款，这与微型金融的宗旨有天然的契合。与传统的微型金融相比，以 P2P 为代表的互联网金融在覆盖范围和效率等方面有独特的优势。互联网金融通过网络平台，打破了地域、时间的限制，能够更有效地筹集社会上大量闲置的小额资金，同时，贷款交易过程大部分由线下转到线上，更有利于贷款者资质的审核与贷款手续的简化。互联网金融和农村微型金融的结合，将会从多方面影响农村金融的发展：首先，互联网金融能够利用其在筹集社会小额闲置资金方面的优势，拓展农村金融发展的资金来源；其次，互联网金融通过线上线下相结合的方式进行信用评估，提高了信用审核的效率，简化了贷款审批的手续，更加贴近农户贷款的需求；再次，互联网金融不受地域的限制，用技术手段拉近了城乡距离，促进城市闲散资金流向农村，支持农村城镇化过程中农民的生产和创业，促进农村发展；最后，互联网金融将原本局限在各地的农村信用信息进行整合，从而可以建立起一个全国范围内农村地区的征信和评估体系，这对于我国征信体系的建设和农村微型金融的长远发展具有重要意义。当然，我们也要注意互联网金融进入农村微型金融带来的潜在风险：农村微型金融面对的贷款者众多，提供的信息质量难以保证，需要严格控制坏账风险；一部分金融企业在规模扩大之后，会在进行点对点贷款的同时，尝试进行期限错配，从而增加流动性风险。防范这些风险，需要不断完善农村金融监管体系。还要建立完整的农村金融征信系统，提高贷款者信息和资质的透明度，减少坏账风险；健全相应的法律法规，规范参与农村金融企业的行为；建立相应的贷款保险制度，防范风险的扩大，保障投资人的利益。总的来说，在做好风险控制的前提下，互联网金融和农村微型金融的结合对农村金融的发展具有重大意义。

十八届三中全会在土地制度变革上的创新性尝试为我国新型农业经营体系的构建奠定了制度基础，也给农村金融的未来发展提供了制度保障。决议提出要赋予农民对承包地占有、使用、收益、流转及承包经营权抵押、担保权能，允许农民以承包经营权入股发展农业产业化经营，同时鼓励承包经营权在公开市场上向专业大户、家庭农场、农民合作社、农业企业流转，发展多种形式规模经营，这是构建现代新型农业经营体制的必要前提。同时，农村土地的市场化对解决农村金融的抵押物问题有着非常重大的意义。在现有土地权属基础上，赋予农民集体土地处置权、抵押权和转让权，这就为解决长期困扰农村金融发展的抵押物缺失问题提供了很好的解决方案。土地一旦通过确权和市场化，就实现了土地的资本化，农民所拥有的承包地、宅基地、林地、房屋就成为合格的抵押品，农村金融机构就可以增加对农民的信贷供给，如此则农民的信贷可及性必大大提升，农村金融的供给必将迅猛增加。

五、商业银行如何助力城镇化

城镇化进程中，社会结构、经济形态、产业结构、文化形态都会发生深刻的变化。这些变化既需要设计相应的金融体系来推动，同时也为金融机构提供了大量商业机会。

金融机构（尤其是商业银行）在城镇化进程中不可盲动，应该对城镇化带来的机遇和挑战有理性的、清醒的认识。首先，商业银行应该找准城镇化进程中每个区域的产业结构特点和比较优势。城镇化过程中必然涉及产业链选择与设计、经济的转型问题。产业链的设计、构建和资源整合，与各个地区不同的产业优势、资源优势、区位优势和人力优势密切相关，这样该地区城镇化进程中的各项产业在未来的市场中才能够具备竞争能力，并增加当地的就业，使失地农民可以得到很好的就业机会，同时通过产业的发展，带动农民创业。商业银行的金融产品设计应该与当地的产业优势密切结合，而且要注重整个产业链的构造和整合，而不是着眼于单一产业和单一环节推进信贷政策。培育产业链既为当地农业产业转型提供了巨大支持，同时也为商业银行带来更多的连锁性的商业机会，而且还有助于商业银行降低系统性的信贷风险（主要是市场风险和自然风险）。

其次，商业银行要深入了解城镇化给区域经济和社会带来的影响，不论是积极的影响还是消极的影响。诚然，一方面，城镇化给当地的经济和金融发展带来巨大的机遇。在城镇化过程中，农民需要创业和再就业，农民在城镇化过程中得到的收益也可以转化为巨额的储蓄资源和再投资资源，这就为金融机构的业务扩张提供了基础。城镇化过程中产业结构的转型和大规模的基础设施建设也为金融机构提供了大量发展机会。随着城镇化进程中新的经济增长点的培育和新的就业机会的出现，农民和微型企业的贷款需求也会有迅猛的增长。因此，商业银行必须针对这些积极的变化，创造性地开发不同的金融产品，同时通过业务流程的再造来主动适应这些变化，捕捉这些变化背后的商机。另一方面，城镇化过程中产业的不确定性和法律制度的不确定性也会给商业银行带来风险，商业银行应该审慎选择产业，要对农村的土地法律制度等有充分的了解，严格控制产业风险和制度风险。

再次，商业银行在支持城镇化的过程中要注重多元主体间的协调运作，要善于在合作中拓展商业机会，要注重对当地市场体系的完善和参与。城镇化是一个系统工程，涉及产业资本（包括加工制造产业、仓储物流业、农业产业、旅游产业、文化创意产业等）、金融资本（包括银行、证券、保险、信托、投资基金等）、政府部门（包括村级、乡镇、区和市级政府）、市场（资本市场、劳动力市场、知识产权市场、土地产权市场、农产品批发市场、消费市场等）、农民等不同的主体之间的合作、博弈和协调，本身是非常复杂的。商业银行要利用好这个多元化的系统，并与其他主体建立良性的互动关系。

复次，不同种类、不同规模的金融机构要找准自己的比较优势，进行科学的定位和客户瞄准。如农业银行因其规模巨大和人才优势应更多地将客户群体锁定为规模化农村合作经济组织和农业龙头企业，农业发展银行作为一个政策性银行应着力进行农业基础设施和农村大型产业及其配套设施的投资，国家开发银行应注重对农业现代化具有引领作用的核心产业的扶持与引导，而那些遍布城乡的合作金融组织、村镇银行和小额贷款组织因其规模小且经营灵活，应该将服务的主体定位在农村个体工商户、农村种养殖大户、规模化农场以及小规模的农村合作社。不同规模和性质的农村金融机构，要找好自己的比较优势，要根据自己的特点搞好客户分层和客户定位，而不要进行盲目的竞争。

最后，从宏观上来说，要使金融机构能够对城镇化提供有力支撑，还要从制度层面推动农村金融机构的产权多元化和多层次农村金融市场的发育。农村金融机构要广泛吸收民间资本，允许社会资本参与到农村金融机构的组建中去，并利用民间资本改造现有经营不善的农村金融机构。同时，既鼓励农村信贷市场的创新和完善，进一步发展农村商业银行、村镇银行、小额贷款机构、农民资金互助组织，等等，同时也要进一步推动其他类型的金融机构的发展，如农业保险机构、农业投资公司、多层次农业资本市场、农产品期货市场、农业产业股权投资基金、网络型农村金融体系等多元化金融机制。

总之，城镇化为中国经济的未来持续发展提供了巨大红利，但是从金融机构的角度来说，既要把握机遇，又要审时度势、谨慎推进，要以系统性的产品创新、流程创新、制度创新来适应城镇化带来的各种新问题，确保控制风险，而不宜草率冒进。

六、城镇化进程中商业银行的机遇与革新

十八届三中全会决议提出，要健全体制机制，形成以工促农、以城带乡、工农互惠、城乡一体的新型工农城乡关系，让广大农民平等参与现代化进程、共同分享现代化成果。城乡一体化发展将促进农村经济的持续增长，并给商业银行在农村金融领域的发展带来巨大机遇。

首先，城乡一体化中的农业产业化为商业银行在农村创造了新的金融需求。城乡一体化的前提和基础是形成可以为农村劳动力提供就业机会的产业群与产业链。农业产业化过程的推进需要吸收大量投资，同时产生的收益也会转化为巨额的储蓄资源和再投资资源，这必将极大刺激农村金融的需求。商业银行应该抓住这些机遇，促进资金向农村流动，服务农业产业化进程。其次，城乡一体化中的农民市民化为商业银行在农村拓展业务降低了风险。城镇化的过程也是农民不断转化为城市居民的过程，农民会

享受与城市居民同等的城市基础设施和社会保障。将农民纳入完善的社会保障体系下，会改善农民的基本状况，从而提高农民的信贷意愿，同时农民信贷的安全性也得到了提高，减少了商业银行的信贷风险。最后，城乡一体化中的农村信息化降低了商业银行的成本。信息化是整个城镇化的基础性的工作，实现农村信息化，建立现代城镇社会的网络体系，可以为构建新的农村社会结构奠定基础。在这种信息化过程中，商业银行可以方便地获得在传统农村社会结构中难以获得的信息，增强银行对农村信贷主体的信用评估，从而有效降低信息成本。由此可以预见，在未来随着城乡一体化的大规模推进，我国农村金融的发展必然会给商业银行的业务拓展带来巨大的机遇。

十八届三中全会在土地制度变革上的创新性尝试也给农村金融的发展提供了制度保障。决议提出要赋予农民更多财产权利，慎重稳妥推进农民住房财产权抵押、担保、转让，探索农民增加财产性收入渠道，建立农村产权流转交易市场，推动农村产权流转交易公开、公正、规范运行。这就为解决长期困扰农村金融发展的抵押物缺失问题提供了很好的解决方案。土地一旦通过确权和市场化，就实现了资本化，农民所拥有的承包地、宅基地、林地、房屋等成为合格的抵押品，商业银行就可以增加对农民的信贷供给，如此则农民的信贷可及性必将大大提升，农村金融的供给必将迅猛增加。

但是，商业银行尤其是大型商业银行要想在城乡一体化进程中加大对农村的金融支持，必须克服农村信贷成本高、农村信贷需求主体信用评估困难、农村基层分支网点匮乏等难题，才能使商业银行既能够服务农村，又实现自身的财务可持续。为此，商业银行要结合互联网金融思维，深刻变革商业银行的运行机制。主要包括以下四个方面。

第一是流程集约化。商业银行业务流程问题是制约其在农村金融领域发展的基础性障碍。商业银行在农村地区拓展业务，必须建立集约化的业务管理体系，针对农民的需求特点，对需要填写的业务凭证进行标准化和简便化处理，方便存款流程、简化贷款流程、完善信用审查流程，并将这些业务进行合并集中处理，减少交易时间，提高工作效率，增加业务的灵活性。

第二是组织扁平化。商业银行传统的金字塔状的管理模式很难适应农村金融市场变化快速的特点。组织扁平化要求减少管理层级、压缩职能部门和机构，降低各级组织之间的协调成本，以便使银行快速地将决策权延至农村金融经营的最前线，减少客户反馈信息向上级传达过程中的失真与滞后，从而提高银行对市场变化的敏感度，改善服务质量，增强在农村金融市场中的竞争力。

第三是信息电子化。银行的信息电子化要求改变传统的信息管理方式，将客户的大量信息进行电子化处理，从而提高银行的信息获取能力、信息挖掘能力、信息分析能力，既可以降低成本，又能够提高信息利用的效率，在数据积累到一定数量之后，可以使用大数据技术，对信息进行更深层次的挖掘，为经营决策提供更丰富和准确的依据。

第四是网点虚拟化。商业银行在农村金融领域的发展面临着基层网点匮乏的难题，而网点虚拟化正是解决这一问题的有效途径。网点虚拟化运用移动互联网技术手段，以方便的虚拟电子银行服务替代高成本的基层物理网点。通过 POS 机、手机钱包、网上支付等方式，商业银行可以在广大的农村基层地区完成吸收储蓄、发放贷款、授信、支付等一系列服务，既扩大了银行服务在农村地区的覆盖范围，又能够最大地节约成本。

七、大型商业银行参与普惠金融服务重在模式创新

“普惠金融”的概念最早由联合国提出，它是对“小额信贷”和“微型金融”概念的延伸，它主张不宜将农户、小微企业等低端市场客户作为特殊主体对待，相反，应将其融入正规的大金融系统中。联合国开发计划署曾明确指出，实现从“小额信贷”到“微型金融”再到“普惠金融”的转变，是破解低端市场客户金融服务约束的关键。

从国际经验看，大型商业银行参与普惠金融体系建设，要么是为了满足监管政策要求，要么是出于社会责任考虑，要么是具有明确的商业动机。但无论怎样，在普惠金融体系建设中，大型商业银行都应该是重要的金融服务提供商，这国际上具有成功的先例，如ICICI等。

从我国农村金融供给主体看，近几年来大型商业银行特别是农行，加大了对农户、小微企业等弱势客户的服务力度，并取得良好的社会效应和经济效应。在我国总体已进入"以工促农、以城带乡"的新阶段，以及县域经济发展显露出巨大潜力等大背景下，大型商业银行积极参与普惠金融体系建设，在体现国家资本意志的同时，具备实现商业可持续性的条件。

但是，根据金融客户分层理论，由于在资本、技术、管理和产品研发等方面更有比较优势，因此大银行更适合服务具有规模经济效应的大客户，而对信息不对称且信贷需求"小、频、急"等小微客户的服务供给，宜主要由微型金融机构满足，所谓的"大服务大、小服务小"观点。因此，大型商业银行要真正实现可持续地服务小客户必须诉诸模式创新。

第一，服务内容的创新。服务内容主要指向什么类型的客户提供什么类型的服务。当前对农村金融的认识总是被有意无意地缩小成农村信贷甚至是农户信贷，这不符合农村金融的本意，并很容易对实际工作部门产生误导作用。从银行的角度看，特别是大型商业银行，提供农村金融服务绝不仅仅在于信贷。实际上，联合国在对普惠金融概念进行界定时就明确指出，小微客户除了信贷需求外，对存款、取款、汇款、结算、查询和转账等基础金融服务的需求同样强烈。小微客户的这种多样化金融服务需求，在我国体现得尤为明显。以农户为例，由于幅员辽阔，我国农户经营规模、收入水平差距较大，欠发达地区的农户，由于产业层次、地理位置、知识水平等限制，他们对信贷服务需求相对较弱，但对基础金融服务的需求却很强。对这一类客户，尤应发挥好大银行的网点和技术优势，通过电子化手段延伸服务触角，为农户提供服务并改善其福利水平。在这一方面，农行已经通过"惠农通"工程建设的方式做出了重要探索，是极富意义的工作。总之，大型商业银行服务小微客户，提供信贷支持十分重要，但不能简单地将金融服务狭隘化理解为信贷服务。

第二，服务产品的创新。银行的农村金融服务产品可分为信贷产品和基础金融服务产品两大类，如农行推出了“小额农户贷款”产品和“惠农通”工程等。两大类产品都面临创新问题。先看信贷产品。以农户贷款为例，目前市场上既有的农户贷款多以联保贷款为主，品种较少。实际上，由于我国县域经济发展很不均衡，甚至可以用“一县一特色”来概括，各县对于农户金融产品的需求不尽相同，因此，除了全国通用的农户贷款产品外，大型商业银行应在控制风险的前提下适度下放银行产品研发权利，鼓励基层行研发适合本地特色的金融产品，以提高市场适应性和反应速度。例如，牧区可以创新抵押担保方式推广农牧民贷款、旅游资源丰富的地区可以鼓励开展农家乐贷款和新农居贷款等。对这些基于真实需求衍生的金融产品，银行总行应提高其审批速度。再看基础金融服务产品。目前，大型商业银行开发的用于满足农户基础金融服务需求的一些产品，如农行的“惠农通”，更多是基于“银政合作”的视角提出的，即产品的研发紧密结合政府惠农政策如新农保、新农合等，这种利用信息技术拓展服务触角的做法，完全符合大银行的比较优势和我国农村金融的政治经济学特征。但是，从笔者掌握的资料看，这些服务产品面临两大方面难题：一是政府政策风险大。例如，花大力气铺设的现有电子机具可能随着 IC 卡的推广而成为沉默成本。二是产品使用率低。例如，由于文化水平等限制，农民“一手交钱一手交货”的观念仍很重，对电子交易方式保持谨慎。为了应对困难，大型商业银行需要在两方面进行进一步的创新性探索：一是努力加强产品创新力度。例如，集中力量开发 IC 与社保卡合二为一的新农保社保卡，在系统功能上做好与国务院建立全国统一新农保信息管理系统的对接准备，等等。二是加大金融知识宣传力度，为电子机具的铺设和使用营造良好外部环境。例如，与地方政府合作，利用各种媒体加大金融知识宣传，并利用农户善于模仿的心理，通过抓好“草尖客户”等方式，做好以点带面工作。

第三，服务方式的创新。简单讲，对小微客户的金融服务方式，分为直接方式和间接方式两种。以农户信贷为例，从直接服务方式看，为尽量规避用“陌生人机制”解决“熟人社会”问题所面临的高成本、高风险难题，大型商业银行探索出很多创新型服务方式，如“银行 + 信用村 + 农户”、“银行 + 特色产业 + 农户”、“银行 + 龙头企业 + 合作社 + 农户”、“银行 + 惠农政策 + 农户”、“银行 + 地方政府 + 农户”等。这些服务方式在实践中被证明是行之有效的。但是，大型商业银行很难通过这种方式继续有效扩大服务范围，这是因为，我国农村信用环境总体还比较差，大部分地区的农村特色产业还不成形或发展滞后，农业产业化龙头企业在一些地方还很缺乏或规模较小、带动力有限，部分市场化水平低的地方政府还存在不适当作为等问题。这说明，仅靠直接服务方式继续大规模、快速度发放农户贷款，很可能在未来出现风险的集中爆发。而国际经验证明，通过间接方式开展微型金融服务，是富有成效的做法。从间接服务方式看，大型商业银行可采取直接设立村镇银行以及通过与微型金融机构合作并向其批发贷款等形式。未来，国家应鼓励村镇银行、贷款公司、资金互助组织等新型农村金融机构加快发展并加强公司治理，同时大型商业银行应通过批发贷款、代为研发产品和提供技术支持等方面，加大与微型金融机构的合作，扩大以间接方式参与普惠金融体系建设的力度。

第五章

农村金融机构的文化构建

本章根据作者2013年3月11日在河北金融学院为河北省农信联社所作的讲座录音整理而成。

一、引言：农村金融变革与农信社经营环境变化

今天非常高兴跟河北省联社的同仁一块交流学习。我主要想跟大家探讨一些关于农信社经营管理理念方面的问题。“理念”是一个先行的概念（当然理念也是在长期实践中产生的），在农村金融的经营管理过程当中，首先要树立正确的理念，然后将之用于实践，从实践当中获得更多的灵感、更多的反馈，再来修正我们头脑中的一些理念，慢慢完善，慢慢提升。这个过程是每个人做任何事业都需要的过程。明朝王阳明（守仁）先生提出一个理论，叫“知行合一”。他说过两句话，一是“知是行之始”，在任何行动之前首先要有正确的观念。二是“行是知之成”。行动了，才是知识的完成，理性知识能不能完成，能不能付诸实践，还要看行动及其效果。换句话说，有些观念可能是错的，也去实行，实行了发现有问题，再修正，然后再慢慢完善自己的知识。毛泽东在《实践论》中也讲了“知行合一”这句话。

这几年，农信社的经营管理体制有了重大变化。一方面，当然是由于农村经济发生了很大变化，所以逼迫农村合作金融也要发生变化。另一方面，也是农信社自身的改革、发展所推动的。因为这几年中国农村金融机构正在不断多元化，在这种多元化的竞争环境中，农信社的竞争氛围更加激烈，竞争意识、危机意识也更加强了。在这种情况下，农村信用社的体制变革、内在机制变革就是“顺势而为，且不得不为”的一个过程。

在这个过程当中，我觉得农村信用社的竞争环境实际上在逐渐变得紧张。在2005年之前，农信社在很多地方都是垄断经营。在一个县域，其他

金融机构要么走了，要么份额很小，很难跟农信社产生竞争。所以，农信社在任何县域都是老大。这种地位到2005年之后发生了变化。因为2005年之后中国农村金融开始推出新政，农村金融领域出现很多新面孔，小额贷款公司、村镇银行、农民资金互助社等新的增量的出现，给农信社带来一定的压力。另一方面，原来脱离农村的很多机构也开始回归农村，比如农行，在县域这个层次，农行正在成为农信社的强大竞争对手。他们把县域当做蓝海市场来看待。通过机制变革，通过三农事业部的设立，通过上市和体制变革，通过一些金融创新如惠农卡的发放，农行正在大举进攻县域。这一方面拼的是与地方市场的契合程度，另一方面也拼技术、拼规模。所以一进入县域，农行就把很多优质客户拿走了。农行这几年盈利增长很快，其中30%～40%的盈利来自于县域。

同时，邮政储蓄银行也在不断开掘农村金融市场。邮政储蓄银行网点众多，优势明显，与农信社一样，在县域乃至以下的乡镇都有网点。邮政储蓄银行每年对农村信贷增量以2000亿～3000亿元的速度递增，今年又要增加3000亿元左右，覆盖城乡，客户群体大，网点优势明显。但是邮政储蓄银行是不管太小的客户的，在县域当中掐的也是草尖，比如优秀的中小企业、有抵押物的养殖大户、种植大户都被拿走了。

不论农行还是邮政储蓄银行，从体量来讲都比农信社大得多。农信社是县级法人跟人作战，是一个大银行，数十万亿的资产，技术开发能力强、吸引员工的能力强、人力资源的层次强、薪酬有吸引力。所以，一旦邮政储蓄银行未来上市之后，在县域会全面与农信社展开竞争，现在只是在做一些碉堡式的进攻，还没有全面进攻。小贷公司也突飞猛进，我在河北看到很多小贷公司，资金实力很强，对客户的挖掘很到位，客户的忠诚度和粘合度也很高。石家庄有一家小贷公司注册资本一个亿，他们对任何一个微型企业都是地毯式营销，一个不落。相比之下，农信社在营销上下的功夫就要差一些，因为竞争意识还没有上去。

同时农信社的管理体制还是动荡不定的，尚处在不确定的状态，省联社这种体制应该说在目前阶段是非常必要的，但是在不同地区对省联社已经有不同的看法，尤其发达地区，省联社服务功能开始不断强化，但是管理功能正在不断弱化。在不发达的地区，当然还需要强大的省联社为其做支撑。所以，穷富区域对省联社的诉求不一样。河北省应该说是经济发展处在中间状态，既不是特别富裕，也不落后。因此，省联社能够为各县联社带来更多管理上和服务上的保障。但是，这种体制从宏观来讲，已经需要深刻的改革。

近两年，我们会发现在中国的很多地方，农村信用社改制突飞猛进，以山东为例，现在农合行、农商行的改制进入高峰期。河北省改为农商行的不到十五分之一，一百五十几个县份只有十几个农商行，进展相对较慢。当然，河北省并不是一个孤立的案例，在很多种西部地区，改革的滞后是普遍现象。

从总体来说，农信社这几年突飞猛进，业务不断翻番，呈现良好的发展态势。但是，心态上比以前更紧张了，因为竞争态势日趋激烈。在这种情况下，经营理念变革就势在必行。我们要建立一套真正的银行文化，建立一套有利于业务拓展、有利于凝聚人心的机制。所以，理念变革、企业文化塑造、品牌建设，都应该提到议程上来。

农信社在改制和发展过程当中，从硬件到软件都需要极大的提升。从硬实力来讲，农村金融机构的技术手段要进一步的更新，风险的防控机制要更新，金融创新能力要不断加强。从软的方面来讲，农信社文化建设长期滞后，品牌建设滞后，员工凝聚力有待加强，要吸引员工，吸引更好的优秀人才。同时农信社形象塑造和内部制度系统都要完善。理念的变革是核心，理念变革就是品牌建设。

二、农信社的文化建设和品牌建设：层次和误区

前面讲了农村金融改革的态势和农信社的竞争环境。接下来讲讲农村金融机构的文化建设问题。我认为，“品牌”有不同的层次。

第一个层次，“有品牌”意味着质量高，也就是自己的产品或者服务有卓越的品质，这是品牌的第一要素。比如农信社，要成为一个品牌，首先贷款质量一定是很高的，提供的服务质量是很好的。

第二个层次，品牌必须有个性。如果没有个性，没有可供识别和区分的特征，品牌的价值就大打折扣。

第三个层次，品牌的生命力很强。好的品牌，一定要有持久力，要保持一定的稳定性。

第四个层次，品牌一定包含着很深厚的哲学内容。不是一般意义上的语言的包装和提炼，而是包含着整个机构的价值观念、哲学观念和生命观。这才形成一个品牌。农村金融机构，实际上有悠久的传统，60多年的历史，几代农信人的不懈奋斗，形成了自己的一套文化。这套文化有非常优秀的内核，非常值得挖掘。

但是，我们在企业文化的理念方面也有很多误区。第一个误区，就是很多农村金融机构的行长或者理事长认为，企业文化和品牌建设是很虚的东西，不如抓业务实在。很多理事长抓业务抓存款很有动力，要抓企业文化和品牌建设就感觉没有动力。但是，我认为，一个农信社的主任或者是理事长，是企业的领袖，一方面要关注资产管理、负债管理这些基本的业务层面的东西，但是我认为应该把更多的精力放在战略性的文化建设和品牌提升方面，要考虑员工应该有什么样的文化，风险文化、客户文化、信用文化应该怎么来打造，才能让自己的品牌形象深入人心。所以不能把精力主要放在拉存款，而是要放在文化建设、价值观的确立以及整个企业品牌形象的确立，放在如何把这些价值观和文化建设成果渗透到企业管理的流程之中。

第二个误区，很多农村金融机构，往往把企业的理念建设、文化建设等同于思想政治工作，等同于职工的文体活动，比如每年举行乒乓球比赛、职工演讲比赛、歌咏比赛，这些东西都是外在的东西，不是企业文化的主体，是细枝末节。企业文化更多的是价值观，是经营哲学方面的，而不是这些表面化的员工活动，尽管员工活动确实也体现一个企业的文化。

第三个误区，就是很多农村金融的企业文化没有个性。从每个省联社、县联社的标志（LOGO）就可以看出来，农信社全国有30多个省级法人，2500多个县法人，但是，这些省法人、县法人LOGO都一样，看不出来河北省跟云南省有什么区别。其实完全是独立的法人，我们却不注重自己的个性凸显。没有个性就没有品牌形象，就没有客户认知度和区别度。

第四个误区，就是有些农村金融机构重视文化，却适得其反，企业文化非常繁杂，非常深奥，但是客户和公众对我们的品牌没有任何感觉。这种复杂的体系形不成员工的心理认可，更很难落实到他们的实践中。其实像汇丰银行、招商银行等优秀的银行，企业文化很朴素，提炼得非常简洁，员工一看就懂，而且容易内化成自己的价值理念和行动指南，不需要那么玄妙，不需要硬拉老子和孔子来帮忙。

第五个误区，农信社的文化当中，还存在着由于长期垄断经营而形成的自大文化。这种消极的金融文化，实际上对我们影响非常大。理念的东西不弄清楚，好多业务就搞不好。在理念方面要有变革，要虚心学习，不断充实，不断发现新的知识体系，以开放的胸襟去了解各种动态的东西，这是农信社持续发展和不断更新的根本。

讲到企业文化建设，我们可以把文化分为三个圈层。最外面一层叫做物质文化，物质文化也很重要，比如农信社整个外观，包括员工的衣着、技术设备的外观，都给人展示一种文化。比如我到山东看到村里面都有农信社的网点，当然不是物理网点，而是安放了先进的电子机具，通过电子终端可以存款、取款，甚至可以在事先授信之后在电子机具上发贷款。这些电子终端设备都要有强烈的企业文化信号和鲜明的标志来装饰，这种是物质文化，使人感受到农信社新的企业形象，改变在农民心目中的传统形象。

中间一层就是制度文化，要建立一整套制度，这些制度不但是一些规范的条款，更多的体现为一整套激励和约束机制，能把人的内在活力调动起来。企业文化的核心和精髓体现在制度上。如果仅仅有一些精神层面的价值观和哲学，没有企业的制度文化来支撑其价值观和哲学，那些精神层面的东西就是空的、虚的，没有着落的，最终不起作用。

第三个圈层是精神文化，就是要打造企业团队的价值观念，要高度提炼这种精神文化和价值观。

这三个层次很显然一步比一步深入，外面是物质性的，一眼可以看到，制度文化可以感受到并可以切实践行，精神文化需要人们对内在蕴含的价值观的一种认同。这些都是文化锻造的功夫，很多企业就为了企业文化的锻造花了几十年时间。著名企业的企业文化非常简洁明了，比如通用公司就是三句话：坚持诚信、注重业绩、渴望变革。惠普的企业文化是：我们信任并尊重个人。惠普讲个性，对每个员工、对每个客户都充分尊重。松下的企业文化则带有很强的社会责任感。这些企业文化，简明扼要而旗帜鲜明，让人一看就能记住，而且有很强的感召力。

三、银行企业文化发展的几个阶段

银行在发展的不同阶段，体现出来的文化也不一样。从初创时期，到兴盛、发展、高潮时期，文化也在不断变化，主要有以下几个阶段。

第一个阶段，银行文化首先有一个生存文化阶段。首先要生存，在一个区域得有竞争力。所以在这个阶段，银行高度重视硬件方面的建设，重视财务管理，努力争取持续盈利，它的盈利动机非常强，因为随时可能会死掉。所以，在这个阶段，银行想方设法跟当地企业建立很好的关系，来吸引客户，保障自己的生存基础。

第二个阶段，重视关系的文化阶段。等生存问题解决之后，银行就开始考虑一个更高层次的问题，就是周围的人跟我关系怎么样？因为一个银行与一个人一样，它不是生活在一个真空环境当中，而是随时跟外界有关系，所谓外界包括，第一，跟银行有直接业务往来的客户，他们满不满意？第二，战略合作伙伴的关系处理得怎么样？这时不是把赚钱放第一位，而是把高效的关系管理放在第一位，努力使客户满意，合作伙伴满意，自己周围的人感到满意。在这个阶段，银行更关注那些财务问题以外的问题，不再唯利是图。这个阶段要特别重视客户关系，特别重视战略合作，特别重视跟政府和社区保持和谐的关系。

第三个阶段，银行的自尊文化阶段。在这个阶段，银行的行为和理念体现为对自己的一种自我认同，强调竞争，强调内部管理和内部控制，强调利润最大化，要加强风险管理，要争取做大最强。因为在这个阶段银行要飞速前进，要做大做强。银行有一个特点，就是有一种很强的冲动，想赶紧做大做强。这种做大做强的自尊，使得银行在这个阶段由于过分注重内部控制和科层制度管理，往往产生大量的官僚主义作风。在这种情况下员工压力很大，上下科层体系之间压力很大，但却往往忽视了客户的感受，只注重做大做强，不关心产品和服务会对客户造成什么影响，贷款产品客户是否满意，信贷员的服务是否到位……但是，在自尊文化阶段，银行只管要做大做强，往往忽视了其他的利益相关者。

第四个阶段，转换文化阶段。银行在自尊阶段之后，总结经验教训，一方面要让员工增强凝聚力。在转换文化阶段，提高凝聚力就要靠精神上的引领，要创新，要提升理念。管理上由控制员工转向信任员工。比如中层管理者，原来是靠各方面的指标来控制他们，但是，这个阶段不一样了，转向了信任，通过一个平台的竞争让其感觉到自我有压力，要自我约束和自我激励，而不是靠罚款。这样企业的文化就从依靠强权到尊崇真理，要考虑每个人自我成长的愿望，激发其潜能，由控制变成信任。同时，客户观念发生了变化，以往把客户当成赚钱机器，现在则以客户为中心，与客户成为命运共同体，一荣俱荣，一损俱损。所以，在转换文化阶段，一旦文化理念发生变化，意味着银行的工作流程、制度以及人的精神状态都发生变化。

第五个阶段，组织文化阶段。在组织文化阶段，关注点在内部的组织建设。企业文化建设的核心就是要找到全体员工的价值的认同点在什么地方。管理以人为本，要考虑每个员工的发展与自我价值的实现，为员工的职业发展提供机会，在员工当中培育一种信任关系，给他们提供舞台。对员工的鼓励和潜能的开发是人力资源建设、组织管理方面非常重要的推动。

第六个阶段，团队理念阶段。当然这个“团队”指的并不仅仅是内部团队，而是内外部都有的团队，尤其是跟利益相关者所形成的团队。上世纪80年代以来，利益相关者理论大行其道，银行利用这个理论就建立一整套银行社会责任体系。因为银行实际上是为整个利益相关者服务的链条当中的一员，而且是核心的一员。银行要与当地的社区加强合作，要关注客户的利益，要重视员工，重视股东的回报，等等。这些都是利益相关者，他们对银行有各种各样的期待。这一点我觉得中国的银行应该多向外国银行学习。比如，花旗银行这几年在中国微型金融方面做了一些工作，从资金量来讲，花的钱并不多。但是，花旗银行很注重营造一个氛围，很注重跟当地社区搞好关系。其实，花旗、汇丰等跨国银行，在全国各地都建了很多村镇银行。这些银行资金量并不大，注册资本金5000万到1亿元人民币，并与当地社区建立关系，支持当地社区的环保事业，支持当地的教育。比如花旗对儿童与青少年进行金融知识教育。现在小孩也需要金融知识，需要从小进行理财的教育。家长也很愿意让小孩从小建立起一个比较正确的价值观、财富观。所以，“团队理念阶段”不是指重视个人团队，而是更重视外部的利益相关者，注重社区发展，跟社区同命运。

第七个阶段，也是最高层次的理念，社会理念。这是农信社经营管理乃至于一切经营管理的最高理念。社会理念是把自己完全视为整个社会当中的一分子，重视自己的道德规范、重视正义、人权、社会责任。所以在银行的理念体系当中，此时的排序发生了变化，最早生存阶段、自尊阶段强调利益最大化，现在是社会价值最大化，顾客价值第二位，自身价值最大化排第三位。

银行理念发展的七个阶段，要透过字面来理会它的背后意思。有些银行的文化非常朴实，但很到位，能够准确定位银行的理念。比如招商银行的经营理念，“因势而变，因您而变”。周易的核心在“易”字上。“易”有两个方面的含义，一个是“变易”，中国人讲变，天道无穷，不断演变，“天行健君子以自强不息”。孟子也讲“上下与天地同流”，要顺势而变。但是“易”还有另外一个很重要的意思，就是“不变”，即要知道变在什么地方，又要知道哪些东西不变。对于银行来讲，为公众服务的心不变，为社会奉献的心不变。业务流程要不断地变，管理理念要不断提升，整个资产负债的体系要因时而变。“因势而变”就是看形势。招商银行特别关注客户的诉求，金融创新的核心不是创新，而是考虑客户的利益，为对方着想，要充分了解对方想要什么。如果达到对方的要求，创新就来了。“因您而变”就是必须关注客户利益，帮客户实现利益，这是金融创新的核心点、出发点。

四、挖掘和发扬中国与西方的优秀金融文化

中国历史悠久，在历史上面不乏有重大贡献的金融家。中国历史上这些金融家们积累了丰富的金融文化，包括经营理念、哲学理念。中国人经商才能一流，但是中国人很早就体会到了经商跟社会发展的深刻关系。孔子有一位学生叫子贡，他是商业才能极高的一位成功的商人。子贡对老师是忠心的，当孔子去世之后，一般的学生在墓守护三年就走了，只有子贡在一边盖了一个小房子，在老师坟墓旁边待了六年。子贡姓端木名赐，所以后人讲“端木生涯”就是指从商。子贡是中国古代儒商的代表，第一个儒商，也是最成功的儒商之一。还有一个人叫做范蠡，自称“陶朱公”，春秋时期人，帮助越王勾践打败吴国，成为春秋五霸之一。功成名就之后，范蠡就隐退并在山东定陶附近经商，赚钱之后捐款，一生“三致其金”，以至巨富。所以，以前商人的大门上总要贴一副对联，“陶朱事业，端木生涯”，含义是一辈子从商都以范蠡、子贡为榜样，做一个儒商，做一个有社会价值的儒商。

近代以来大家耳熟能详的中国金融机构是山西票号。山西票号开始于1824年清朝道光年间（1821～1851），从异地汇兑起家，发展成为一个金融网络，最早的票号是日升昌。但不要把山西票号当成银行，山西票号基本不做放贷，山西票号主要是异地汇兑业务，跟钱庄不同。山西票号创始

人雷履泰可以说是世界金融史上的奇才，他没有参考任何外国人的东西，在全世界第一个发明了异地汇兑制度。经过 130 多年的积淀，票号文化应该说是中国金融史上最值得珍惜的思想遗产之一。

票号的第一个文化就是开拓精神，勇于开拓。在当时中国版图之内，北到蒙古恰克图，西到拉萨，还有现在的新疆乌鲁木齐，东到东海之滨，南到琼州海峡，海南岛，无所不在，全国票号分支机构非常多。在国外也有很多分号，日本东京、大阪、横滨、神户，朝鲜仁川，俄罗斯彼得堡，遍地都是山西票号。山西这个地方很封闭，周围都是山，但是山西人气魄非常大，商业版图和视野，包罗全世界，他们勇于开拓，有冒险精神。

第二，信用文化。晋商笃守信用，视信用为生命，轻财尚义，在全国都有口碑。所以山西票号有一首诗，要求当时票号中每个人都会背，叫“平则人易信，信则公道著，到处树根基，无往而不利”。农信社往往把信用体系建设理解为加强客户信用。其实，加强信用体系建设首先是金融机构的信用。银行是个信用机关，银行是做信用的。银行在任何时间都把自己的信用视为第一位，在任何时间都把风险视为第一位，在任何时间都把自己的社会责任视为第一位，这就是信用。

第三，重视员工道德建设。山西人的偶像，当然也是全体中国人的偶像，就是关羽，关羽在，整个晋商就有了精神的归属，教育员工以关羽为榜样，进人以关羽为标准，忠诚信义第一。晋商尽管足迹遍天下，但是山西票号从来不用山西以外的人，平遥帮在国外开设票号，聘用的员工都是平遥人，虽然经营气魄非常大，但用人只用自己人，因为员工的价值观高度一致。山西票号的道德信条是：“重信用、除虚伪、节情欲、敦品行、贵忠诚、鄙利己、奉博爱、薄嫉恨、喜辛苦、戒奢华”。

第四，员工激励。山西票号发明了员工的期权激励制度，这在当时世界上是最先进的。每个员工工作到一定年限，就有股份，干得好，股份就多，激励大家为企业做奉献，这个叫“顶身股”。山西票号股权激励的力度很大，最后总经理的股份或者各个经理股份甚至有些比东家还多，所以对经理层的激励很大。

第五，同舟共济的经营文化。山西票号靠地缘文化结合，靠地方精神纽带凝聚力量。

但是，晋商在近代以来，尤其是民国之后基本上就衰落了，一直到20世纪40年代最后一个票号消失。山西票号消亡的原因，就是不能与时俱进，不能因时而变、因势而变。晋商李宏龄写了两本书：《同舟忠告》、《山西票商成败记》。当时李宏龄向山西票号提出，必须广泛吸收储蓄，开发信贷产品，做成现代化的银行。当时所有票号人都反对，结果丧失了发展机会。

中国近代私营银行在金融文化方面的做法也值得大家借鉴。1927年大革命之后南北统一，中国版图就出现了一个短暂的统一阶段。这时候中国发展很快。所以，在金融史上，1927～1937年这十年是中国金融发展史的黄金时代。这十年中，诞生出很多在国际上有名的银行，其中“南三行”（上海商业储蓄银行、浙江实业银行、浙江兴业银行）、“北四行”（大陆、中南、盐业、金城）是最主要的几家。近代私营银行的崛起，与当时私营银行的文化以及优秀金融家的作用是分不开的。上海商业储蓄银行的陈光甫先生是当时金融家的代表，下面就以陈光甫为例谈谈近代私营银行的企业文化建设。

第一，眼界开阔，勇于创新。陈光甫毕业于美国宾夕法尼亚大学沃顿商学院，从美国毕业之后回到中国，花了十万元注册了一个小银行——上海商业储蓄银行。当时所有人都瞧不起他，觉得陈光甫干不了什么大事。但是，陈光甫眼光非常长远。他魄力之大，眼光之长远，在近代金融巨子当中是可以排第一位的。从十万元起家，十年之后，他成为全球银行业中不可忽视的一员，并成为中国银行业的标杆。原因就在于陈光甫思路很开阔，重视创新。他说：“我们必须努力求学，放开眼光，不断注入世界之新技术、新工具、新方法、新趋势，掘发出新可能。”

第二，塑造服务意识。说来说去，银行业就是服务。我们往往把精力放在如何盈利，如何挖掘好客户上面，实际上服务的目标是为客户创造价值，提供超值服务，有时候“工夫在诗外”。做诗做的好，工夫是在诗歌以外的人文修养；信贷做的好，工夫也在信贷之外，要为客户提供超值服务，提供信息，提供战略咨询，一起成长，形成命运共同体。陈光甫说，银行唯一“可恃者乃发挥服务之精神”。当时金城银行的创始人周作民也说：“凡能有利于社会建设者，虽薄利而不辞。”周作民在民国时期第一个在乡村做了小额信贷，“薄利不辞”，因为对社会有利，否则，“纵能博得厚利，不取也”。陈光甫说，“人争近利，我图远功；人嫌微细，我宁繁琐”，做的都是小额贷款，吸收小储蓄，最后做大做强。现在给农村服务，面临很多微型客户，我们要扎根草根，要把这些客户牢牢把握住，不要觉得他们小。

第三，客户中心理念。陈光甫说：“吾人经营斯业，宗旨在辅助工商，平时待人接物宜谦恭有礼，持躬律己宜自强不息。”要自律、谦恭。银行界普遍不会谦恭，但是陈光甫非常谦恭。以前银行柜台很高，办业务像到典当铺一样，让人感觉银行是居高临下，而上海商业储蓄银行第一个把柜台削低，人们觉得上海商业储蓄银行好，门槛低，对人好，所以都去存款。以前没有大额资金不让存款，他在民国时期首创“一元开户”，穷人一块钱就发一个存折，好多穷人奔走相告。结果不可收拾，存款巨多。这就是客户中心。

第四，稳健和信用。稳健是第一的，比如现金流、资本金管理、信贷风险控制等的核心都是稳健。所以，陈光甫还有其他的民国私营银行家都力求稳健主义，不贪厚利，不赶时髦，这个很关键。

五、农村金融机构的企业文化构建

农村金融机构的企业文化，我想总结为以下六个方面。

第一，农村金融机构应该建立一个感恩文化。银行要把自己的身量放低。老子《道德经》中讲到“上善若水，水善利万物而不争”，就是水总是选择“处下不争”，最终天下“莫能与之争”，水永远处于不败之地，我们要好好体会这一点。对于银行来说，对客户、对员工、对投资者、对其他的社会相关利益者，要充分放低架子，感恩于社会。感恩客户，客户也会感恩你，这就有了情感上的互动与相互认同。

第二，日新文化。我们的文化偏于保守，创新能力不足。我们在员工当中应该鼓励创新，抛弃旧有思维模式，要勇于吸收新的东西，因为现在农村发生了变化，比如农业龙头企业、农民合作社发展起来了。此时，银行对合作社的信贷产品，对大型养殖户、种植户的信贷机制如果没有创新，就丧失了机遇。银行的中介业务、理财业务、财富管理，如果没有人才，没有业务创新，每天都在丧失机会，长此以往，就没有市场份额，就没有利润，就没有发展。所以，日新非常重要，就是创新。

第三，合规文化。农信社以往的文化是一种非常灵活的、适合于乡村的文化，但是随意性太强，规范性不够。将来我们要成长、要发展，就要规范，从制度建设方面要规范，这样才能稳健，消除道德风险和操作风险。所以，合规文化非常重要，要有一个完善的绩效考核机制，严格的问责机制和决策机制。决策永远不是理事长和主任一拍脑袋说贷就贷，背后要有一整套比较完善的机制体制。

第四，要建立一套乡土文化。农信社的根在乡土，盈利来源也在乡土，客户基础也在乡土。所以，企业形象塑造、价值观的提炼，不要照抄别人，不要故意打扮得“高大上”，而要充分理解农民需求，充分满足农村经济发展的需要。这个“本”奠定好了，发展才可以持续，所以孔子在《论语·学而第一》中说：“君子务本，本立而道生”。

第五，合和文化。合和文化就是要培育和外界利益相关者的和谐，员工与管理层、决策层之间的和谐，以及与社会、社区的和谐。“以人为本、和谐发展”，这是口号，要把它落实到制度上。比如向社区小学生做金融教育，给农民做金融教育，提高他们的信用水平，并树立信用社的企业形象。

第六，社区文化。社区是一个巨大的资源，是个宝库，社区是农信社生存之本。银行的营销、产品设计都要充分利用社区资源，居委会、村委会这些社区资源都要充分利用。与整个社区共命运，这就是农信社生存的根本。

六、金融家是怎样炼成的

金融家要有金融家的气派，要有金融家的气质和形象。金融家的气质首先是稳重。金融家都很稳重，不是口若悬河，大的银行家都是守口如瓶，说话非常严谨。所以孔子说，“君子不重则不威，学则不固”。第二，金融家的穿着都非常规范。银行家是在为农信社营销，营销的是信用理念，营销的是银行铁打不动的东西，那就是稳健而有信用。第三点，在任何人面前说话都要低调，给人一种可信赖的感觉，要对自己的客户充满尊重之意。

一个成功的金融家，要有几个方面的基本修养。第一，要“谦”。把自己定位为官方，就会导致我们在客户面前有一种居高临下的感觉。同时，这种心态会影响我们对于时势、对于风险、对于大潮流的判断，因为“心”不对，心不对判断一切都走样。老子一句话说得非常好，“有三宝，持而保之，一曰慈，二曰俭，三曰不敢为天下先”。“慈，故能勇”，如果对人慈爱，就有勇气。“俭，故能广”，如果对物质要求很少，很简约、俭朴，视野非常开阔，可以做大事。“不敢为天下先，故能成器长”，因为谨慎，因此可以做大做强。“舍慈且勇，舍俭且广，舍后且先，死矣！”不仁慈，不俭约，不谦虚，最终就会死掉。谦虚非常重要。但是，谦不是跟人瞎客气，不是伪善。谦是对自己很笃定的把握，把自己放在适当的位置，以平和心态对待自己、对待事业、对待家庭、对待员工，就是要合适，符合“中和”之道，“致中和，天地位焉，万物育焉”。谦不是假的，不是虚伪的，谦是奋发有为而又谦逊自牧。所以，在《周易》“谦卦”当中有两个字叫做“撝谦”，就是奋发有为的谦虚。

第二，要“敬”。客户管理理念、营销理念、社会责任感，其实核心是“敬”。古人讲敬有几个层次，敬神、敬人、敬事、敬身，这种敬是发自内心的敬。所以孟子讲："敬人者人恒敬之。"对下要敬，对客户要敬，对自己的利益相关者要敬。

第三，日新。汤之盘铭曰："苟日新，日日新，又日新"，商汤在自己的洗澡盆里刻了这几个字，就是要不断挑战自己，不断洗掉自己身上的污垢，每天以新的姿态面对新的太阳，这就是"日新"。

第四，"用奇"。作为一位金融家，作为一名领袖，要学会一种战略，就是"用奇"。在商业上有一个平均利润率的原则，空白的领域，利润率才高。所以，《孙子兵法》中讲："以奇胜，以正合"，即用正面来迎合各种需要，用"奇"的方法，以善于出奇兵来获得胜利。实际上，在营销、产品设计、发掘客户的时候，都用到这个理念。当年海尔公司刚创业的时候，很多人说要先占领国内市场，张瑞敏说我们的战略正好相反，先攻国外再攻国内，所以他的营销战略是先把德国市场占领了，而当国外的声誉日渐起来的时候，国内市场的开拓势如破竹。先国外后国内，先难后易，这是张瑞敏的"用奇"战略，是逆向思维。

金融家的要求是很高的，一方面在知识方面，要懂得全方位的金融知识，比如国际金融、货币银行、证券、保险、投资基金等。假如不懂什么叫资产证券化，不知道什么叫股权投资基金和财富管理，就没法在金融界生存。还有管理方面的知识，如人力资源管理、成本管理、危机管理。还有一个就是要加强哲学修养，要加强人文修养，金融知识是形而下的，更高的是哲学修养，所以大的金融家都是哲学家。最后，金融家一定要有长远的战略眼光，要未雨绸缪。

第六章

农村金融机构治理变革和管理创新

本章根据作者2013年3月12日在河北金融学院为河北省农信联社所作的讲座录音整理而成。

今天跟大家讨论的主题是农信社的公司治理与人力资源管理。我讲五个方面：第一，公司治理的基本内涵和基本要素。第二，公司治理的内部结构及其演变。第三，农信社完善公司治理的途径。第四，谈谈农信社体系的产权变革。第五，结合传统文化讲讲农信社管理创新与领袖之道。

一、农村金融进入“战国时代”

这几年农信社改革突飞猛进，我提出一个说法，就是农村金融进入“战国时代”。今天的农信社改革，各方面的机制创新、制度创新层出不穷，各个地方有不同的改革模式，可以说群雄并起，各展其能，诸侯争霸。之所以这样，是因为在农信社领域从来没有像今天这样权利大大下放，地方承担了农信社管理和改革的主角。1996 年农信社脱离了农行，独立自主发展。此后，中央把管理权限不断下放，最近几年，赋予省联社更多权利，同时不断强调县级法人的独立性、自主性。两级法人制度，引发了中国农信社前所未有的变革。这几年中国农信社系统风生水起，银监会各种政策不断出台，地方各种创新层出不穷。我估计在未来三到五年之内，“农村信用社”这个词汇可能就很少被提到了，全部都将改制成为农合行或者农商行，这个步伐非常快。

另一方面，银监会对于农村信用社的制度设计方面，一直采取模糊含混的态度。前几年有学者提出要不要制定农村信用合作法，或者农村合作金融法，我觉得这个提议本身有问题。当然一些国家对信用合作有立法，但是中国的信用合作社今天正在突飞猛进地商业化、向股份制方向发展，农信社基本等同于今天的股份制商业银行。在这种情况下，立法岂不是自缚手脚？所以监管部门很清楚，这个法不能立，立了之后各个省会打架。因为有些地方适合保留合作制，特别是穷的地方，有些中等发达地方适合股份合作制，比如组建农合行，而有些高度发达的地方适合做农村商业银行。所以，农村信用社这种游戏规则方面的模糊性，实际上有利于它的变革。而且我们发现，银监会最近出台一些法规和政策，是有利于农信社的发展的。比如鼓励农信社在条件允许的情况下，借助村镇银行这样一些制度模式来进行跨区域的竞争。这是一个很好的模式，以往农信社是诸侯割据，互相之间不能竞争的，现在通过组建村镇银行，东中部的一些农信社正在向西部转移。农信社的资源、资金、管理的跨区域竞争，是个好现象，银监会通过这个模式，有限度地让农信社跨区域竞争，而不再是传统的诸侯割据。

银监会最近允许民间资本有条件地整合那些资不抵债或资产质量比较差的农信社。如果一个农信社经营不好，濒临破产，原来没有办法只好让其倒闭，现在允许民间资本接手来继续经营。这个政策释放出来的信息非常明显，就是鼓励农信社竞争，竞争中垮掉的，民间资本接手。所以，农信社最近这些年的突飞猛进，主要得益于我们在区域创新方面的鼓励。

另外还有农信社双层经营体制的问题。双层经营体制究竟带来了什么，这个问题很复杂，不可能有一个准确的答案。前几年我在文章里面的提法是特别强调县法人。但是，这几年经过对西北、西南地区不发达省份的调查，观点有点改变。我发现穷省份的农信社和富的地方的农信社的诉求不一样，对省联社的评价和期许也不一样。富的地方，比如浙江，那里的县级信用社（合作银行）很明确地讲，省联社起的作用不是很大。作为一个省级法人，在这些富裕的地方，省联社的功能比较超脱，而且不可能不超脱，因为很多发达地方的县级农信社已经越来越不买省联社的账了。要把他管死、管牢几乎不可能。因为各县联社力量都很强，存款非常丰厚，规模非常大，资金量非常大，基本上能够做的创新都可以自己做，而且也能够吸引住人才，在当地农村金融的格局当中占据优势地位，并不怕别的金融机构竞争。在这种情况下，省联社的地位就相对比较超脱，这是一个必然的超脱，省联社的定位就要发生变化。

比较落后的地区就不同了。我前几年到广西考察，去了百色地区的几个县，经济不太发达，我咨询县联社对于省联社、双层经营体制、两级法人的看法，他们说："说实在话，我们是一个国家级贫困县，储蓄规模很小，从资产负债表来看，不良贷款率很高。在这种情况下，县级法人价值不大。我们倒是希望省联社给我们更多的帮助，在这个区域当中进行资源整合，把好的发达地方的资源往这边挪一点，进行宏观调控，帮助我们吸引更多人才，能帮助我们进行硬件、软件的更新"。我当时受启发很大，可以说醍醐灌顶。我原来一边倒地认为省联社就应该超脱，呼吁削弱省联社的权利，因为省联社管得太多了。但是，经过广西之行后，我就改变了看法，在很多经济不发达的地方，省联社的作用还不可替代，只有省联社能够整合区域内的资源，能够在省政府争得各种政策扶持，与省政府进行博弈。也只有省联社能够帮助这些弱小的县联社维持现状，维持当地的农村金融服务水平不降低。所以两级法人这个问题，它的评价没有那么简单。对双层经营体制的评价要因地而异。

在中国这么大的版图上面，农信社的改革差异性非常明显，出现了两极分化的情况。有些地方非常快，一方面是因为这些地方经济比较发达，金融创新力度大，金融服务规模和效益上升比较快。但有些地方就比较落后。这种地区之间农信社的两极分化最后造成马太效应，就是好的地方越来越好，差的地方越来越差。所以我们要充分调动地方的积极性，地方创新是今天农信社竞争和变革的最关键的要素，如果可以突破很多制度方面的障碍，就可以实现跨越式的发展。如果非常保守，非常僵化，一味维持现状，就很容易被甩在后面。

二、公司治理的基本内涵和基本要素

在农信社的变革当中，我觉得核心有两个，一是治理结构的变革，二是产权结构的变革。治理结构就是法人治理问题。法人治理结构的变化在农信社非常明显，也起到了非常良好的效果。但是法人治理的变化，很多都是表面上的变化，大家对于什么叫完善的公司治理制度并没有深刻理解。法人治理背后是产权结构。所以，我们看到一个三段论，就是产权结构决定法人治理结构，而法人治理结构又决定了一个企业的绩效。但是，不要以为一个地方产权改革了，法人治理结构变好了，业绩就上去了。我认为管理理念的变革是决定法人结构和产权结构是否有效的关键因素。产权与法人治理结构变好了之后，最终起作用的还是企业管理，换句话说，人的管理成为企业绩效的关键。

我们来梳理一些最基本的概念。什么叫法人治理？著名制度经济学家威廉姆森有一个定义，公司治理是限制针对事后产生的准租金分配的种种约束方式的总和。换句话说，法人治理是约束租金分配的各种制度的一种集合。这个制度首先是所有权的配置。其次是企业的资本结构，资本金来源决定着法人治理结构。比如钱是从银行借来的还是从股市上募来的，这两个差别很大，治理结构就有区别。再次是对于管理者的激励机制，怎么来激励管理者，这会影响到我们的治理结构。第四是公司兼并也会影响治理结构，公司兼并收购之后怎么处理经理人，这对于他来说是很重要的激励和约束。第五是董事会制度，董事会制度包含独立董事、外部董事、职工董事，对公司治理结构有很大影响。第六是机构投资者，如果一个公司有机构投资者，其治理结构立刻发生变化。第七是产品市场竞争会改变治理结构的情况。劳动力市场的竞争，尤其是经理人市场的竞争，会导致治理结构有所变化，会影响经理人产生的机制。为什么现在农信社很多改革推进不下去，或者经营管理层没有压力？是因为经理人市场不够发达，经理人市场的淘汰机制和产生新经理人的机制不够完善。因此，经理人受到的压力不大。以上所有这些因素都会影响到租金分配。威廉姆森这个定义就比较宽泛。

1997 年哈佛大学经济学家史蒂夫给出了一个更加明白的定义，他说公司治理研究的是怎么样可以让经理把收益的一部分作为红利返还给出资人，研究怎么样让经理人不吞掉他们的资金，不把资金用于那些不好的项目。他的定义针对的是代理人，他认为公司治理归根到底就是要解决出资人或者投资者怎么来控制总经理，使他为公司利益服务，这是公司治理的核心。

这两个定义强调的方面不一样，前者强调的是公司治理的影响要素的分析，后者更着重于强调如何激励和约束经理人，换句话说，公司治理解决的核心问题是委托—代理的问题，就是委托人怎么监督代理人。我们把有信息优势的一方叫做代理人，没有信息优势的一方是委托人。

比如银行和储蓄者的关系，储户是委托人，银行自然就是代理人。在储户和银行之间，很显然银行有信息优势，储户并不知道银行把钱用到什么地方。这样的话，代理人完全可以出现道德风险，因为银行有信息优势，银行的经理人很有可能把钱拿到澳门去赌博了，但是储户不清楚。我们再换一个角度，银行跟企业是什么关系？比如银行把这 1000 万贷给企业，这时银行成为委托人，而企业成为代理人。企业信息比银行多，所以银行要想方设法监督企业，因为企业完全可能把钱用于高风险项目。所以，公司治理的核心是解决委托—代理的问题，解决代理人拥有信息优势之后的道德风险问题。

公司治理大概有三个关键词：一个是制衡，一个是激励，一个是约束。先讲制衡。公司治理的制衡中包含了多方面的制衡。这个其实体现出西方法人治理中一个传统的思维方式，就是力量制衡思想。西方的政治架构是三权分立，西方人的政治理念就是不能把权力集中在一个人手里。西方的企业管理也是这样的，考虑公司治理的时候，首先考虑如何制衡不同的权力，让他们互相约束，互相制衡，而不能一权独大。所以，西方的民主政治思想和中国的专制传统产生的法人治理结构完全不一样，西方更多强调制衡，中国更强调家族式治理，依赖一个英明的领导。西方企业的制衡包含五个方面的内容。第一是董事会和股东大会的制衡。股东大会在法律上是最高权力机构，要产生董事会。所以，董事会能不能符合股东大会的期望，能不能按照股东大会的要求去工作，这是一个大问题，他们两个互相争，如果不能，股东大会就罢免董事，这就是制衡。当然，董事会也有可能采取办法欺骗股东大会，他们两个互相制衡、互相博弈。第二是独立董事和其他内部董事的制衡。作为独立董事担子很重，现在很多学者、律师、会计师做独立董事，进入企业之后，这个企业有很多考虑，一方面是考虑借助这些学者或者会计师的声望，能够加强企业的管理，对企业带来各方面的好处。但是企业又有点担心，担心独立董事投票的时候有时候会投反对票。根据公司法，独立董事和内部董事是一样的，上市公司的独立董事权力尤其大，当然很多地方独立董事基本上是不管事的，只知举手、表决，不可能过深地介入内部经营管理。但是，独立董事真要发挥作用的话，在内部治理中的作用是很大的，完全可以投反对票，这是一个制衡。第三，就是监事会对于其他力量的制衡。监事会权力很大，既可以监督经理人，又可以监督董事会，同时监事会也可以与股东大会产生一种制衡关系。股东大会希望监事会承担监督责任，但是监事会也有可能出现道德风险。第四，内部跟外部的制衡。一个银行内部有职工、管理层，等等，外部面临着客户、储蓄者、投资人。内部和外部的均衡，这是一个大问题。第五，最核心的，就是投资人与经理人的制衡。

第二个关键词是激励。公司治理不只是要防止代理人出问题，其最关键的功能是要鼓励经理人兢兢业业的服务。东方和西方经过几百年探索，都想了很多办法。山西票号不只在金融创新方面是第一流的，在世界上第一个发明了异地汇兑制度，而且山西票号对公司治理也有贡献。山西票号发明了“顶身股”制度，从一般刚入行的小伙计到票号的总经理都有自己的股份，这个股份随着工作年限的增加，随着贡献的增加，不断提升。到了一定年份之后，很多人发现自己的股份多到甚至能当一个大股东的程度。比如日升昌票号的创始人雷履泰，他是总经理，并不是东家，但是雷履泰的顶身股比东家还要多。因此，“顶身股”这种激励是发自内心的，经理人会把企业当做自己的企业来办。当然也有问题，如果权利过大，总经理会凌驾于所有出资人之上，而且会出现内部人控制问题。西方大概在200年以前，英国就出现了股票期权制度，股票期权对于经理人的刺激是非常大的。一些大的上市公司，把一部分可观的股票给了总经理之后，总经理就有很大动力来工作，因为公司是他自己的，他不是打工的。当然会有一些其他的激励方式，有时用现金激励，有时用期权激励，有时用职务升迁激励，激励方式不一样，效率也不一样。

第三个核心关键词就是约束。如何约束经理人来为出资人服务。当然，经理人被约束的问题是与现代公司发展密不可分的。当公司慢慢扩大，它的融资方式不断变化，企业不断膨胀，这时投资者与企业管理者极有可能分开。在历史上，管理者与出资人的分分合合其实经历了一个很长的过程。最初管理者和出资人是完全合二为一的，比如几个兄弟一块创办企业，既是出资人又是管理者。这一般是在一个企业的初创时期，才会出现管理者与出资人合二为一的情况。当企业越来越大之后，一方面有可能借银行的钱，有可能上市成为公众公司，有可能吸引大量的股东参与。此时，投资者与管理层的分离就是不得不为之的事情。近代以来，管理层与投资者不断分离，投资者的着重点在怎么控制经理人，经理人的着重点在怎么得到更多收益，得到更多闲暇。但是，合久必分，分久必合。管理层与出资人的分离是一个阶段的现象，到了一个阶段之后又会合二为一，比如股权激励，如果存在股权激励的话，就不存在管理层和经理人的区别，比如像雷履泰这样的人，他很清楚，自己既是经理人，同时又是大股东。

公司治理一定要树立一个理念，克服一个误区。中国人总以为把西方所有规范的公司法人治理制度移植过来以后，就可以一劳永逸解决法人治理问题。这是一个误区。首先，世界上根本不存在一个绝对规范的公司治理制度，西方国家中，日德是一个模式，英美是一个模式，意大利这些传统的欧洲国家又是一个模式，他们之间不一样，没有一个绝对规范的东西。从空间来看，全世界不同地区的法人治理是不一样的，欧、美、日、德，包括华人世界都有自己的传统，都有自己的公司治理方式。因此，不存在绝对性。从时间来看，法人治理实际上是一个不断演化的过程，它是各种力量，包括内部的、外部的、经理人的、出资人的，不断讨价还价和博弈的过程。公司治理一直处在一个动态的演变过程当中。所以我们要打破这种偏见。银监会监管部门尤其不能有这种偏见，说全体农村信用社体系都搞一个模式，然后加强法人治理，把机制建立起来之后就万事大吉了，这是不可能的。

同时，我们一定要意识到，公司法人治理制度受制于很多约束条件，比如一个国家的商业传统、法律体系、交易环境、历史习惯，等等。即使有些国家法人治理结构看起来很好，但是如果移植，成本太高，我们也不能把它移植过来，因为不划算。法人治理结构的建设，实际上要算成本收益，如果不划算，这个事不能做。

总之，看待公司治理既要有与时俱进的理念，也要因地制宜，这是具有适应性和演进性的一种制度安排。天下从来没有一个规范的公司治理结构，不同的国家，不同的公司，要根据自己的企业文化、商业传统、行为习惯、制度传统来寻找自己最为有效、最为划算、最为现实、最具有可操作性的公司治理结构。比如现在农信社要改制，改制一定要定一个标准，这个标准是不是符合我们现在各个地方的实际？监管部门往往要求几个月之内完成改制，不完成不行，其实这种方法和思维模式是有问题的。比如现在都提倡农信社引入机构投资者，但是，各个地方情况不一样，有些地方比较开明，愿意引入机构投资者，有些地方受传统意识影响不愿意引入机构投资者，不能硬性引入。另外要不要引入大股东？浙江农信社最近几年引入了一些规模比较大的法人股东，这些股东实力比较强，在各个行业都是龙头地位，素质较高，他们要关心农信社的内部治理情况，甚至参与公司重大决策。这对于整个团队来讲是一个挑战，就是有没有这么大胸怀去容忍这么一个大的投资者。相反，我到很多地方，人家非常坦诚地告诉我，大股东我们根本不敢要，大股东太可怕，会影响我的治理结构。所以，到底需不需要引入机构投资者，需不需要引入一些控股型的股东，需要考虑。不能说现在需要完善治理结构，就盲目引进，这个也不见得。

三、公司治理的内部结构及其演变

决定公司治理框架有三层关系，第一是股东之间的利益关系。上市公司有优先股与普通股，优先股有优先收益权，但是一般优先股没有发言权，没有投票权，普通股有投票权、有话语权，但是它的收益权在优先股之后。这样就把不同权利的股东分开了。第二是公司股东与董事会的关系，股东大会选举董事会，董事会并不是独立的，是股东当中占据最大份额股份的一些人的集合。第三个关系是就是股东与实际控制者的关系，就是股东、董事会与经理人的关系。这三层关系都是公司治理当中必须处理好的关系。当公司越来越复杂，出资人越来越复杂的时候，企业运行起来变得越来越麻烦。在这种情况下，股东人数增多，融资方式复杂化，相关利益者多元化，单纯依靠股东来决策是不可能的，于是董事会决策产生了，董事会决策最后就要委托代理人，委托给总经理去执行。因此，职业经理人产生了。所以又出现代理人的问题，因为董事会不可能自己去经营。所以，委托—代理的问题一直是困扰公司治理的一个大问题。

公司创业初期非常简单，随着公司不断扩大，组织不断拓展，架构越来越复杂，所以公司越来越成为一个分权性的组织。现在农信社体制中省法人和县法人是分权。从公司的发展历程来说，逐步出现出资人资金来源的多元化。企业不再只是股东出资了，有可能借银行的钱，出现债权融资。有可能通过上市赚钱，成为公众公司，这是股权型融资。这样就出现两种不同类型的公司治理，一类是代理型的公司治理，一类是剥夺型的公司治理。代理型指的是解决出资人与代理人的关系，这时候必须引入职业经理。职业经理与所有者利益不一致，再加上信息不对称、监督很困难，因此就完全有可能为自己牟利，这就是我们经常在农信社反思当中谈到的所谓的内部人控制问题。所谓剥夺型公司治理，就是会出现有控制权的股东来剥夺那些没有控制权的股东。比如一个上市公司当中有大股东、有小股东，大股东常常是通过操纵价格或操纵决策来侵害小股东的利益。

我们一定要把公司治理的机制理解成为一个不断演化的过程，不可能一劳永逸，不能要求绝对规范，事实上不存在这个规范。同时，在公司治理方面，要相信时间，也要敬畏现实。所以，我不太赞同有些人说农信社治理结构太落后了，因为农信社这套治理结构是经过了大概60年的发展过程，它是有历史的，是有渊源的，任何制度都有路径依赖。所以，在治理结构变革方面，建议还是不要过于激进，我们要相信时间，同时还要敬畏现实，要懂得约束条件，懂得路径依赖，稳步前进。

公司治理结构的演变大概经过几个阶段。最初阶段往往是家族式的治理，西方与中国都是一样的。公司的扩张只是家族集团化，或者在扩张过程当中不同的家族企业互相参股，这是第一阶段。第二阶段，依赖于金融资本扩张，扩张就会产生出不同的公司治理，比如在日本和德国，他们的企业主要依靠银行来扩张。所以，日本和德国银行势力比较大，相反资本市场势力很小。美国正好相反，美国银行势力比较弱，而资本市场比较发达。这样就产生出完全不同的治理模式。大概分三种，一种是家族型控制，包括欧洲大陆，主要是意大利等国家。还有东南亚国家，尤其是华人世界，家族性控制比较多。第二种是关系型控制，主要是日本和德国，就是通过银行体系来进行控制。第三种是英美国家的市场型控制。

第一，家族控制型。意大利有很多家族非常庞大，比如意大利美蒂奇家族，这个家族不但是金融巨头，而且控制了政治、宗教，这个家族中出了很多大主教，出过很多政府首脑，出现很多金融巨头，可以说整个国家被其控制。这种家族型控制最大的问题是股东有些太大，有些非常小，大股东容易控制小股东，侵犯小股东利益。同时，家族控制当中存在复杂的交叉持股。

第二，关系控制型。主要是德国和日本为代表。在德国和日本，银行和企业相互持股。比如德国的公司85%的股份被一些机构股东持有，包括银行、基金，等等，但是资本市场不发达。因此，在这种关系型控制当中，银行的权力比较大，而且银行往往通过控股来实现对于企业的介入。

他们往往把银行的人派到公司当中，日本大公司董事很多都有银行背景，大部分都是银行退休的行长到公司担任董事，代表银行的意志来监督企业。

第三，市场控制型。以英美为代表。英美国家重视法律，重视游戏规则。公司治理比较严格，特别重视保护投资人、投资者权利，这是英美法系的基本特点。大陆法系主要是成文法，对股东保护是不利的，往往照顾内部人利益。英美法系是习惯法，是不成文法，因此重视判例。英美法系当中，由于上市公司比较多，股权分散，法人治理结构往往通过上市公司股票市场来实现，就是如果经理人干得不好，上市公司表现差了，股东开始抛售股票，经理人就该走人了，不用董事会开口。市场型就是靠外部、靠上市公司资本市场的力量、靠股东压力来治理。应该说英美国家这种依靠上市公司、依靠资本市场的治理是更为有效的治理。所以，美国从开国以来就实施对于金融寡头的控制，限制银行的发展，结果催生了一个非常发达的资本市场。美国在60年代机构投资者开始崛起，很多公司引入机构投资者，资金实力增加了，银行、保险公司、共同基金、养老基金成为机构投资者。原来机构投资者根本不关心公司长远发展，只要公司保持盈利。但是，后来机构投资者由消极的公司治理者变成了公司治理的积极参与者，现在美国公司治理大部分都是与机构投资者有关系的。

我们下面来看解决代理人问题的五道防线。第一道防线是经理的报酬。可以通过巧妙的经理报酬设计，把经理的个人利益与公司利益挂钩，与股东利益挂钩，让经理一方面追求个人利益，另一方面为股东、为公司创造财富。

第二道防线是董事会。董事会要有一定比例的外部董事，现在一般的农村合作银行、一般农村商业银行都在慢慢地引入外部董事、独立董事。尤其是引入经济学家、会计学家和法律专家，这三类人是上市公司当中必须的。

第三道防线就是股东大会。如果董事会这道防线不行，股东大会就有权力更换、改换董事会，改选董事会。因此，股东之间对于表决权的争夺有可能对董事会形成压力。所以，如果一个总经理，被股东大会决议开除了，将终生在职业经理人市场上不可能找到好买家，没有人会雇佣他了。

第四道防线是投资银行家和战略投资者。投行和战略投资者，在关键时候通过资本市场运作，会对公司进行并购，接管公司，压力很大。一旦公司的股票表现不佳，股东抛出股票，此时战略投资者就盯着股票大量收进，进行控股。控股之后，他就成为最大股东了，就有发言权来接管，或者替换经理人，所以董事会和经理人都有可能变化。这对于董事会、对于经理人来说是一个很大的挑战和压力。

第五道防线就是外部监管。外部监管包括证券监管部门，也包括媒介和社会舆论监督，尤其是媒体监督和经济学家的监督，这方面在美国尤其如此。在美国做经济学家，在媒体上对于股票评论要相当谨慎，因为会对股价影响非常大，也会影响公司治理。

四、农信社完善公司治理：不要理想化

农信社法人治理结构的变化是一个历史的演进过程，不能求快，不能求速，也不能一步到位，更不能全国一盘棋。我是比较反对监管部门全国一盘棋一步推进的做法，这不符合现实，也没有看到各个地方区域的差异。所以，我主张还是稳步推进，因地制宜。

第一，股份合作制。农信社法人治理结构不能一步到位，要有一个中间状态，我认为股份合作制是目前农信社公司治理结构和产权结构的一个比较现实的选择。当然，最终农村信用社体系全部要成为股份制的社区性的商业银行。在很多地方要保留股份合作制，就是一方面通过设置资格股和投资股扩大资本金来源，同时又可以兼顾弱势群体，照顾农户、农村个体工商户、农村微型企业的利益。要避免过分商业化带来的问题。现在很多地方商业化推进过快，也带来一些问题，就是有些地方农信社逐渐脱离了农户，对农民服务越来越少，追求利润最大化，这个趋势要避免。

第二，要优化股权结构。通过股权设置一方面增资扩股，另一方面要完善内部治理结构。我呼吁各地农信社都要大力吸收那些有规模的种养殖大户、民间资本、企业法人资金。这些有规模的大户进入农信社之后，能够关注到农信社的经营，能够提高关切度，改变以往股权过于分散的情况。这是未来的一个趋势。同时，有条件的情况之下，还要引进战略投资者，谨慎引进机构投资者，进一步弱化内部人控制。这是一个历史的过程。同时，对于现在高管人员，也应该加强股权激励。现在很多地方高管人员的入股比例还偏低，在这种情况下，他们与银行的经营风险的关切度就不高，道德风险强一些。因此，未来对高管人员要进行股权激励，增强他们对于银行的经营风险的关切度。

第三，要建立科学的法人治理结构。董事会、监事会、经理层要各负其责。要逐步建立一个经理人市场，从市场当中挑选合适的经理人，来经营农信社。现在很多地方，尤其东部发达地方已经在用这个方法选择行长。在一个科学的治理结构当中，经理人的选择是一个非常重要的事情。所以，我在很多场合呼吁，县联社的理事长们要学会超脱，要更加关注一些战略性大问题，而不是特别关注那些具体的经营问题。董事长要把自己放在一个董事长的位置，而不是放在经营层的位置，把位置搞清楚了，战略方向就清楚了。所以，很多理事长不愿意放弃手里的权力，什么都要管，这个状况要改变。

第四，农信社领导班子的建设。现在农信社当中，首先要加强制度建设，同时领导班子的决策程序大部分都是流于形式，还不够科学，决策的透明度还不高，这些都对法人治理效率造成影响。

五、谈谈农信社的产权变革：七大变化

这几年农信社的产权结构发生了非常大的变化，第一，农信社中资格

股正在逐渐退出历史舞台，很多地方完全清空了资格股。资格股的退出也就意味着中国农信社的合作制退出了历史舞台。

第二，很多地方法人股跟自然人股比例发生了变化，以往自然人股比例非常高，股权高度分散，现在更加注重法人股，尤其是那些能够为农信社经营管理提出重要建议的法人股，并把他吸入董事会，这对于董事会的运作造成很大影响。

第三，农信社领域已经开始大量的兼并和收购，银监会也开始鼓励民间资本来兼并和收购那些资不抵债的农信社。这对于经理人制约很大，一旦其他民间资本兼并收购一个信用社，就有可能撤换经理人，公司治理就发生根本的变化。

第四，产权结构多元化。以往农信社的产权结构中有地方政府、有原有小股东的产权，现在监管部门正在鼓励更多的民间资本加入。

第五，产权结构的适度集中化。产权结构集中化必须加两个字叫做“适度”，高度分散不利于公司治理，不利于决策，会产生内部人控制问题，但是我也不主张产权高度集中化。产权高度集中化就有可能出现大股东挟持小股东，大股东损害小股东利益。农信社就会成为资本家的逐利机器，目标就不是为农民服务，它要追逐利润最大化。所以，产权结构要适度集中化，而不是高度集中。

第六，更加强调员工持股跟管理层持股，增加对员工和管理层的激励。

第七，很多地方农信社正在大力引入机构投资者与战略投资者。同时，有些经济高度发达的地方正在谋求农信社上市。所以，我经常讲农信社就是三段论，第一步，农信社体制转型为农合行体制，把资格股剔除掉，成为一个股份制的合作银行。第二步，从农合行转为农村商业银行，这样全部架构就是一个股份制商业银行架构。第三步，就是从农商行转化为一个公众公司，就是要上市。上市之后，股权比较分散，治理结构就完全变化了。

六、从传统文化谈管理理念与领袖之道

最后，讲讲农信社人力资源管理理念与领袖之道。我想结合《周易》来讲，因为《周易》中很多篇幅都在讲团队建设，讲管理和领袖之道。我挑三卦来讲，第一是“师卦”，第二是“比卦”，第三是“同人卦”。这三卦都是讲领袖之道和团队建设的。

首先讲“师卦”。此卦下面是坎，上面是坤，水在下，地在上。坤就是顺，坎就是险。《彖传》解释说“行险而顺”，就是人遇到危险了，但是又能转危为安。师卦里面既包含对于领袖风格的描述，还涉及领袖与群众的关系、团队纪律问题、人力资源管理问题。

“师卦”当中谈到了领袖的风格。一个领袖，最大的资源并不是权力、威严、魄力，而是能够被人信服，是领袖魅力，是灵魂风格。师者，众也，师就是一个部队，一个大众。贞者，正也，“能以众正，可以王矣”。一个团队领袖能够让众人有正确的行为、有正确的价值观、有正确的发展导向，就有资格做领袖了。所以，我们读周易，要善于从一些缥缈玄妙的词语当中寻找一个内在逻辑。我觉得“正”就是一个领导的灵魂基础。“能以众正”，就是要确立一个团队的道义基础，没有道义，什么事都干不成。所以，作为领袖，必须首先要正，领袖的人格魅力来自于正，正确的价值观，正确的导向，为人的公正正派，都会产生向心力、凝聚力、战斗力。

《象传》解释“师卦”的时候，说“大君有命，以正功也”，就是天子有命令，封赏诸侯端正赏功。换句话说，天子封赏诸侯的时候要有正确的方法，要遵循正确的原则。《周易》实际上是为中国人树立一个光明俊伟的人格魅力。作为一名企业领袖，不应该陶醉于权力当中。有些人以为权力能够带来秩序，能够带来服从和恭顺，这些带不来团队的效益。真正

的力量源泉来自于“正”，人格魅力来自于正确的做法、正确的行为。

除了“正”之外，“师卦”里面又强调了团队领袖的用人之术。《象传》说“容民畜众”。“师卦”上面是地，下面是水，地中有水，有包容力，有容纳力。用人之术有一条最关键，就是海纳百川，容纳得了各种不同人才，才能当领袖。刘邦总结一生的经验教训，说打仗战略方面跟韩信没法比，军队给养管理方面跟箫何没法比，但是有一个优点，能够包容他们，他们都为我所用，所以我当皇帝，他们不能当。所以，我觉得企业领袖要“容民畜众”，就是要有识人之眼力，用人之魄力，容人之胸怀。

“师卦”谈到团队内部的铁的纪律。纪律非常重要，“师卦”谈到“师出以律否，臧凶”。一个军队出去之后，如果不讲纪律就很凶险。毫无疑问，这是军队管理的一个要则，军队必须令行禁止。现在银行强调做一个合规银行，强调合规性，就是讲团队纪律。现在农信社慢慢加强制度建设，慢慢加强纪律，避免了各种不合规的现象，诸如滥用职权、贪污、越权审批、洗钱，这些不符合规范的东西都要消除。纪律尤其是信贷纪律是银行第一风险保障。所以，我们讲风险管理，而首先要讲农信社内部有什么风险，风险主要来自于内部，把自己管好了，风险就消除大半。巴林银行和安达信会计师事务所，都是因为违规操作而倒闭，这个教训非常深刻。所以，“师出以律”非常重要。“师卦”还讲到“大君有命，开国承家，小人勿用”。小人表面阿谀奉承，背后什么事都干。任用小人是最危险的事情。

“比卦”是坎上坤下，地上有水，万物繁盛，很滋润。《周易·系辞》中有一句话，“富有之为大业”，天地万物蓬勃生长，丰富多彩，这是极其吉祥的现象。做一个团队领袖，就要考虑团结谁疏远谁，亲近谁排斥谁，任用谁舍弃谁。《象传》说：“地上有水，比，先王以建万国，亲诸侯”。要建万国，就必须有亲诸侯的能力。诸侯就是帮助你的人，依附你的人，能够被你团结凝聚的人，诸侯就是使我们发挥更大潜能，有更出色、更优异的生命表现，让你的生命更辽阔、更广远的人。银行的诸侯很多，要通过各种方法来亲近他们，通过各种制度建设来亲近他们，团结他们，凝聚他们。客户、员工、社区、投资者、政府、商业伙伴乃至整个社会，都是你的“诸侯”，都要亲近他们，维护他们，才能“建万国”。这实际上就是银行社会责任理论和利益相关者理论。

《象传》当中说“比，辅也，下顺从也”。一个团队领袖要有有力的辅佐者，但是既要讲顺从，又要讲《象传》强调的“刚中”，刚中和顺从要结合起来。下属既要顺从，能够心意相通，有共同的价值观，向同一个方向努力，但是他又能在关键的时候引领你、保护你，给你关键性的帮助与规劝。这叫刚健中正，基于原则的忠诚比一味的恭顺要好得多。

另外，比卦当中谈到了团队凝聚力的几个原则。第一个原则是“比之自内，不自失也”。就是首先要依附、团结内部的人，这样才不能失去自己。团队内部的团结非常重要，理事长、联社主任、监事长、总经理、战略部部长、人力资源部部长，这些人必须同心同德。人在艰苦的时刻，必须靠这么几个同道者才能渡过难关。

第二个原则是“外比于贤”。对外要团结那些贤能的合作伙伴。《象传》里面说“显比之吉，位正中也”。就是要对外亲近贤人，亲近那些正大光明的势力。现在做生意，开拓业务，会遇到各种各样的人，会遇到各种各样的诱惑，要远远避开那些不是贤人的朋友，这种人往往把你带到万劫不复之境。

第三个原则是“舍逆取顺”。“舍逆取顺”是“比卦”当中非常重要的四个字。选择人才的时候不仅要选择恭顺的人，而且要从自己生命的定位、企业定位来选择人，要选择与自己志趣相投、价值观相同、抱负相同的人，光恭顺不行。

第四个原则是“远离匪人”。“比卦”当中有一句话叫做“比之匪人，伤”。遇到坏人，亲附坏人必然伤害自己。所以，要远离这些“匪人”。

最后讲讲“同人”这一卦。“同人卦”，离在下，乾在上，离是火，火在下，乾是天，天在上，是火下天上。这卦说到“有同之象”，就是上下相应、上下相合、上下相容的意思。现在讲话都说各位“同人”，“同人”就是内外相合、天人相应、人心凝聚、上下合一。这一卦讲到团队管理，有一个总原则，有几个分原则。总原则是“通天下之志”，说君子能够通晓、沟通天下人的意志、志愿，能够凝聚天下人之心。我们说同人即同心，不能同心就不能同德。如果不能同天下人之志，就不能得天下人之心，不能通团队之志，就不能得团队之心。所以，作为管理者，每天都要扪心自问，我的属下有什么欲求？他的性格禀赋怎么样？他对职业生涯的兴趣怎么样？这就对应了《孙子兵法》的一句话，叫做“上下同欲者胜”。

下面有几个分原则：第一，“类族辨物”。就是遇到这么多人，要分辨，要分类，要明查每个人的禀赋性格，把不同的人放在不同位置上。唐太宗李世民的谏臣魏徵曾提出识人的原则：“贵则观其所举，富则观其所养，居则观其所好，习则观其所言，穷则观其所不受，贱则观其所不为；因其材以取之，审其能以任之，用其所长，摒其所短；进之以六正，戒之以六邪，则不言而自励，不劝而自勉矣。”所谓“六正”，指：防患未然，高瞻远瞩，为“圣”；虚心尽意，扶善锄恶，为“良”；夙兴夜寐，进贤不懈，为“忠”；明察成败，转祸为福，为“智”；恪尽职守，廉洁奉公，为“贞”；刚正不阿，敢争敢谏，为“直”。六邪是指：安官贪禄，不务公事，为“庸”；溜须拍马，曲意逢迎，为“谀”；巧言令色，嫉贤妒能，为“奸”：巧舌如簧，挑拨离间，为“谗”；专权趋势，结党营私，为“贼”；幕后指挥，兴风作浪，为“险”。魏徵所提出的识人原则，虽然是指政治原则，但对于今天的团队管理，仍有巨大的指导意义。

第二个分原则是胸怀阔大。就是要有容纳力。《象传》中说：“同人于宗，吝道也”。吝，就是吝啬，不宽容、不包容、没有胸怀叫“吝道”。要成就大事，就要心胸开阔，广泛动员和任用有贤能之士，不能仅仅任用小集团。如果只局限于小集团，则真正的贤能之士就会离你而去。“海纳百川，有容乃大”，领袖的格局要大，境界要高，胸怀要宽，眼光要远，要广纳良材，要走大道而不是走“吝”道，才能成就大事。

我认为将来农信社面临的竞争将会更加激烈，而竞争靠三条核心：一靠企业管理理念和文化品牌的重建。二靠内部法人治理与人力资源管理的提升。三要靠产品创新与机制创新。《周易》当中讲到“日新之为圣德”。这三大方面都是农信社未来竞争的基础，希望在座的各位能够不断充实自己，完善经营管理机制，提升整个农信社的形象和品牌。

第七章

农村金融监管模式创新与“中央—地方”监管权力整合兼容

本章是作者2014年3月12日在中央编制办公室主办的“完善中央与地方金融管理体制”座谈会上的发言稿。

一、我国金融监管的最新动向：监管权力的整合和兼容

当前，我国金融改革和经济体制改革进入深水区，改革错综复杂，难度增大。作为承担金融监管、宏观调控和金融改革重要使命的中央银行，其未来行动蓝图引人瞩目。2014年初，人民银行工作会议在京召开，此次会议是十八届三中全会之后央行召开的具有战略意义的会议，会议提出了未来央行推动金融监管和金融改革的若干带有指向性的重大举措，引起各方高度关注。

央行工作会议的核心之一是构建金融监管协调机制。加强金融监管的协调性，提高金融监管效率，防止各监管部门因内部协调成本过高而导致监管失灵，是我国金融监管体系必须解决的重要问题。此次会议提出央行要牵头建立金融监管协调部际联席会议制度，这个制度的出台意义重大。2003年银监会的成立使中国金融业的监管出现"四龙戏珠"的局面：银监会、保监会、证监会和央行分别对银行类金融机构、保险类金融机构、证券市场以及货币政策进行监管，从而形成了分业监管的局面。央行的使命是保障金融体系的总体稳健性和可持续发展，因此银监会、保监会和证监会的监管职能和监管信息应该与央行保持协调。

无可讳言，最近十年以来，由于信息沟通机制、协调机制、监管职能划分不清以及金融创新层出不穷等方面的原因，央行与三大监管机构之间在协调行动和统一步调方面存在着很多问题，各监管机构与央行之间互相掣肘、政策框架相互不衔接、不匹配、不兼容的情况多有发生，这极大地损害了央行的权威，人为增大了金融监管的成本，损害了金融监管的总体

效率，也不利于我国金融改革的深度推进。

实际上，美国在2008年金融危机之后所进行的监管理念变革，也是遵循了同一思路，那就是强调央行权威功能，增进金融监管机构之间的协调和合作，消除监管盲区和重叠，降低监管成本，提高监管效率。2008年3月31日，财长鲍尔森向国会提交了《金融监管体系现代化蓝图》（Blueprint for a Modernized Financial Regulatory Structure），奥巴马政府2009年6月17日又公布了名为《金融监管改革——新基础：重建金融监管》（Financial Regulatory Reform—A New Foundation：Rebuilding Financial Supervision and Regulation）的改革方案，这两个方案的核心，就是使美国金融监管的重心从监管局部性风险向监管金融市场系统性风险转变，强调加大美联储的监管权力，并优化金融监管体系组织架构，扩大金融监管的覆盖面。我国建立金融监管协调部际联席会议制度的意义也在于此，即加强协调合作，防止监管盲区与相互掣肘，从而大力提升监管效率。

早在2003年末，《中国人民银行法修正案》中就写入国务院建立金融监管协调机制这一规定，目的是为了建立一个更权威、更有效的协调机构，避免在银监会和央行的职能分立后出现各自为政的局面，而是要实现各监管部门之间的协调与沟通，实现信息的共享。此次金融监管协调部际联席会议制度的建立，实乃对十年前修订案的迟到回应。我认为，尽管目前我国实行分业经营，但我国未来的金融监管应该从混业经营的考虑出发，实现从分业监管和机构监管向功能性监管的转变。功能性监管强调金融产品所实现的基本功能，以金融业务而非金融机构来确定相应的监管机构和监管规则，减少监管职能的冲突和交叉重叠，消除监管盲区。

二、一个有效率的金融监管的要件是什么

清晰、完善、公开的市场经济法律框架是实施有效金融监管的必要前

提，但是对于建立稳定的金融体系而言，发展中国家面临的更大挑战却是这些法律规则和制度安排的有效实施。一个有效率的金融监管的要件是什么？我在《金融自由化和经济发展》一书中，提出来三条。

在影响监管效率的所有条件中，最为关键的是要存在强有力的独立的监管主体（监管者）。监管者的权威和强制力量来自于政治的支持和严格的法律保护。监管者在操作上的独立性，是1992年巴塞尔委员会所确立的核心银行原则中一个重要标准，但是在不同历史、政治和文化背景的国家，监管者的独立性存在很大差异。在东亚传统金融体制中，金融监管机构的独立性要求与英国和美国的监管者独立性要求就有很大区别，东亚体制中监管者由于在人员任免、财务来源以及政策目标上与政府有着密切联系，因此其独立性受到较大限制。亚洲金融危机的教训表明，保持金融监管机构在政策操作上的独立性是非常重要的，监管者应该具有脱离于政府和其他政治力量的强制性的权威，在对金融机构发放许可证、实施日常监管、惩罚不正当交易行为和在金融动荡时采取迅速果断的矫正措施方面，应该具有独立的职能和实施权力。监管者的独立性应该以法律手段进行明确界定，这样才能在投资者中确立监管者的权威和可信任度，使得监管者可以保护公民免受官僚行政机构不当行为的影响，保护监管者不被既得利益集团所骚扰。要使监管者的独立性不受侵害，应该在人事任免上独立于政府体系，监管机构超脱于政府之外，不受政府机构人事更迭和政府领导人个人好恶的影响。

独立性是与可信任度联结在一起的，监管者对于政府和议会而言必须是可信任的，这是监管者独立执行监管职能的基础，而可信任度的大小，则取决于各国民主制度的力量和公共政策方面的决策透明度。在发展中国家，应该在公众和政府中努力建立监管机构的可信任度，把金融机构的可信任度作为民主治理的一部分来看待。监管机构的独立性和可信任度意味着监管机构不受政治压力和利益集团的影响，否则，监管机构就不能获得地方银行体系和民众的尊重和信任。金融监管机构的独立性和可信任度还建立在执行监管的权威性上，它可以独立执行法规，可以独立对犯规者实施罚款和其他惩戒措施，否则，监管者的权威性、独立性和可信任度就无从谈起。

金融监管机构实施有效金融监管的第二个必要条件是监管者必须拥有足够的资源以达成其监管目标。金融监管是一项成本很高的政府行为，它需要足够的经费、拥有高度专业知识和技术的监管人员以及高超的信息技术手段，所有这些，都需要较大的资金投入。但是在现实经济中，监管机构往往是一国金融部门中的一个小分支机构，缺乏足够的资金、人力资源以及信息技术手段，难以完成复杂的艰巨的金融监管。所以，为了保证金融监管机构的监管效率，各国必须对监管机构进行不断的投资，使其拥有足够的资源实施监管行为。监管者必须对银行经营业务、融资技术、风险管理和市场趋势有透彻的了解，对金融机构的金融创新及其风险有迅速的反应；监管者还必须能够收集和分析那些最新的有意义的信息，监管者不能仅仅依赖于银行的财务报告，而要基于严格的程序对银行经营进行密切关注；监管机构还必须吸引和留住那些经过良好训练的专业人员，并使他们有避免腐败的内在激励。政府、金融机构和国际金融组织都应该优先考虑监管机构的预算问题，以保证监管者拥有足够的资源实施监管。

监管者实施有效监管的必要条件除了独立性和拥有充足资源之外，还要求第三个条件，即监管者具有预见性和行动果断。发展中国家要建立现代的具有预见性的审慎监管体系，就必须克服一系列文化和法律的障碍。所谓“审慎”的监管体系，就是监管者创造出一套规则和激励手段，来鼓励银行采取谨慎的行为，而且监管者越早实施这些激励，这些规则也就越有效。相对而言，习惯法传统国家比民法传统国家更容易采取预防性的措施，因为习惯法的法律框架提供了基本的原则和指导，而这些基本原则又通过判例和经验而得到丰富，所以在习惯法传统国家的监管者可以在发现金融机构的行为不审慎的时候，更容易采取预见性的和灵活性的监管方式对其进行处理。而在民法传统的国家，法律体系相对比较僵硬，这就使得监管者很难根据预先判断采取预见性和灵活性的措施。这些国家的监管者往往做出非常详细的规定，规定金融机构哪些该做哪些不该做；同时，监管者的判案往往只是对成文法律的一种肯定，而不是对于法律的阐释，而监管者的权力，又被巨细无遗地加以规定。在这种法律环境下，监管者很难有足够的空间和机会去做出自己的判断，也难以同那些金融机构进行谈判，因此使得监管者难以在金融机构经营出现严重危机之前就对其不当行为做出预先矫正。

三、我国农村金融监管的模式和存在的主要弊端

我国农村金融监管的模式实际上正在探索和形成过程之中，并没有真正定型。而且，最近十年以来，由于农村信用社体系的剧烈变革、新型农村金融机构（村镇银行、小额贷款公司、资金互助组织）以及各类新型农民合作金融组织等农村金融新家族成员的诞生和兴起，农村金融的监督和管理体制也时刻发生变迁，有些管理体制刚刚形成不久，就面临着被改变或被取缔的局面。可以说，我们的农村金融监管体制，充分体现了我国改革过程中“摸着石头过河”、“试错”、“干中学”等基本特征和规律，事前缺乏很好的科学论证和顶层设计。当然，这是改革过程中难免的现象，谁也没有诸葛亮那样的先见之明，谁也没有神仙上帝的本事可以未卜先知，我们只能在实践中探索，在探索中试错，在试错中不断完善原有体制和机制。

目前，从总体来说，我国的农村金融监管模式可以概括为：双重多头监管，统分结合，发挥中央地方两个积极性。双重监管，指中央和地方分享监管权力，中央管一部分，地方管一部分，但中央和地方各有分工。比如在农信社的监管方面，银监会和省级政府都有监管权力，但各有分工，日常的监管由地方政府来进行，银监会把握大的改革趋势和模式，对于大的农村商业银行和农村合作银行，则由银监会管得多一些，其模式基本视同商业银行管理。多头监管，是指对于农村金融机构监管，各个政府监管部门都进行监管，有些是基于部门利益的约定俗成。比如对于新型农民合作金融组织，就有农业部、银监会、中华供销总社等部级单位分头监管，

这是我国目前的政府管理体制造成的传统。统分结合，是指把集权和分权相结合，发挥中央地方两个积极性，比如对于小额贷款公司的监管，主要由地方政府发放牌照，控制风险，中央负责制定游戏规则、监管框架、准入门槛等。对于农信社的管理也是如此，采取统分结合的方式。从总体趋势来看，对于农村金融领域的监管，分权的趋势和迹象越来越清晰，尊重地方创新的理念也越来越清晰。

我国农村金融规制和监控以及管理的主要问题如下。

（1）在现有框架下，监管力量严重不足。农村金融机构复杂多样，除了农行、邮储和农发行之外，大部分农村金融机构规模小，地域分散，单笔业务额度小，我们目前的监管力量很小，银监会的地方分支机构人数少，到了县级的银监分局，就只有几个人了，很难对分布范围广泛、规模小、种类多样的农村金融机构进行审慎的监管。地方金融办的力量也严重不足，几乎不可能对小额贷款公司等机构进行监管，现场监管几乎不可能。

（2）监管链条长，监管成本高。我国银监会的监管是四级监管，比如农民资金互助组织，是由银监会发牌照，省、地、县三级分支机构分别监管，监管的链条很长，信息失真的概率高。

（3）监管手段滞后，监管效率低下。对于小额贷款公司以及新型农民合作金融组织，由于技术手段的问题，信息化水平的不足，因此监管的方式还比较原始，增加了监管成本，信息更新的速度不快，导致监管效率低。

（4）存在监管真空。这是双重多头体制下不可避免的，美国的双重多头监管体制也存在监管盲区。比如对于现在蓬勃发展的网络金融，就有监管的盲区，金融监管部门基本上很难对其进行有效监管，工商部门也难以监管。比如对于合作社内部的信用合作，农业部很难进行监管，其专业知识不太具备，同时银监会也不监管，因为不是他批准的。谁生的孩子谁抱走，这是目前我们农村金融监管的潜规则。但问题是有些自己生的孩子却抱不动或不想抱，有些干脆自己就不想再生孩子了（银监会 7 年间批了 49 家村级资金互助组织，我国有 60 多万个行政村），而对于无人认领的孩子

(如民间借贷),大家都不愿意抱走,这就形成很多监管盲区。对此,央行和银监会应该有统一的制度安排和顶层设计,避免监管盲区。

(5)监管的法律框架不完善,有些法律制度存在严重问题,亟待修订或者废除。比如对于新型农民合作金融的法律框架和监管规则,目前基本是无法可依的,因为新型农民合作金融形态多样又处于变化之中,很难确定其法律框架,这就为监管不力留下了隐患。有些法律,比如非法集资或者非法吸收公众存款罪,在司法解释上有很多漏洞,这个罪本身如何界定,目前很混乱。这样的不合时宜的法律应该及时调整、修订,或者废除。

四、我国农村信用社体系的监督和管理体制变革

在目前农信社改革当中,区域性的机制创新、制度创新,实际上都是被鼓励尝试的,而且各个地方有不同改革的模式,可谓百花齐放。之所以出现这样的局面,是因为农信社在整个发展历史过程当中从来没有像今天这样权力大大下放,地方成为农信社管理和创新的主角。最近几年省联社的管理体制逐步完善,赋予省联社更多权力,而且也在不断强调县级法人的独立性、自主性。这种体制其实给地方政府以更大的话语权,两级法人制度引发了中国农信社前所未有的变革。这几年中国农信社的改革风生水起,银监会各种政策不断出台,地方各种创新不断加强,很多省级联社整体进行了改制,上海、北京、天津、重庆、宁夏等整体进行改制。很多地方尽管没有整体改制,但是地方上改制呼声非常高,而且已经组建了大量的农村商业银行和农村合作银行。我估计在未来三到五年之内,可能农村信用社这个词汇就很少被提到了,大部分农信社都会改制成为农合行或者农商行,商业化和股份化的步伐会非常快。

另外一方面,银监会在农村信用社的制度设计方面,一直是采取一种

模糊的态度，这种模糊的态度可能恰恰促进了农信社的转型。前几年有学者提出来要制定农村信用合作法，或者农村合作金融法，这个提议实际上是严重脱离中国的实际的，在操作上绝不可行。因为各个省各个县的情况不一样。有些地方适合保留合作制，特别是穷的地方，有些中等发达地方适合股份合作制，比如组建农合行，有些经济高度发达的地方适合做农村商业银行。所以，农村信用社这种游戏规则方面的模糊性，实际上有利于它的变革，而且我们发现银监会最近出台一些法规和政策，特别有利于农信社的发展。比如说鼓励农信社在条件允许的情况下，借助村镇银行这样一些制度模式来进行跨区域的竞争。这就是一个很好的模式，以往农信社是诸侯割据，互相之间不能跨区域竞争的。现在通过组建村镇银行这个模式，我们看到东部、中部的一些农信社正在向西部转移。这就实现了农信社的资源、资金、管理的跨区域的竞争，这是个好现象，银监会应该说通过这个模式，有限度的让农信社进行跨区域竞争，不再是一种诸侯割据的形式。

现在学术界和农信社业界讨论的焦点在于农信社双层经营体制的问题，也就是省县两级法人的管理体制问题。双层经营体制究竟带来了什么？这个问题很复杂，不可能有一个准确的答案，以前我特别强调县法人的独立性，认为应该虚化省法人，使省法人更加超脱一些。但是，这几年我经过对西北、西南地区不发达省份的调查，我的观点有点修正。我发现经济比较不发达省份的农信社和经济发达省份的农信社的诉求不一样，对省联社的评价和期许也不一样。富的地方，比如我到浙江考察，他们很明确地讲，省联社起的作用不是很大，当然省联社主要起服务方面的作用。作为一个省级法人，省联社很有可能利用自己这方面的力量来为县联社提供各方面服务，包括软件的、硬件的各方面的服务。所以，省联社的功能就比较超脱，而且不可能不超脱，因为好多发达地方的县级农信社已经越来越开始不买省联社的账了。你要把他管死、管牢几乎不可能。道理很简单，因为各县联社力量都很强，每一个县联社资产量动辄就是五六百亿，存款非常丰厚，资金规模非常大，实力非常强，在这种情况下，这些县联社基本可以做到自我创新、自我发展，也能够吸引住人才，而且在当地农村金融的竞争格局当中可以占据优势地位。在这种情况下，省联社的地位就相对比较超脱。但是穷的县是什么情况呢？我前几年到广西考察，百色地区有几个县我去看了，我就问这些县联社的领导，你们对于双层经营体制和两级法人怎么看？他们说，我们这边比较贫穷，县财政收入微薄，是国家级贫困县，因此地方上存款规模低，从资产负债表来看，有些县联社差不多濒临倒闭的水平了，不良贷款率比较高。在这种情况下，我们不认为县法人的独立性有多宝贵的，县级法人独立性价值不大。我们倒是希望省联社给我们更多的帮助，在整个区域当中进行资源整合，把好的发达地方的资源往这边挪一点，进行宏观调控，帮助我们吸引更多人才，帮助我们进行硬件、软件的更新。我当时受启发很大。经过广西之行，我就修订了原来的看法，我觉得在很多经济不发达的地方，省联社的作用不可替代，只有它能够整合区域内的资源，只有它能够在省政府争得各种资源和发展条件，与省政府进行协调、谈判和博弈，只有省联社能够帮助这些弱小的县联社维持现状且保持逐步发展态势，维持当地的基本农村金融服务。所以，我们看到两级法人这个问题，对它的评价没有那么简单，不要把问题简单化，要因地制宜，不能笼统地下结论。

现在有些省联社对县级法人管得过多过死，县级法人或者地区级法人招收多少员工、进多少大学生都要牢牢管住，令下面的县市法人很反感，但又无可奈何，严重约束了我国基层农信社（包括农商行、农合行）的发展。因此，对于省联社过度干预的情况，也要有所警惕。另外，现在农信社的管理体制是由各省作为风险的承担者，但是各省对于本地区农信社的改革模式的话语权受到很大限制，我认为在这个方面，银监会应该逐步地适当放开口子，让地方政府有更大的话语权，让他们有自己决定本地区农信社改革模式的空间。给他这个空间，就是尊重各地的差异性，就是鼓励多元化的发展模式，而不是自上而下地一刀切。现在各省改革农信社体制的呼声很高，而且模式各不相同，银监会应该适时加以引导，逐步放开权力。同时，对于地市级的农信社办事处机构，其地位十分尴尬，功能十分模糊，作用有限，基本没有存在的必要性。

五、我国新型农民合作金融的监管模式及创新

我国现阶段新型的农民合作金融形态逐步多元化，其主要形态包括五种，其监管主体各不相同。

第一种是农民合作社内部的信用合作，这些农民信用合作组织由于有合作社的生产合作等作为基础，其发展势头比较良好，也得到各地政府的扶持。对这类合作社内部的农民合作金融，目前是由农业部经管司以及各地的经管站来监管。

第二种是由供销社发起的合作金融组织，这类农民信用合作数量也很可观，供销社体系对这些新型农民合作金融组织持积极支持态度。由于是供销社发起组建，因此这类新型农民合作金融组织由供销社管理，并没有在银监会或农业部备案。

第三种是2007年以来在银监会框架底下形成的农民资金互助组织，这类资金互助组织有些拿到了银监会的牌照，截至2013年底有49家，但大量农民资金互助组织并没有得到银监会的合法性认可。有些拿到了地方政府的民政牌照，有些拿到了地方政府的工商牌照，就由当地民政和工商部门来管理。但现实中，这些部门对地方的农民资金互助组织很难监管，所以出现了大量的不规范的现象，甚至很多地方出现资金互助社的挤兑现象以及负责人的跑路现象。

第四类是社区性的合作金融组织，如各地广泛存在的农村社区合作基金和社区发展基金，一般由政府扶贫资金启动，但也吸引了大量农民的资金加入，这几年得到迅猛发展。国务院扶贫办和各地扶贫办，把这些合作基金会和社区发展基金作为扶贫的一个途径来看待，监管方面尚没有切实可靠的机制来保障，地方的金融监管部门也无暇顾及这些机构。

第五类是基于网络的新型合作金融形态，诸如P2P这样的互联网金融

形式，其本质具有合作金融的性质，这种新型的互联网金融形态的合作金融发展潜力巨大。这一类很多人并没有把它视为新型农民合作金融组织，因为这是一种创新的形式。但不管怎样，这些互联网金融的监管应该纳入议事日程。

目前主导性的新型农民合作金融组织还是合作社内部的信用合作和供销社的信用合作。合作社内部信用合作的监管目前由农业部和中华供销总社主导，不属于银监会的管辖范围。我认为，在现阶段，这类信用合作只要坚持在农民合作社内部开展资金互助，其信息比较对称，风险相对较小，其风险主要来自于操作风险和负责人的道德风险。因此我一直呼吁在现阶段信用合作一定维持在合作社内部，最好不要出村，因为农民的金融知识和金融管理能力有限，一旦信用合作超出合作社的范围、超出村的范围，其信息不对称的情况就变得严重，风险就不可避免地增大。对这种合作社内部的不出村的信用合作，目前还是基于非审慎监管的原则，强调其信息披露，及时向主管者披露信息，也要向银监会同时披露，同时强调其自律精神。政府和监管部门以及主管部门的责任是加强规范化和指导工作，在业务、风险防范、技术能力上帮助这些合作社内部的信用合作实现规范化，因此金融教育和培训是当前亟需解决的，也是政府能够胜任的工作。

目前的当务之急是要建立一个由农业部、银监会、中华供销总社以及各省金融办组成的沟通机制和联席会议制度，在信息方面应该通过某种技术手段进行共享，把全国各类新型农民合作金融组织联起网来，及时进行信息披露，部级单位之间沟通信息，及时对新型农民合作金融的风险状况做出判断和预警。

六、我国民间金融的监管模式变革

从经济学视角看，民间金融的产生是民间金融制度需求与制度供给两方面共同作用的结果。民间经济主体的资金需求与正规金融资金供给不足之间的矛盾构成了民间金融的制度需求，而民间富余资金投资需求的存在以及民间金融同正规金融相比所具有的内在优势构成了民间金融的制度供给，当供需两方面的力量实现某种均衡时，联结供需的民间金融就产生了。

从民间金融的制度供给来看，在从计划经济向市场经济转轨的近30年中，我国民营经济发展获得了空前的发展，从而为民间金融的扩张提供了资金前提。我国民营经济在工业总产值中的比重已经占到80%以上，民营经济对国民生产总值的贡献率已经达到65%以上，这些数据都表明，尽管民营经济在国家信用体系中没有得到足够的信贷支持，但民营经济已经成为国家经济增长的主要支撑力量。民营经济发展为民间信用的开展提供了足够的民间资本。从民间信用供给的角度来说，充裕的民间资本使得民间信用有可能在尚未获得合法性地位的情况下，仅仅依靠民间资本的强烈的逐利性动机而得以支撑。

从民间金融的制度需求来看，民营部门有着强烈的融资需求，但在当前融资体系中难以得到有效满足。在民营部门迅猛发展的同时，民营部门所获得国家信用体系的支持与民营部门对国民经济的贡献率很不相称。在正规金融部门难以满足民营部门强烈融资需求的情况下，民间金融或者说非正规金融就应运而生。同时，自改革开放之后，我国城乡居民储蓄均呈逐年上升趋势，但是由于我国金融市场的不完善，储蓄手段之外的投资渠道多具有高风险性，难以成为居民，特别是农村居民富余资金的主要投资渠道。在这种情况下，居民较高的储蓄和投资意愿也提出了对于民间金融的巨大制度需求。

除了制度供求这个角度之外，民间金融的产生还与我国的文化传统有关。中国的传统文化注重关系和人情，这种取向不仅体现在观念上，而且体现在社会结构之中，并为社会结构所强化。这种文化的影响贯穿于民间金融发展的整个历程之中。民间金融依托于乡土社会，利用血缘、地缘、人缘、业缘关系来展开，交易成本比较低，信息不对称程度比较低，融资效率较高，对经济发展有其积极的一面。

民间融资在我国有着悠久的历史，即使在新中国建立后的计划经济时期，某些地区的民间融资也以各种隐蔽的形式继续活动。民间金融具有明显的内生性，与中国乡土社会特有的社会信任关系、经济组织结构和文化传统密切相关。民间金融因其信息优势、有效的偿付促进机制、较为灵活的利率结构和贷款期限结构以及较快的融资速度和较低的运营成本，而获得了内在的生存合理性。

但是，民间金融也隐含着巨大的风险。民间借贷所依赖的“共同体内部信任”是有边界的，比如“互助会”就有一定的规模边界与地域边界，如果突破了其所能承受的规模边界与地域边界，则极易出现“崩会”事件。可见，民间金融组织的风险和效率既依赖于民间金融组织内部治理的有效性和制度安排的科学合理性，也有赖于共同体信任及其拓展的程度。超越规模边界和地域边界的民间金融组织必然面临更大的违约风险，而解决的方案只能有两个：一是非正式金融本身组织形式与运行机制的演变与提升，向更加正规的金融形式过渡，从而使得非正式金融组织的契约形式逐渐严密化与复杂化；二是政府对某些具有高风险、高违约率、带有高度投机性质的民间金融组织给予密切的关注与监管，也可以运用适当法律手段予以制止，以保证那些风险较低的民间金融组织的正常运作。温州在20世纪80年代发生过严重的倒会风波，当时温州地方政府采取了较为恰当的措施控制了局部金融危机，其主要做法是：第一，有效保护、规范和疏导合法的民间金融组织及其融资活动。第二，严厉取缔和打击非法的金融诈骗投机活动。第三，危机处置中坚持分类指导原则和保障金融安全原则。第四，构建多层次的资金融通市场，调动正规金融机构和非正规金融体系两方面的积极性。可以说，温州80年代治理民间金融危机的做法对今天也很有借鉴意义。

我认为，未来我国的民间金融规范发展和民间金融危机处置应该考虑以下几个方面。第一，政府对民间金融的政策框架最终应鼓励民间金融组织自身的转型与升级，从而实现民间金融的阳光化、规范化。当民间金融组织突破原有的较为封闭的地域界限和较小的规模边界之后，政府应该提供法律上和政策环境上的便利，允许这些民间金融组织转型和升级为更高级的组织。在这方面，政府政策框架的灵活性有助于民间金融组织自身的逐步规范化，向着更有利于农村金融体系稳定的方向发展。我国台湾地区在合会升级方面的经验，值得我们借鉴。我国台湾地区在法律上明确了合会的法律地位和债权债务关系，同时允许有条件的达到一定规模的合会组建更高级的合会公司，拓展其融资规模，使得非正规的民间金融组织通过自身的转型与演进自动成为较为正规的金融组织，其契约形式和运行机制逐渐规范化。

第二，加快新型农村金融机构的组建，鼓励民间资本以发起、参股的方式来参与新型农村金融机构，如小额贷款公司、农民资金互助组织、村镇银行等。温州近期将开展民间资本管理服务公司试点，其资金主要用于对县辖范围内的企业法人、自然人或其他经济组织及其项目进行投资。

第三，对民间金融需要一个比较完善的立法。央行几年前制订了一个关于民间借贷的法律草案，但这个草案一直没有被全国人大法律工作委员会提交进入讨论程序。要尽快制定和完善相关的法律法规，将民间金融合法化、规范化，如《民间融资法》《民间金融机构管理条例》等，引导民间金融机构走上正规发展的道路；建立有效的监测制度，通过地方监管组织或统计局，定期采集民间金融活动的有关数据，重点监测民间资金规模、性质、利率、资金流向和风险状况等情况，相应地将民间金融活动纳入宏观调控体系。同时，应加强制度创新，为民间金融提供更好的生存空间，完善支持民间金融发展的制度安排，如建立存款保险制度、民间融资登记制度、破产清算制度、贷款担保制度、市场准入制度和信息披露制度等，为其发展创造良好的制度环境。

以上所谈的综合性的民间金融治理措施，其核心是将“堵”和“疏”有机结合起来，把存量的改革和增量的转型结合起来。在治理民间借贷方面，疏和堵要结合，但最终还是靠疏，才能从根本上解决问题。从世界经验来看，逐步走向规范化是民间金融发展的最终趋势，我国的部分民间金融也已经在政府的主导力量下向着这一方向发展。民间金融的规范化和合法化，一方面有利于民间金融组织提升信誉度和规范经营，降低交易成本和违约风险，另一方面也有利于政府进行风险预警和风险甄别，适当控制民间金融可能引发的金融动荡。顺应民间金融的内生性特征，鼓励民间金融主体在自身发展和演进过程中更多地发挥自身能动性。通过此项努力尝试依赖一定的机制和制度框架，让民间资本进入正规的金融体系。如果民间资本一直被限制在正规金融体系之外，不允许民间资本组建银行和贷款类机构，那么民间借贷是永远遏制不住的。

七、结束语：我国农村金融监管模式创新的十大原则

以上我重点谈了农村金融监管的模式和存在问题，并着重探讨了农信社、新型农民合作金融、民间金融的监督和管理体制的变革。最后，我想总结农村金融监管模式创新的十大原则，以供参考。

（1）应遵循市场化原则，但同时反对过度市场化。十八大报告指出，要让市场在资源配置中起决定性作用，这个提法很重要，也是我们在考虑农村金融监管制度改革创新中首先必须把握的原则。农村金融的市场化，是指政府要减少不当干预，要充分运用市场机制、鼓励市场竞争，以市场效率作为判断的标尺。但是我们同时要反对过度的市场化，要因地制宜。比如农信社体系就不能过度市场化，边远贫困地方的农村金融发展也不能过度依赖市场化来解决。

（2）调动微观主体积极性原则。鼓励市场发挥决定性作用，旨在发挥微观主体的积极性，发挥微观主体的首创精神，而不是压抑微观主体的创新性和积极性。比如新型农民合作金融的监管，其目标不是像1999年强令取缔合作基金会一样消灭合作金融，而是要规范和鼓励其发展，鼓励其创新。

（3）管理权力下放（分权）原则。集权和分权结合，中央监管者主要管监管规则的制定和大的制度框架，而把管理农村金融机构的权力下放到地方政府。同时，省级政府也要进行权力下放，比如省联社的权力在某些

地方太大，要适当进行分权，以免挫伤基层法人的积极性。

（4）监管权力整合兼容原则（防止监管真空和盲区），淡化部门利益。部门利益往往是导致权力分割、监管力量不集中、互相推诿扯皮，从而导致监管真空的背后深层原因。监管权力的整合兼容非常重要，要创造一种机制沟通信息，使监管者相互合作而不是掣肘。

（5）风险底线原则。要防范系统性风险，更要关注区域性的、局部性的金融风险，把风险控制摆在重要位置，要有风险的预警、处置和分担机制。

（6）顶层法律框架先行与弹性兼容的原则。我们已经走过了“摸着石头过河”的阶段，以后的改革应该注重顶层设计和统筹兼顾，同时要有一定的弹性和空间，以适应中国各地的复杂情况。

（7）充分信息披露与共享的原则。现在信息技术很发达，应该创造一种机制来分享信息，加强信息披露，使农村金融信息及时传达到监管者手中，建立大数据库和信息网，及时发现和排查风险隐患。

（8）政策稳定性和渐进推动原则。既要有改革创新的勇气，又要保持现有制度框架的相对稳定性，要循序渐进，而不是朝令夕改，或者人走政息，频繁多变。比如对于农信社省联社和两级法人体制，要在保持基本稳定的基础上逐步完善，实施“边际改革”。对村镇银行也是如此，不要不改，不要停滞，也不要一下放弃，而是要逐步修正其不合理的部分，达到渐进的完善。

（9）尊重地区差异性、鼓励地方创新和鼓励改革模式多元化原则。这一点对于我国农村金融监管和创新尤其重要。

（10）对于微型金融机构，要强调金融教育，强调农村金融自律原则。农村金融机构中大部分是小微机构，不适应于过于繁琐的审慎的外部监管，而适应于非审慎性的监管，政府要加强金融教育，进行全方位的业务培训。要强调农村金融从业人员的职业操守和素养，加强自律机制建设，这恐怕是保障农村金融有效监管的长治久安之计。

第八章

普惠金融视角下新型农民合作金融的挑战与应对

本章是作者在2014年2月25日农业部主办的“中国农村合作经济管理学会第六届理事会学术交流会”（南京）以及3月11日国务院研究室主办的“农村金融改革座谈会”上的发言稿。

一、我国农村金融发展的现状：几个基本判断

在探讨新型农村合作金融之前，我想先把我国农村金融改革和发展的总体情况梳理一下。进入新世纪以来，我国农业和农村发展呈现出良好态势，尤其是党的十八大之后，随着城镇化和农业现代化的推进，我国农村发展又迎来了新的战略机遇期。农村金融发展总体上呈现以下七个特点，这七个基本判断，我想可以比较完整地描述我国农村金融发展的总体态势。

第一，随着城镇化的深入推进和城乡一体化的发展，农村金融的需求日益旺盛和多元化，农业企业、种养殖大户、家庭农场、农民合作组织以及农村小微企业等都有强烈的融资需求。这些主体，尤其是这几年迅猛发展的合作社和家庭农场等新型农村经营主体，他们的融资需求很旺盛，他们对金融产品的需求比较多元化，这对农村金融发展而言是一个大好机遇。

第二，通过大量调研我们发现，经济欠发达地区和人均收入较低的农民的金融需求更为旺盛，这对欠发达地区的农村金融发展提出了迫切的要求。这是我们在二十几个省份所作的田野调查统计数据所证实的一个结论。这个结论似乎与我们的常识相反，我们的常识似乎是经济发达地区和收入较高的农民融资需求强烈，但是事实上那些经济不发达地区和低收入农民的融资需求更旺盛，他们所面临的资金瓶颈约束也更严重。

第三，农村金融的供应主体多元化，一个崭新的包含大、中、小、微不同层次的农村金融机构的新谱系正在形成，商业金融机构回归农村的态

势明显。这是最近十年以来出现的好现象。随着2005年以来的农村金融改革不断推进，我国农村金融的谱系逐渐完善，尤其是一些新型的微型金融机构的出现，极大地丰富了农村金融供给主体，对我国农村金融发展和农民增收意义重大。

第四，随着土地资本化和土地制度变革的深度推进，困扰农村金融供给的瓶颈问题如抵押和担保问题，得到极大缓解，极大地促进了农村金融领域的产品创新。农民的土地经营权市场逐渐发育，土地流转、土地抵押、土地担保等形式逐步完善，土地的资本化有益于农民信贷可及性的提升，也有利于农村金融机构的发展。

第五，社会资本进入农村金融领域的热情持续高涨，国家通过政策激励进一步促进了社会资本参与度。现在民间资本正在以极高的热情，进入村镇银行、农村信用社、小额贷款公司以及农民资金互助组织当中，提高了农村金融机构的资金实力，当然也带来一些消极的影响，但是其积极效应却值得大力肯定。

第六，微型金融发展与创新层出不穷，P2P等互联网金融的出现为微型金融发展注入新的活力，微型金融发展为缩小城乡人均收入差距起到明显的作用。我们研究农村金融，发现中国的数据支持库兹涅茨曲线效应的假说，即随着金融发展，我国人均收入差异（以基尼系数为衡量指标）起初有扩大的趋势，在后期才会逐步出现基尼系数下降的趋势，整体上这个曲线是一个倒U型的形状。如果要使库兹涅茨曲线更加平滑，基尼系数差异更小，就必须大力发展微型金融，鼓励微型金融向弱势群体放贷，这是全世界的研究者所发现的共同规律。

第七，现代农村金融制度的建设正在进入快车道。一个产权多元化、规模多层次、多类型、可持续、广覆盖的现代普惠型农村金融体系正在加快形成。

二、我国新型农民合作金融的主要形态与发展状况

近年来，农业和农村发展为我国农村金融改革与发展提供了良好的历史机遇，也催生了各类新型农村金融机构。我国农民资金互助组织应中国农村发展而生，也因政府之大力鼓励与提倡而盛，全国各地均出现了各种类型、规模不一的农民资金互助组织（或称农民合作金融组织、农民信用合作组织）。这些基于农民内部信用合作而诞生的农民资金互助组织，在一定程度上满足了当地农民强烈的资金需求，缓解了农民和小微企业的资金困境，为当地农村经济的发展起到了重要作用，已经成长为我国普惠金融体系中不可忽视的重要力量。

我国现阶段新型的农民合作金融形态逐步多元化，其主要形态包括五种：第一种是农民合作社内部的信用合作，这些农民信用合作组织由于有合作社的生产合作等作为基础，其发展势头比较良好，也得到各地政府的扶持。第二种是由供销社发起的合作金融组织，这类农民信用合作数量也很可观，供销社体系对这些新型农民合作金融组织持积极支持态度。第三种是2007年以来在银监会框架底下形成的农民资金互助组织，这类资金互助组织有些拿到了银监会的牌照，截至2013年底有49家，但大量农民资金互助组织并没有得到银监会的合法性认可。第四种是社区性的合作金融组织，比如在全国各地广泛存在的农村社区合作基金和社区发展基金，一般由政府扶贫资金启动，但也吸引了大量农民的资金加入，这几年得到迅猛发展。第五种是基于网络的新型合作金融形态，诸如P2P这样的互联网金融形式，其本质具有合作金融的性质，这种新型的互联网金融形态的合作金融发展潜力巨大。

2014年中央“一号文件”指出：“发展新型农村合作金融组织。在管理民主、运行规范、带动力强的农民合作社和供销合作社基础上，培育发

展农村合作金融，不断丰富农村地区金融机构类型。坚持社员制、封闭性原则，在不对外吸储放贷、不支付固定回报的前提下，推动社区性农村资金互助组织发展。完善地方农村金融管理体制，明确地方政府对新型农村合作金融监管职责，鼓励地方建立风险补偿基金，有效防范金融风险。适时制定农村合作金融发展管理办法。”从以上中央“一号文件”所释放的信息来看，第一种和第二种形态是目前中央鼓励发展的主要形态。目前银监会框架下的农民资金互助出现多元化，地方农民资金互助组织的发展在某些区域出现失序状况，风险逐步显现。有些地区的民间金融机构打着农民资金互助的旗号，吸引巨额社会资本，吸收了大量农民资金，运行极为不规范，造成若干区域出现局部的金融危机，值得重视。地方农民资金互助组织之所以迅猛增长，其最深层原因在于在中国银行业准入门槛较高、存在严格金融抑制的前提下，资金互助是民间资本成本较低的出口之一，但其极强烈的逐利动机往往使得农民资金互助扭曲变形。另外，农民资金互助组织的监管效率较低，监管成本高，因此银监会框架目前处于基本停滞状态。

三、合作社的信用合作：机制、风险、挑战

从我国农民资金互助组织（农民信用合作）发展的整体态势来看，目前各地农民资金互助发展迅猛，大部分农民资金互助组织在合作社内部开展信用合作，因此在满足合作社内部成员资金需求的同时，也较好地缓解了信息不对称等问题，信贷风险得到了较好的控制。其运作的规范性也在不断提升，从而奠定了可持续发展的牢固基础。但是不可否认，也有若干农民资金互助组织存在盲目追求发展速度，从而忽视发展质量的问题，其风险控制机制尚不完善，内部治理机制尚不规范，更有甚者，个别农民资金互助组织从事当前国家金融经济法规所不允许的业务，对我国金融秩序

和金融安全造成了不容忽视的负面影响，也在一定程度上影响了我国农民资金互助组织的总体声誉。

当前，我国农民信用合作面临着诸多挑战。第一，社会资本的逐利动机强烈，扭曲其合作金融的初衷和宗旨，使得资金互助不是为农民服务，而是为投机资本服务；第二，有些合作社治理结构不规范，影响到信用合作的效率和决策的稳健性；第三，有些合作社基本以信用合作为唯一业务，其信用合作的产业基础不牢固；第四，风险防范机制和内部流程不完善不规范，隐含着大量操作风险；第五，农民对金融业务不熟悉，导致操作风险；第六，农民信用合作经营者的道德风险随着合作金融规模扩大而增大；第七，某些地区地方政府存在过度介入行为，极大地影响了农民信用合作的信贷质量。

四、构建真正的合作金融：国际经验和中国实践

合作社的信用合作和农民资金互助等新型农村合作金融组织有广阔的前景，必须结合国际经验，汲取历史经验教训，创造具有中国特色的农村合作金融体系。政府要在引导、示范和规范方面加大力度，使合作金融能够健康发展。

我在某地方考察农民资金互助，当地政府总结了农民资金互助的几点发展经验：第一是鼓励两社合一，即生产合作社与资金互助社合一；第二是政府帮助其登记注册，免费为农民资金互助社登记注册，发给牌照，帮助其合法化和透明化；第三是在税收政策给予税收豁免，以鼓励其发展；第四是加大人才培养力度，政府组织培训，包括金融业务培训、内部治理培训等，提高相关人员的素质；第五是政府在机制建设帮助资金互助社，为其提供示范章程，规范其内部治理结构；第六是在发展理念上强调循序渐进，政府不拔苗助长，不过度介入。我认为这些经验都是非常好的，值

得在全国推广。

我也考察过一个农民资金互助组织，他们提出了一系列的防范风险的机制措施，我觉得非常好，值得借鉴，主要包括以下几项。①确保资本充足率保持在8%以上。②确保拨备充足率保持在100%以上。③为农村资金互助社配备主监管员，对农村资金互助社资本充足率、贷款损失准备充足率、大额贷款、不良贷款、投融资业务等进行持续监测，督促、指导农村资金互助社填报非现场监管报表并进行风险分析，撰写年度综合监管报告。④根据风险情况，有计划地实施专项或全面现场检查。⑤要求资金互助社只能在一家银行业金融机构开立账户，开户银行要按账户管理规定对其账户资金往来进行监督，及时向属地监管部门报告其大额账户资金往来及异常情况。⑥督促农村资金互助社建立信息披露制度，及时向社员公开财务会计报告、经营管理制度等信息，接受公众监督。⑦协助省级人民政府进行风险处置，处理好突发事件。

农民资金互助或者合作社内部的信用合作，由于其地域的分散性、规模小等原因，其监管的成本很高，很难像银行业监管那样去实施农民资金互助监管，因此创新监管模式，尽量节约监管成本。县级金融监管办事处进行现场监管成本高，效率低，要降低监管成本，不妨学习德国等国的经验，充分运用社会审计人员实施审计和监督。地方金融监管部门可以按照监管机构的监管要求，委托社会审计力量开展定时定点审计和专项审计，这样不但节省了监管成本，使县级监管部门腾出更多的精力来监管别的金融机构（如农信社和邮储银行），而且避免了由于县级金融监管部门不够专业带来的监管效率低的弊端。

下面我来介绍一下日本和德国在发展农村合作金融和风险防范方面的主要经验。德国合作金融的行业自律体系很有特色。德国全国信用合作联盟（BVR）是合作银行的行业自律组织，它的会员包括基层合作银行、区域性中心合作银行及德意志合作银行，以及一些专业性的合作金融公司。BVR不是一个行业性的管理组织，只是一个行业自律组织。严密完善的行业自律组织是保证德国合作银行体系稳健发展的重要制度保障。德国合作金融还建立了完善的风险控制制度。他们建立了信用保证制度，如赫尔梅斯保险体系（hermes）以投保的形式来解决风险分摊问题，对小额短期贷款进行担保其风险的80%。他们还建立了存款保险制度即保证基金进行风险控制，建立了贷款保险制度（贷款担保基金，占风险资产比例的5%）。德国合作金融业风险控制机制的特点是实行自愿保险的原则，德国政府不直接干预，充分发挥行业公会的作用。德国合作金融业存款保险组织通过对会员机构的扶持而间接地对合作金融机构的债权人提供了保护。

日本农村合作金融体系也很有特色。他们建立了比较健全的信用保险制度，以保证合作金融体系的稳健性。比如他们建立了农林水产协同组合贮金保险机构，其出资结构是“财政+央行+农林中央+县级农协”，发挥各方力量。除存款保险制度外，日本合作金融的保险制度还包括：临时性的资金调剂和相互援助制度、农业灾害补偿制度和农业信用保证保险制度（贷款担保制度）。这些制度都值得我国在发展新型农村合作金融的过程中加以借鉴。

五、充分汲取农村合作基金会的历史教训

农村合作基金会于1984年在少数地方试办。1999年1月清理整顿农村合作基金会工作全面开始。到2000年底，农村合作基金会或者并入当地农村信用社，或者由地方政府负责清盘关闭。据1998年全国清理整顿农村合作基金会工作小组办公室统计，截至1998年底，全国共有农村合作基金会29187个，其中乡（镇）农村合作基金会21840个，占74.8%。清理整顿的总体状况如何呢？截至2001年1月底，全国29个省、区、市（海南、西藏没有农村合作基金会）共清理整顿农村合作基金会28588个，总资产1841亿元，总负债1807亿元。其中并入当地农村信用合作社6337个，资产487亿元，负债481亿元；由地方政府负责清盘关闭的22251个，涉及资产1306亿元，负债1289亿元（农业部农村合作经济指导司、经营管理

总站，2001）。

农村合作基金会的兴衰是中央政府、地方政府和有关部门三方博弈的结果。农村合作基金会出现的初始动机是为解决原人民公社解体后集体积累资金流失问题而产生的，其发展初始阶段的主要推动力来自于国家和部门，特别是部门利益的驱动。随着国家财政体制的调整，地方政府支配自身财力的权限扩大，地方政府不仅仅是中央政策的执行者，更成为有自身利益的经济主体，增强自身财政实力的内在冲动强烈。同时，在国有商业银行企业化改革不断推进的过程中，地方政府对农村正规金融组织的影响力不断减弱，对区域内资金的流向缺乏调控能力，因此对建立与自身关系更为密切的区域性金融组织、增强对金融资源的控制力具有极大的热情。地方政府的支持加速了农村合作基金会的扩张，也使农村合作基金会的行政依附性更加严重，其性质和业务也发生了相应变化，最终演化成地方政府附属的金融组织。地方政府的行为具有很大的外部性，其控制使农村合作基金会产生了大量的呆坏账。随着亚洲金融危机的爆发和国家对金融控制的强化，农村合作基金会成为清理整顿的对象，最终造成被关闭的结果。

农村合作基金会主要的教训如下。

第一，地方政府干预导致大面积不良贷款。这是一个主要的教训。地方政府对合作基金会的不当介入，使得合作基金会丧失独立性和自主性，其贷款往往发给政府工作人员的亲戚朋友，或是支持那些地方政府认为需要发展的地方产业或项目，结果这些贷款往往收不回来，成为呆坏账。

第二，内部治理结构严重不完善。农村合作基金会的内部治理结构，受到农村基层组织的极大影响，村委会和地方政府往往确定其治理结构中具有控制力的主要人选，民主决策和民主管理成为一纸空谈。

第三，集体资金和农民资金产权混乱。农村合作基金会的产权最初既有人民公社时期遗留的集体资产，也有农民入股的股权，公私夹杂，公私部分，产权结构极为混乱，这为以后的规范运作埋下了隐患。

第四，服务范围太大，风险难以控制。很多地方的农村合作基金会扩张很快，有些到了乡镇这个层次，有些甚至超越乡镇，进入一个县的范围，其吸收存款和发放贷款的范围在一个县的区域内进行，导致其信息不对称异常严重，合作基金会失去了原来熟人社会中的信任成本低的优势，农民的管理能力又跟不上，结果导致最后贷款质量没法控制。

第五，与农民合作没有有机结合。合作基金会基本上都是以信用合作为唯一业务，很少有合作基金会是依托于农民合作社发展的，因为那个时候合作社还是一个不能合法化的东西。没有生产合作的基础，合作基金会很容易与生产领域脱离，变成纯粹资金的交易，最后有可能演变为高利贷。我们现在强调合作社内部的资金互助，就是鼓励农民的信用合作与生产合作相互支持，相互融合，有机搭配，可以起到相互促进的作用，这样的信用合作基础比较扎实，在方向上也不容易走偏。

以上的几个教训，值得我们在发展新型农村合作金融时汲取。

六、稳健再稳健：几点呼吁和倡议

对于当前农民资金互助或新型合作金融出现的问题，我们要有正确的应对，既不能像以前对待农村合作基金会一样全部一棍子打死，也不能坐视其混乱状况而放任自流，而是要谨慎研判，积极引导和规范，鼓励其规范发展。全国的农民资金互助组织，应充分认识到肩上的重任，也充分认识到维护农民资金互助组织规范发展大局的重要性，充分认识到农民资金互助组织稳健发展对我国农村发展的重要性。为此，我向全国农民资金互助组织的同仁们发出以下六点呼吁。

第一，我们要认识到，农民资金互助组织是基于农民合作的信用组织，农民资金互助组织内部成员的平等性与民主决策是我们生存的基础。

第二，我们倡议农民资金互助组织一般在农民合作社内部或社区内部开展业务，以较好地控制风险，避免因服务范围的不适当扩展所引发的操作风险和道德风险。

第三，我们要充分认识到稳健安全对于资金互助组织生存与发展的重要性，为此我们呼吁全国的农民资金互助组织加强内部管理，加强风险控制机制的建设，加强信用评估机制建设，以保障农民资金互助组织的稳健运作。我们要注重风险管理，杜绝盲目扩张。

第四，我们强烈呼吁农民资金互助组织的同仁们加强金融从业素质的培养，加强员工的职业道德建设，增强社会责任感，提升金融管理意识，从而为农民资金互助组织的健康发展提供牢固的道德基础。

第五，我们充分认识到合规运营、遵纪守法对我们生存的重要性，要充分汲取农村合作基金会的历史教训，避免重蹈农村合作基金会的覆辙，模范地遵守我国的相关经济法规与金融法规，杜绝高利贷、非法集资等不法行为，在整个社会中树立农民资金互助组织的良好形象，为我们的生存与发展提供良好的外部环境，让农民满意，让社会满意，让政府满意，让监管者放心，办成真正为农民服务的规范化的金融组织，为我国金融安全贡献力量。

第六，我们要充分认识到农民信用合作所担负的光荣的使命，认识到其宗旨是为农民与小微企业服务，为农村社区服务，因此我们呼吁全国农民资金互助组织的同仁，着眼长远发展与可持续发展，避免任何短视的机会主义行为，加强自律，主动增强自我约束意识，不改变服务三农、服务社区、服务微小的宗旨，促使农民资金互助组织规范化与阳光化。

附：王曙光答客问九则

1. 从我们采访四川某地两个资金互助社的情况来看，目前这两家农民资金合作社依然处于农民合作社的范畴，是供销社和农业部门在监管，但是这两家监管机构都不具备专业的金融知识，包括合作社的理事长和银监会都表示，由于缺乏有效的监管，风险隐患比较大，在不改变其合作社的性质下，我们如何对农民资金合作社实现有效的监管？当地政府应该做哪些？

王曙光：合作社内部信用合作的监管目前由农业部和中华供销总社来主导，不属于银监会的管辖范围。这类信用合作只要坚持在农民合作社内部开展资金互助，其信息比较对称，风险相对较小，其风险主要来自于操作风险和负责人的道德风险。因此我一直呼吁在现阶段信用合作一定维持在合作社内部，最好不要出村，因为农民的金融知识和金融管理能力有限，一旦信用合作超出合作社的范围、超出村的范围，其信息不对称的情况就变得严重，风险就不可避免地增大。对这种合作社内部的不出村的信用合作，目前还是基于非审慎监管的原则，强调其信息披露，及时向主管者披露信息，也要向银监会披露，同时强调其自律精神。政府和监管部门以及主管部门的责任是加强规范化和指导工作，在业务、风险防范、技术能力上帮助这些合作社内部的信用合作实现规范化，因此金融教育和培训是当前亟需解决的，也是政府能够胜任的工作。

2. 这两个合作社都认为，目前在社员内部开展信用合作，量比较小，要想实现规模的扩大，必须要做的就是“转正”，即朝着村镇银行或者农村资金合作社的角度发展，在国内现有的环境下（包括各地政府不鼓励不支持不禁止），其转正的机会有多大？若不转正，壮大发展可能性高不高？有何建议？

王曙光：我不太赞成和支持在当前阶段下盲目扩张和做大合作社内部的信用合作。合作社内部的信用合作是以社员的需求为核心，以服务社员为宗旨，不对外营业，也不以营利为宗旨。规模的盲目扩大会引发大的风险，超出目前农民合作社的管理能力。有些合作社为了扩大信用合作的规模，开始在外面吸收社会资本，一旦有大的社会资本进入，这些社会资本就会有很强烈的利润动机，就使得信用合作有盈利的压力，从而扭曲合作社内部信用合作的宗旨；同时，这些大的社会资本进入合作社之后，必然要求一定的话语权，他们就要进入理事会，就要控制现有的合作社，这样合作社的内部治理机制就会受到很大的影响，从而影响合作社内部信用合作的发展方向。所以不管是转成农民资金互助社还是转成村镇银行，我认为都是不妥的，有违合作社内部信用合作的宗旨，也会使信用合作走偏。从当前的监管部门的政策框架来看，也不存在合作社内部信用合作转化为农民资金互助社和村镇银行的政策可行性和可操作性。因此，我认为提

“壮大发展”不如提“稳健发展”，一步步稳健地向前走，满足社员的需求，这才是合作社内部信用合作的正确方向，也是我国目前真正的农村合作金融正确的发展方向。

3. 合作社开展信用合作，到底是否只能严格限于专业合作社成员内部？如果认真追究，绝大部分合作社成立资金互助部以后，已有专业合作社成员只是资金互助的部分成员，另有大量的未真正参加专业合作的成员，但开展了资金互助。这种状况后续会不会随着综合的《合作社法》出台得以正式认可？

王曙光：合作社开展信用合作，其成员严格限定在合作社社员内部，这个规定是不能突破的，这也有利于合作社信用合作的稳健发展。但是现实中，确实有很多非社员参与了资金互助，入股成为资金互助的成员，但是不参与专业合作。在目前的政策框架底下，这样的情况是不被鼓励的，但也很难完全消除。按照银监会的框架成立的农民资金互助，就没有这个前提，不要求它一定是在合作社基础上进行信用合作，而可以是纯粹的资金互助。这是农业部和银监会在政策框架上的不一致、不衔接和不兼容之处，这种不一致、不衔接和不兼容，为新型合作金融的健康发展留下了隐患。我个人不太赞成银监会的框架，我觉得根据目前中国农民的金融知识水平和管理能力、根据农村合作社的治理结构优势和生产合作优势，合作社内部的信用合作更为稳健，这也与综合合作的路子更为接近。即使将来《合作社法》修订，我认为也不可能鼓励单纯的资金互助，其基本立法精神还应该是鼓励合作社内部的信用合作。

4. 单独的农村资金互助社，后续的政策倾向是什么样的？是继续严格限制，还是会如传言的，国家将微型金融的管理、许可放到基层，单独的农村资金互助社会有合规发展的机会？

王曙光：从 2014 年的中央“一号文件”的精神来看，其政策倾向是鼓励合作社内部的信用合作，而不鼓励单纯的资金互助社。所以单纯的资金互助社，尤其是银监会框架下的资金互助社，会有逐步缩小或者式微的趋势。虽然有些地方政府也给部分农民资金互助社发了牌照，但目前风险还是很大。大部分地方政府在这些方面都很谨慎，怕惹乱子，怕重蹈农村基金会的覆辙，再给地方政府带来巨大包袱。从长远来看，新型农村合作金融的主流是合作社内部的信用合作，但不排除独立发展的农民资金互助组织（尽管现在银监会框架下的资金互助已经基本停滞了），这些资金互助基于社区，相当于小型的社区银行，应允许其试验、规范和发展，但我估计多数地方政府会在这个问题上持消极态度。

5. 关于资金互助社的小额分散原则与农村金融实际需求差距问题，在实际操作中，很多资金互助社的最大放款额度已达到几十万元，不仅限于几千或五万以内。随着农业规模化的日益发展，农业和农村的资金需求的确在成倍增长。我们如何看待额度问题?

王曙光：额度问题是与资金互助社所在的地方的经济发达程度和人均收入规模成比例的。以前我们做过一个研究，实证结果是，当贷款额度与人均收入相比是1∶1～1∶1.5左右的时候，其贷款风险是比较有保障得到有效控制的。比如一个地方的农民人均收入是2万元，则适度的贷款额度是2万～3万元，太高则风险就不可控了。在浙江和江苏这些地方，最高贷款额度大概在20万～30万元问题是不大的，对于那些农村小微企业而言，其额度可能会更大一些，这要看这些小微企业的盈利能力和资产规模，必要时还要看其抵押物的价值。当前农业产业化方兴未艾，一些规模比较大的农业产业的资金需求量较大，这是正常的，但是一定要看资金互助社的贷款能力和风险承受能力。要严格审查单笔贷款额度占资金互助社资金总规模的额度，控制贷款集中度指标，防止大额贷款给农民资金互助社带来的巨大风险。从资金互助社的宗旨来看，其最重要最核心的宗旨是为社员服务，满足其小额度的资金需求，因此一些较大额度的资金需求，即使是来自于社员，也可以由当地更大的金融机构如村镇银行、农信社或者农行来满足，而不一定由资金互助社来满足，因为不同规模的农村金融机构在满足客户方面也是分层的，有自己的客户结构，要量力而行。

6. 资金互助社的实际利率上限问题？某地扶贫经济合作社的实际年利率约在56%左右（一年固定期限，分周还款的方式），部分资金互助社也有针对短期限周转资金较高利息的产品，对此我们应如何看待？

王曙光：资金互助社的利率不宜太高，因为是服务社员，具有非盈利的性质。大部分资金互助社的利率控制在月息一分左右，少数在一分五到二分，这已经是比较高的利率水平了，极少有超过三分的。扶贫经济合作社的利率水平偏高，主要原因在于其每周还款，采用格莱珉模式。对农民而言，这样的利率水平很难承受，往往成为农民的负担，所以在孟加拉也有很多人反对用这样高的利率水平来发放贷款。要压低利率，农民资金互助社就要想方设法来降低成本，降低风险。我认为高利率不是必然的，没有必要“反其道而行之”为高利率鸣锣开道。那些用高利率来维持运作的资金互助社，我认为不是真正的资金互助社，也不代表当地的市场均衡利率水平。

7. 资金互助社将部分资金用于项目投资，是否允许？如某合作社将部分资金投入于一些认为有固定回报的项目（理事会决策同意的情况下），对此我们应如何看待？

王曙光：资金互助社将部分资金用于项目投资以追求高回报，我认为已经偏离了资金互助的初衷，是出于追逐利润的考虑，即使是通过理事会同意，也不妥。这样的短视的资金互助社，一定不会稳健发展的。当前江苏等地的资金互助社出了很大的问题，有些资金互助社甚至将资金用于房地产项目，结果造成了很大的风险。目前危害资金互助组织最大的因素，是某些农民资金互助社成员的短视和机会主义，利润当先，急功近利，不考虑长远发展，这样做极为危险，也不会得到鼓励。

8. 资金互助社为确保流动性预留的一定比例的资金，如何增值保值？互助社为避免挤兑风险，预留存款总额的10% ~15%左右的现金在其银行账户，该部分属于成本支出，如何在保障安全性、流动性前提下，增加收益？

王曙光：资金互助社的流动性管理确实会造成一定的资金闲置在银行，这批资金如果得到有效利用，将产生极大的价值。但是现在的情况是我国的短期金融市场投资产品品种非常少，且有一定的风险，风险小且流动性很好的金融市场产品比如短期国债等，在国内并不多见。在美国，就连准备金都是可以以国债的形式存放的，因为其流动性极高，一旦遇到挤兑等突发事件，就可以迅速变现，以解危机。但是目前在中国还缺乏这样的债券产品。这个问题的解决，有赖于我国金融市场创新和改革的进程。

9. 资金互助社联社的合法合规模式问题。目前存在三种不同的联社模式：①有一个较强的总部管理，村一级分支不是独立法人，仅作为业务代表点。②基层资金互助社都为独立法人，出资入股成立联社，但联社除规范管理职能以外，在更高层面从事资金互助金融业务并导入外部金融资源。③联社仅作为成员管理、监控和资金调剂者的角色存在。第一种模式与小贷公司、村镇银行极其接近，但无金融牌照，存在巨大的政策和法律风险，同时基层网点按绩效考核，存在呆坏账金融风险。对此我们应如何看待？

王曙光：第一种模式基本上是总分行模式，村级的分行不具有法人资格。这种模式适合于经济比较发达地区和资金互助规模比较大的地区，与银行几乎没有二致。这种模式贷款规模大，权力过于上收，已经失去了农民资金互助的基本意义，蜕变为一般的银行类机构。联社在控制风险方面难以利用村庄信任机制，难以利用熟人社会来降低成本，势必会转向大额客户，发放大额贷款，抛弃资金互助的宗旨。这种模式不值得提倡，也很容易发生危机。

第二种模式是两级法人模式，总行和基层机构都是法人，自下而上入股，彼此独立进行信贷业务，但总行承担一定的服务和调剂的更高层次的功能，这有点像德国的三级合作银行模式。但这种模式的核心是彼此独立，尊重基层法人的独立运作权利。这种模式是主流模式，当资金互助社发展到一定程度时，这种模式是比较理想的。

第三种模式中，联社和分支机构都是独立法人，但联社的功能比较单纯，不从事金融业务，而主要是执行监督、服务和调剂功能，地位比较超脱。在资金互助社发展的初期，这种模式有一定优势，联社比较超脱，主要是为基层的资金互助社提供各种服务和协调工作，在局部资金互助社出现问题的时候，由它出面来调剂资金，彼此增加信用，防范风险。在当前的发展条件下，我认为第三种模式是一种最优的模式，将来有可能在条件成熟的时候过渡到第二种模式。

第九章

反贫困中的政府角色需要深刻转型

本章根据作者 2014 年 9 月 22 日在北京市农村经济研究中心座谈会上的发言录音整理。

李克强总理在2014年3月5日所做的《政府工作报告》中指出，我们要继续向贫困宣战，绝不让贫困代代相传，而且提出2014年农村贫困人口再降一千万的目标，这是非常令人振奋的一个口号。

应该说最近一些年以来，中国的反贫困开始加速，尤其是随着1999年西部大开发和2005年建设社会主义新农村以来，中国的经济增长速度明显加快，反贫困的步伐也明显加快，反贫困的广度与深度也得到了空前的拓展，应该说中国的反贫困为世界贫困人口的减少做出了决定性的贡献。但是，我们现在贫困人口还比较多，根据联合国最新发布的每人每天1.25美元的贫困线标准，中国尚有1.28亿贫困人口，相当于6个澳大利亚的人口，这就说明我们国家的贫困问题还非常严重。尽管我们在反贫困当中做出了一些成绩，但是我们距离彻底消除贫困还有非常遥远的一段路要走。

无疑，在反贫困过程当中，政府的作用是非常大的。应该说政府是反贫困中关键性的力量，但是从最近30多年反贫困的实践来看，政府的角色和政府发挥作用的方式也在悄然地发生变化。现在政府在农村反贫困和农村发展方面应该进一步转变思路，应该按照十八大的要求，让市场在资源配置中起决定性作用，让市场在反贫困当中起到决定性作用，政府起到关键性的补充和辅助作用。

一、政府角色的三个深刻转变

在反贫困的过程中，政府的角色应该有三个方面的转变。

第一个转变是从“硬”到“软”的转变。以前的政府在扶贫方面主要着重于硬件设施的建设，强调大规模的基础设施建设，包括道路、交通设施、卫生设施、通信设施，等等，这些基础设施的建设，为我们解决大面积的贫困，尤其是对解决因为基础设施不足而造成的贫困非常有帮助。但是现在很多地方基础设施的建设已经达到了一定的高度，未来政府应该由硬件设施向软件设施的提供来转变。什么叫软件呢？软件就是机制建设，要创造出一种机制来实现农村的发展。这些软件实际上包括乡村治理与乡村经济社会运作的一系列的机制，让农民通过这些机制自己有力量去反贫困，而不是政府越俎代庖代替农民去反贫困。这是政府未来反贫困方面一个非常重要的转变，就是由“硬”到“软”的转变。比如合作社机制，农民资金互助机制，乡村自治与民主决策机制等，这些机制一旦走上轨道，就会产生内在的力量，就会有一种内生性的动力，促使农民自己去创造，自己去努力，运用自身的力量去消除贫困。

第二个转变是由“明”到“暗”的转变。政府以往的扶贫往往是站在明处，用直接的补贴来扶持，甚至直接发钱发物。这种方式现在看来必须要改善，这是一种比较不具有可持续性，同时也容易造成一些贫困人口惰性的扶贫方式。未来政府的扶贫模式应该由明到暗来转变。所谓“暗”，就是用一些更加巧妙的方法，而不是直接发放物质的方法进行扶贫。同时，政府应该委托更多的中介机构，委托更多的社会组织来帮助政府实现减贫的目标，比如说政府可以把大量的补贴资金给中介机构作为社区发展基金，作为村基金去发放，这个村基金既能够实现村基金本身的效益，而且可以滚动式可持续发展，这样就提高了政府补贴资金的效率。而且通过由“明”到“暗”的转变，可以扶持大量的中介机构、社会组织，扶持第三部门的发展，整个乡村治理也会发生显著的变化。政府站在暗处，反而更能发挥扶贫的作用。

第三个转变是由“直接”向“间接”的转变。以前政府总是直接介入扶贫的全过程当中，甚至很多地方派了干部到农村下乡去进行蹲点扶贫，有些地方政府控制了扶贫资金，直接决定扶贫资金的使用，这些方式的效率实际上都值得商榷。由直接向间接的转变，就是政府要把自己更加超脱出来，通过各种间接的方法，对农村发展进行各方面的支持。政府不再直接介入农村事务的决定，而是用一定的机制让农民自己决定村庄的发展模式。这种发展，我们认为是一种自发的、自生性的发展，是一种内生性的发展，而不是外生性的、嵌入性的发展，不是被动的发展，而是主动的发展。有些地方，政府用政府出资来支持农村治理结构的转变，如四川支持乡村实行村议会制度，但政府不直接参与，只是通过教育、培训的方式来改变乡村治理方式，这些方式比政府直接介入有效得多。

二、政府角色转变达到的三个目的

通过由“硬”到“软”、由“明”到“暗”、由“直接”到“间接”的政府扶贫思路的转变，我认为可以达到三个目的。

第一个目的，是培养农民的主体性意识。农民是反贫困的主体，农民是农村发展的主体，政府实际上是外在的支持者，一个辅助者，一定要培养农民的独立自主性，培养农民的主体性，实现农村的内生性的发展。不能让农民对政府的补贴产生依赖性，而要发挥他自己的主动创新精神，这样才能实现农村真正的减贫和发展。

第二个目的，要实现机制性。就是通过机制创新和机制设计来实现农村的发展，来实现反贫困，而不是通过直接的、明显的、物质的补贴或者是直接扶持的方式来实现农村的发展。机制性的发展，就是更加重视制度创新，政府不拿能看得见的东西来支持农村，而是拿看不见的机制来支持农村的发展。

第三个目的，实现农村发展的长期性与可持续性。一次性的发放资金，一次性的发放补贴，一次性的发放物资，这种方式可以解决一时的困难，但不可能解决长期问题。政府扶贫思路的转变，要实现农村发展的可持续性，自我的可复制性与长期性，这样的话，农村的发展才是良性的、自我可循环的、自我可复制的发展。

实际上，政府在这个过程当中就会超脱出来，既能实现农村的发展，同时也能实现政府的职能转变，让市场机制更加发挥作用，让社会组织更加发挥作用，让农民自己更加发挥作用，我想这是未来政府扶贫的主要思路转变。

三、未来中国农村反贫困的四个环节

未来中国的扶贫需要四个方面环环相扣，构成农村发展不可缺少的四环。

第一个方面，农村的发展必须有有效的公共治理，换句话说，就是要建立一个有效的乡村治理。有效的乡村治理就是有效地向农民提供公共品的服务，包括基础设施、教育、医疗、社会保障、卫生等公共品。同时，在公共品的提供过程当中，又能实现乡村治理模式的转变，实现农村真正的民主，实现真正的村民自治。

第二个方面，要实现农民组织形式的深刻转变。农民的组织形式必须由分散的“小农”转向规模化的、组织化的“大农”。“组织化大农”包括很多形式，其中最主要的形式是农民合作组织，通过农民合作社把农民组织起来，实现农民的民主决策，实现生产的规模化，实现农民收益的提高和农民抗击农业风险能力的提升。农民的组织形式还有其他的，比如家庭农场、农业龙头企业、种养殖大户等等，这都是新型农村组织形式当中不可或缺的几类不同的经营形式，这些经营形式要因地制宜，在不同地区适用于不同的形式。总之就是一个目的，让农民组织起来，克服原来分散化、规模小、抗风险能力低、收益差的局面。

第三个方面，实现农村资源的有效整合。农村有大量的资源，这里面包括金融资源、土地资源、房地产资源，还有其他的人力资源，等等，这些资源以往没有通过一种机制整合起来，通过金融的创新，通过鼓励农村的合作金融，通过房地产的抵押，通过土地的流转，等等，我们就可以实现农村各种资源的整合利用，实现资产利用的效率化。其基本目的是要把原来农村死的资产变成活的资产，比如房地产，比如土地，比如农村的资金，原来是死的资产，现在通过各种制度创新来实现土地的资本化，房地产的资本化和资金的资本化，让死的资产变得活起来，来提升资源配置的有效性。

第四个方面，我认为也是最重要的方面，文化建设。农村的文化建设滞后，这是导致近来农村凋敝、乡村治理失效、农村伦理失序和农村社会不稳定的重要根源之一。农村文化建设的最终目的实际上是实现农村的文化复兴，尤其要实现农村伦理的回归，传统道德的回归。在今天社会转型很迅速、农村人口大量流动、农村产业结构变动加剧的情况之下，传统农村的文化、道德、伦理体系受到很大的冲击，农村的文化黏合力没有了，农村的传统道德比如孝道消失了，这些对于农村的治理都产生非常大的负面影响。未来应该加强农村的文化建设，让农民社区成为和谐的社区。以前有一个学生问孔子，怎么才能治理一个地方，孔子讲，要治理一个地方，首先要"庶之"，人口要增殖。后来学生又问，"庶之"之后怎么样呢？孔子说，要"富之"，要让人民富裕起来，过上富裕的生活，满足他的物质需求。这个学生又问，"富之"之后怎么样呢？孔子讲，要"教之"，所谓教就是教化，要实现人民道德水平的提升，伦理体系的完善，实现和谐的社会，这是教化的作用。所以"庶之"、"富之"、"教之"是三个不同的治国的层次，我觉得现在的农村中，"教之"即文化构建和伦理教化是比较缺的一环，大家都着重于经济发展，着重于致富，但是致富之后怎么样呢？要实现社会的和谐，要实现传统伦理的回归，要在农村提倡孝道，提倡传统伦理。

这四个方面结合起来，才能实现中国农村真正的发展，农村才能实现真正的反贫困。在这个过程当中，政府在每个环节都可以起到非常大的作用，但政府的角色必须发生转换，来促进农村的乡村治理发展和民主自治，通过制度创新促进农村的资源整合，实现农民组织形式的转变，通过文化建设来实现农村和谐社会的构建。

第十章

新常态下中小金融机构要践行六大金融理念

本章根据 2014 年 9 月 29 日在药都农村商业银行规划发展座谈会上的发言录音整理而成。

一、新常态："转换—调适—演进"的新阶段

我国经济自2013年起进入一个"转换—调适—演进"的新阶段，经济学界称之为"新常态"。转换主要是经济增长方式的转换，即由原来在高速增长目标下形成的高污染、高能耗的经济增长模式转换为低污染、低能耗、可持续的增长模式；调适主要是产业结构的调适，即随着第三产业的发展和第二产业内部结构的调整，使产业结构发生升级；演进主要是经济增长动力和源泉的演进，即主要依靠技术进步和创新来拉动经济，而不是主要依赖政府主导的大规模投资来拉动经济，实现内生的基于创新的增长。在经济增长模式转换、产业结构调适和经济增长动力演进的新常态下，经济内部发生比较激烈的动荡和适应是非常自然的反应，尤其是中国宏观经济进入了一个明显的收紧的下行周期，市场景气不足，企业投资需求和居民消费需求都较为疲软，对于这种状态的出现，金融机构要有所准备。尤其是中小金融机构，如我国大量存在的城市商业银行、农村商业银行和合作银行、村镇银行、地方性股份制商业银行等，受到的冲击更大，面临的风险也更大。在经济下行的新常态下，中小金融机构要找准定位，不要动摇；要练好内功，不要浮躁；要着眼长远，不要急功近利；要稳健经营，不要盲目扩张。

二、中小金融机构要持续坚守六大基本理念

第一，中小金融机构要坚守微型金融和普惠金融理念。中小金融机构尤其是农村金融机构，它们的定位应该是做小微、做三农，要着眼于构建中国的普惠金融。着重于微型金融体现了中小金融机构自身的比较优势，这是其看家本领，小微市场也是永远不能放弃的市场。作为一个微型金融机构，服务小微，其优势在于接地气，熟悉当地的乡土文化和产业发展状况。微型金融客户比大型银行的客户更分散、更稳定，盈利性更高，风险也相对比较分散，在宏观经济下行、经济趋紧的情况下，小微客户的这种特性实际上给中小金融机构相当大的安全保证和相当稳定的盈利空间，比服务于大型的企业要安全得多。这也就是为什么有一些中大型的银行在经济转型时期也慢慢地把自己经营的一部分重心转移到微型客户的原因所在。

第二，中小金融机构要坚守"道德金融"理念。中小金融机构尤其是农村金融机构一个很大的特点，就是它所服务的对象一般都是传统的大型金融机构不愿意做或者抛弃的客户，在这一点上，中小金融机构尤其是农村金融机构实际上承担了大量的社会责任。然而在承担社会责任的过程中，农村金融机构把构建普惠金融作为立身之本，赢得了大量小微客户的信任，积累了自身的企业声誉，也获得了稳定的商业回报。道德金融既是社会责任的体现，也是商业回报和客户美誉的源泉。这是金融伦理问题，也是商业规律。有些大型商业银行所不能承担的社会责任，我们这些微型金融机构勇敢承担起来，从而把这些数量众多的小微客户牢牢掌握在自己手里，使之成为自己的忠实客户。

第三，中小金融机构要坚守文化金融理念。一个金融机构、一个银行做到极致了就是在拼文化，文化是一个银行的软实力，看不见的软实力，

是金融竞争力的核心所在。文化建设归根到底是让中小金融机构成为有品牌价值的银行，有老百姓口碑的银行，成为一个政府和公众信赖的、靠得住的银行。比如位于亳州的药都农村商业银行，就在打造文化品牌方面做了大量工作。我们知道，药都农村商业银行构建文化金融是有深厚的文化底蕴做基础的，因为亳州是老子、庄子的故乡，是三曹的故乡，是医圣华佗的故乡，因此，亳州药都农商行在打造文化金融方面，尤其是在增加客户认知度、锻造文化品牌方面，是有独特优势的。很多其他的农村商业银行，比如我比较熟悉的余姚农村商业银行，在打造文化金融方面也做了非常出色的工作，那里是王阳明、黄宗羲等的故乡，他们把阳明哲学中的知行合一等思想融入了文化金融的理念中。当然我觉得现在中小金融机构做文化金融建设还处于比较初步的阶段，很多地方的丰厚的文化底蕴挖掘和利用得还极不充分。

第四，中小金融机构要坚守和践行“创新金融”理念，尤其是要利用互联网金融来进行金融产品创新和金融流程的创新。很多农村金融机构借鉴互联网金融的思维模式和技术手段，进行了大量的金融创新，而且很多做法是比较超前的，甚至超过了一些大型的银行。比如很多农村金融机构通过网络对客户进行授信，通过网络对客户进行信用评估，自动对客户（尤其是地理位置上比较偏远的客户）进行信用甄别，通过网络筛选优质客户，这些创新都极大地增加了农村商业银行对客户的黏合度，降低了农村金融机构的运行成本和风险。因此，互联网金融创新是农村金融机构以更小的成本贴近客户、降低农村客户风险的一个重要手段。而且互联网金融是不可回避的东西，如果把农村金融机构接近乡土社会的线下优势与互联网金融的线上优势结合的话，我相信农村金融支持小微客户的效率会更高。

第五，中小金融机构要着意践行“产业链金融”理念。产业链金融就是一个基于某个产业链条的纵向一体化的金融服务。比如在医药产业，从药材种植户到药材流通环节，从药材流通环节到到饮片加工业和更高端的医药制造业，我们要给它一个纵向一体化的金融服务。这种基于产业链的金融服务利用了纵向一体化过程当中产业链各链条的信息优势，可以使各个环节上的产业互相支持，互相担保，互相提供信息，从而提供系统化的金融支持。产业下游可以为上游做担保，利用这样的方式实际上降低了中小金融机构的成本，这种金融支持的产业辐射性非常好，具有规模效应、范围效应和产业集聚效应。各地中小金融机构都要抓住当地的优势产业，进行产业链金融需求和金融生态的深入调查，设计最佳的产业链金融服务方案。

第六，中小金融机构要践行“在地化金融”。“在地化”实际上是农村金融机构非常重要的比较优势，农村金融机构充分运用了乡土社会的特点，利用了熟人社会的相互信任和信息对称性，因此在降低风险、克服信息不对称方面有独特优势。所以，在地化是中小金融尤其是农村金融机构永远不能放弃的一个经营战略。在地化是不是意味着我们不能到外地去办分行或者分支机构呢？我认为是否定的。从农村金融以前成功的案例来看，在地化的战略并不妨碍我们到外地办分行，也不妨碍我们到外地设立新的金融机构，比如很多农村金融机构通过组建村镇银行的方式到外地设立新的分支机构等。但是不管怎么样，在地化的原则不能丢，永远要利用当地的文化，利用当地的员工，利用当地的管理资源来实现在地化经营。这一点鄞州农村商业银行做得非常好，他们即使把银行搬到了新疆的五家渠，照样要践行在地化经营，没有改变在地化的基本战略和原则。

三、中小金融机构未来需要重视的四个问题

以上我讲了六个方面的金融理念，即微型金融和普惠金融、道德金融、文化金融、创新金融、产业链金融、在地化金融，中小金融在践行这六大金融理念的基础上，才能找准自己的定位，实现自己在经济下行周期的稳健发展。

现在中小金融机构尤其是农商行体系的体制正处于非常非常重要的转

型和创新时期，从最高的省联社体制到各个地区和县的法人体制，都在非常剧烈的转型时期。我认为农村金融机构未来的转型发展还要注意以下四个方面的问题。

第一，要加大金融产品创新的力度，来应对利率市场化的挑战。农村金融机构创新的潜力还要进一步挖掘，创新能力还要进一步提升，因为我们未来所面临的挑战非常大，在利率市场化之后，创新能力如果不足，就很难适应这个挑战。因为利率市场化意味着把定价权给你了，能不能利用定价权，通过差异化的定价来进行金融产品的创新，这将决定一个金融机构的生死存亡。如果定价能力不足，不能设计出好的金融产品，在市场竞争当中一定会被打得一败涂地。台湾地区在 20 世纪 90 年代有很多的小银行在利率市场化之后倒掉了，原因在于它的定价能力不足。

第二，要谨慎推行区域扩张战略。我赞同优秀的中小金融机构尤其是农商行进行循序渐进的向外扩张的战略，首先在本地区内扩张，然后向省内若干成熟的地方扩张，然后再通过产业链的延伸向全国重点地区做一些扩张。农商行不能进行盲目的扩张，要根据自身的发展条件和路径来确定有效的扩张路径。区域扩张战略是加大农村金融市场竞争、消除市场垄断和诸侯割据局面的重要手段，但是我还要提醒，农村金融机构的区域扩张一定要非常慎重。我们的扩张一定是一种机制性的扩张，要把良好的运行机制搬过去，而不是把一套人马全搬过去。这里还要强调在地化，把机制的复制作为主导的东西，比如海尔公司，即使把公司搬到了美国，它的管理机制和文化还起作用，但是他的管理层、员工大都是任用美国人，这就是建立在文化机制移植基础上的在地化经营。

第三，还要继续进行体制的创新，尤其是要加强公司内部治理结构的完善。体制的创新一部分不取决于基层农村金融机构，而是取决于省联社，取决于银监会的总体战略。但是我们在体制创新当中也要有一些突破，比如说法人治理结构的变化。我们现在的法人治理结构还基本上延续了以往农信社的法人治理结构，尽管由农信社转到了农村合作银行，又由合作银行摇身一变，变成农村商业银行。说实话，牌子变了好几次，其背后的深层次的管理体系和法人治理结构没有什么太大的变化。将来在治理结构方面还要加大完善的力度，尤其是要加大董事会的多元化，要吸引更多大股东，要吸引法人股东、战略投资者来改善股权结构，把法人结构搞得更加多元化一些。如果农村金融机构的法人治理结构不完善，其战略推进和创新的步伐走得就不会很稳健，甚至因为人员的变动会发生一些倒退。

第四，中小金融机构尤其是农村金融机构还要加强资本运作的力度。未来中小金融机构尤其是农村商业银行的发展，相信会被推到更广泛的金融市场当中去竞争，去运作，我们要充分运用国内资本市场，利用好上市融资的机会，充分利用对外参股、控股的机会，改善资本结构，通过资本运作来吸收更多资金，壮大自己的实力。中小金融机构到外地不一定非要重新设立分行，我们如果跟当地优秀的金融机构互相参股、控股，进行有效的兼并、收购，有可能比自己重设一个新机构成本要低，而且在地化的程度要高一些。

第十一章

互联网金融的哲学与普惠金融构建

本章根据2013年12月9日作者在“中国县域金融年会”上的演讲整理扩充而成。全文发表于《中共中央党校学报》2013年第6期。

互联网对金融业的渗透程度正在与日俱增。在中国，互联网金融的创新和发展正在积极地改变整个金融生态，加剧了金融市场竞争，改善了资本配置的效率并使资本流动空前加速，也有力地推动了利率市场化、金融监管模式变革以及银行业的开放。互联网金融已经不再是一个虚空的、存在于人们头脑中的概念和思想，而是已经深刻影响到了整个金融体系以至于我们每个人的生活。对于这个汹涌而来的互联网金融的发展趋势，我们不能以掩耳盗铃的方式去自我欺骗和回避，也不能坐视互联网金融以不利于金融业健康规范发展的方式任意泛滥，而是应该以积极的心态面对互联网金融的发展，探索其渗透和介入金融体系的方式及其效应，从而趋利避害，让互联网金融为中国金融体系的革新服务，为中国企业和居民更为便利的融资和投资需求服务。

为此，学术界和金融业界必须深刻思考互联网金融背后的思想和哲学，思考互联网和互联网金融对整个社会结构和人类行为模式所造成的深刻影响，也就是说，我们要对互联网金融所代表和象征的未来趋势有一个形而上的把握。笔者认为，互联网和互联网金融背后的思想和哲学至少包含以下十个方面。

一、开放（OPENNESS）

开放意味着信息向一切方向和一切客体敞开，意味着整个社会的治理结构和治理方式的深刻变革。在互联网时代，一个人所发出的对某件商品、某个金融服务和某个社会行为的评价的信息，会以极快的速度和极大的渗透力传播到数量巨大的人群与社群，而政府和监管机构的行动也会以极快的速度和极大的覆盖面投射到整个社会和金融体系中来。人们获取信息的成本越来越低，而隐蔽信息和垄断信息的成本越来越高，最终以至于在技术上任何机构和个人不可能长时间垄断任何信息。在这种情况下，互联网和互联网金融不仅改变了金融业的形态和金融机构获取信息的方式，而且也在潜移默化地改变这个社会的运行规则，从而以更有效的方式塑造一种以个人决策为基础的、透明的、开放的社会形态，它使社会在良性的基础上进行边际的改善（即帕累托改善），以次优的行为选择导致社会的渐进变革，即波普尔在他的《开放社会及其敌人》中所主张的“零星的社会工程”。未来的互联网社会，将是一个信息充分沟通和传递、社会价值有序而多元、文化多样性存在、市场开放和社会政治多极的开放社会①。而互联网金融所引致的金融业的开放，是这个开放社会的一个有机组成部分。

二、共享（SHARE）

信息在金融市场中占据着绝对重要的地位，金融市场是进行资本配置和对资本配置进行监管的一种制度安排，而资本配置及其监管从本质上来说是信息问题；因此，在某种意义上，金融市场就是进行信息的生产、传递、扩散和利用的市场。在互联网金融时代，信息的传递和扩散更加便捷，信息的生产成本更为低廉，信息的利用渠道和方式也越来越多元化，

① 开放社会（Open Society）这个概念一开始由哲学家亨利·博格森（Henri Bergson）提出。在一个开放社会中，政府行为透明；它不是集权社会，个人自由和人权是开放社会的基石。卡尔·波普尔开放社会为治理多极（Pluralistic）和文化多元（Multicultural）的社会，文化多元不仅是开放社会的特点，也是开放社会不断改善、进化的活力源泉（波普尔，2002）。

从而更有可能实现信息的共享，这种共享包含着各类不同金融机构之间的信息共享（如保险业和银行业共享信息，银行业和小额贷款公司共享信息），而且包含着金融机构与其他行业之间的信息共享（如银行业与电子商务企业之间的信息共享和数据交换，物流企业与小额贷款机构之间的信息共享等）、金融机构和监管机构以及企业之间的信息共享等。这种信息共享，降低了单个金融机构获致信息的成本、甄别信息的成本，提高了信息利用的效率，使信息的生产和传播极为顺畅，从而极大地降低了信息的不完备和不对称程度。

经济学研究证明，由于市场的不完善（incomplete markets）和市场中信息的不完美（imperfect information），从总体上来说，竞争性均衡世界中的所谓帕累托效率（Pareto Efficiency）是不存在的（Greewald & Stiglitz，1986；Stiglitz，1993）。竞争性市场经济不能提供足够的公共品（undersupply of public goods），而信息恰恰就是一种典型的公共品，具有公共品的非竞争性（non－rivalrousness）和非排他性（non－excludability）特征。由于信息的公共品性质，使得分配信息收益存在着很大困难，从而使得信息获致有着明显的外部性（externalities）。由于信息所引致的外部性问题，作为执行信息获取与传递功能的金融市场，就与传统的一般意义上的商品和服务市场迥然不同，存在着大量的市场不完善和市场失败（market failure）。市场缺失和市场不完全的原因在于道德风险和逆向选择这些与信息有关的问题，道德风险和逆向选择意味着这些市场的有效交易成本非常高昂，高昂的交易成本限制了交易和市场的运作。这些论证为传统理论证明政府介入金融市场的必要性打下了坚实的基础，斯蒂格利茨就是从信息不对称出发，系统讨论了政府介入金融市场的前提和方式（Hellman，Murduch & Stiglitz，1997；Stiglitz & Weiss，1981）。但是，互联网金融的产生和迅速扩张、信息在不同交易主体之间的充分共享，在一定程度上降低了信息不对称和不完备，降低了道德风险和逆向选择的概率，从而在一定程度上解决了市场失败问题。电子商务企业往往拥有大量的关于企业的真实而不可更改的信息，这些信息若与银行共享，就可以极大地降低银行的信息搜寻成本、信息甄别成本和信用评估成本，从而降低道德风险和逆向选择。当然，互联网金融永远不可能完全解决和消除信息不对称问题，因而政府的适当介入在任何时候都是必要的。

三、合作（COOPERATION）

“合作”这个词，在西方起源于拉丁文，原意是共同行动或联合行动的意思。在德语中，“合作”为 Genossen - schaft，又名“合作学”（Genossen - schaft wessen），英文为 Cooperation，日文也称之为“组合”，韦伯斯特大词典的定义为：合作是一群人为了他们的共同利益所作的集体行动（Cooperation is the collective action of persons for their common benefit）①。合作的本质是一群人或一组机构通过各自要素禀赋的充分联合和整合、通过一定的组织架构和内部治理结构，来达到共同目标和共同利益最大化的行动。从传统的合作社范畴来说，合作社的精髓在于成员地位平等，是“我为人人，人人为我”的组织，是一个自然要求民主决策的组织，是成员自觉、自助和自动的结合，要发挥成员自觉、自助和自动的精神。从某种意义上来说，合作是一个伦理运动，对于改善社会的道德形态具有重要的意义。

互联网和互联网金融促进了人们之间的合作。互联网的出现降低了人们交流信息和寻找合作对象的成本，使人们之间更容易实现合作。众筹模式就是通过互联网来达到高效率合作的重要平台，当一个创业者把他的创业灵感公布在互联网平台上之后，所有感兴趣的群体就瞬间在网络上形成一个合作社，这个合作社符合传统意义上的合作社的一切特征，他们

① 1995 年 9 月，在国际合作社联盟 100 周年纪念大会上，通过了新的合作制原则，这些原则包括七项内容：自愿和开放的社员原则；社员民主管理原则；社员经济参与与贡献原则；自主自立原则；教育、培训和信息原则；合作社间的合作原则；关心社区原则。这些原则与通行的罗虚戴尔原则相比有所拓展与革新。

共同为这个项目进行“天使投资”。这种在互联网基础之上组成的具有同一目标的合作社或俱乐部组织，其发布信息之快、集合成员投资之快、达成合作目标之快，都是传统合作社很难比拟的。P 2P（peer to peer lending）实际上也是基于同样的合作社原理，当一个小额信贷的需求者将其信贷需求量、自己的产业和家庭情况等代表其信用的信息放在网络平台上之后，每个投资者都会及时看到这些信息，这些人以小额的投入组成一个合作基金，共同资助这个小额信贷需求者。这些成员之间可以互相沟通信息，共同保障信贷的安全性。基于互联网的合作，其成员的沟通成本更低，合作社更有可能突破时间和空间的限制而实现资源的跨时空组合。

四、整合（INTEGRATION）

互联网已经渗透到所有的产业形态，正在以极快的速度推动不同业态之间的融汇、互补和整合。如果一个创业者或者金融机构从业者不懂得整合的哲学，那么他就有可能丧失很多创业和投资机会。整合意味着原有的传统的行业之间的隔离和界限的消除和弥合，行业和行业不再有不可逾越的界限和鸿沟，跨界不但成为常态，而且成为唯一可行的金融资源配置方式。在移动互联网时代，传统行业正在利用互联网金融开展大量的金融创新，比如商业银行就开始大举进军电子商务行业，建立自己的电子商务平台；而电子商务企业和互联网企业也正在大举进军银行业，腾讯和阿里巴巴已经在进军银行业方面做出了很多大胆的实践。阿里金融的出现，意味着传统的电子商务和传统的银行业之间的界限在互联网金融时代已经逐渐模糊，电子商务企业所拥有的巨大的客户数据库为其开展信贷业务、支付业务以及其他金融业务打下了坚实的数据基础。迅猛发展的互联网企业拥有巨大规模的用户数据，他们了解客户在金融服务方面的复杂需求和偏好，其金融服务触角从简单的支付渗透到转账汇款、小额信贷、现金管理、财富管理、供应链金融、基金和保险代理等传统银行业务。因此，不同业态的融汇、业界隔离的消失，对传统金融业的冲击和挑战将会非常大，尽管现在互联网金融还难以撼动巨型银行的垄断地位，但是互联网金融所引发的跨界竞争和金融资本日益高涨的“脱媒”冲动，必将逼迫银行业加速与互联网的联姻，从而直面互联网的挑战。在未来，各个行业（包括传统银行业和其他金融业态）将利用各自的客户优势和网络优势，开展充分的业界整合，以实现要素配置的效益最大化。每一种业态都要清楚自己在价值链中的定位，要从客户需求出发，充分依赖互联网来开发适合客户的产品，并实现不同行业之间的资源互补，比如最近兴起的微信创业就在整合手机通讯、客户资讯管理、互联网信息方面做出了创新，未来很有可能实现在微信基础上的全方位金融开发。

五、信任（TRUST）

金融交易的前提和基础是信任或信用，没有人和人之间的信任，任何交易（包括金融交易）都不会发生。在互联网时代，人们之间的信任是增强了还是削弱了？这是一个非常复杂的问题。一方面，互联网的出现带来海量的信息，似乎在整个社会经济生活中我们随时可以获得大量信息，人和人之间的信息完备程度正在大幅度提升，从而可以极大地降低欺骗的概率，似乎人们之间的信任程度在增加；但是另一方面，互联网由于隔绝了人类的物理连接方式，使得人们在甄别这些海量信息的真实性方面花费更多的成本，人们对这些信息以及信息提供者的不信任也在增加。这种矛盾困扰着互联网时代的人类，也在困扰着互联网金融的发展。如果没有基本的信任，互联网金融就会崩溃，互联网金融企业以及运用互联网开展金融业务的金融机构就会面临极大的运行成本和风险，可以说，互联网金融所进行的一切努力的核心，正是在于消除互联网金融供求双方的不信任，降低信息不对称的程度。信任无疑是互联网金融的生命。然而我们也看到，随着互联网的发展和信任机制的不断完善，互联网金融有可能比传统金融更能增加信任，从而降低道德风险。比如阿里金融以商家在淘宝或天猫上的现金流和交易额作为放贷评估标准，这些信息是绝对准确且不可更改的，比传统银行的信贷员的线下调查结果可靠得多，从而建立了无担保、无抵押、纯信用的小额信贷模型，从申请贷款到发放只需要几秒钟，这种信贷模式和信息汲取模式增加了信贷供给方和需求方之间的信任，使得欺骗成为不可能。在 P 2P 中也可以建立相应的机制，把线上的信用评估与线下的实地调查相结合，从而降低网络信息失真的可能性。

实际上，网络上的信任关系如同现实世界一样，必然经过一个漫长的演进过程，各个主体之间要经过漫长而复杂的博弈，才能最终在学习的过程中获得相互的信任，减少道德风险。经济学家从博弈的角度来理解道德和信任的形成。道德和信任作为一种制度的生成很大程度上是出于行动者对自己利益的计算，当交易双方出于自利的动机而在长期的动态的博弈中选择道德和信任行为时，长远的功利主义计算就会抵挡住短期的机会主义的诱惑，从而道德和信任行为得以延续，而不道德和欺骗行为慢慢被屏弃。经济学的博弈分析乃是建立在个体的理性选择的基础之上，只有当按照道德和信任原则进行交易的长期收益大到足够超过短期机会主义行为带来的收益时，交易者才会选择道德行为。但道德一旦形成，则会形成一种路径依赖的现象，即道德会形成一种外在的专制性的约束，逼使社会中的人遵守其中的规范。而社会中的人也会在重复的交易中感受到遵守交易道德所带来的收益，并体会到不遵守交易规则带来的惩罚和损失（王曙光，2006）。在互联网金融时代，由于互联网技术的出现，可以设计出更为科学和高效的识别参与者信用的方式，并设计出更为有效的失信惩罚和信用激励方式，以规范网络交易的参与者，从某种意义上来说，互联网基础上的金融交易的道德约束力可能比非网络交易更强，更有效。

六、共同体（COMMUNITY）

互联网的最大功能是创建了网络上的各个“共同体”。“共同体”或“社区”是一个英文字 community 的不同翻译，不过“社区”这个译法比较着重于其原始意义①，而“共同体”这个译法则着重于其本质涵义。从地域上来说，共同体中的成员虽然一般是在一个地域内活动的，但是这种地域上的规定性并不是必然的。比如说，在世界各地生活的华人虽然其居住的地方不同，却有着大致相同的文化传统和行为准则，因此属于同一个比较抽象的共同体，而互联网上建立的共同体也突破了地域的界限，成为一个虚拟的共同体。因此，我认为，共同体的更为本质的特征是具有共同的交往规则、价值体系和文化传统，也就是说，构成共同体的要素是共同的价值观，而不仅仅是地域上的封闭性和清晰界限。《韦伯斯特大辞典》对“共同体”这一概念有四个方面的界定：第一，共同体是由不同的个体组成的团体；第二，共同体的成员通常具有共同的利益，并享受共同的权力，因此具有共同特征和共同抱负的人更容易组成共同体；第三，同处于共同体中的不同个体之间一般具有互动关系，而不是孤立存在的，相应地，共同体中的每一个人都必须遵守共同的规则或法律；第四，共同体中的成员一般都是居住在同一个地方，但是这不是必要条件（胡必亮，2005）。第二个和第三个界定具有比较重要的意义，在第二个界定中，共同的利益关系成为构成一个共同体的最基本的动力和根源，而第三个界定

---

① 把 community 翻译为“社区”，据费孝通先生说开始于 20 世纪 30 年代。1933 年燕京大学社会学的毕业班为了纪念派克教授来华讲学要出一本纪念文集，其中派克教授自己写的文章中有“Community is not Society”一句话，原来这两个词都翻译为“社会”，为了准确反映派克教授的原意，费孝通等翻译为“社区”。社区指在一个地区形成的具体的群体，而社会是指这个群体中人与人相互配合的行为关系（费孝通，1998）。

中，共同体赖以维持的先决条件是共同遵守和认同一整套价值观念和游戏规则。

虚拟化的社区或共同体的构建是互联网金融兴起和发展的社会结构基础，比如微信平台所形成的各种“群”就成为创业融资的平台，而P2P所建立的虚拟社区是互联网小额贷款的平台。虚拟共同体（社区）的信任关系的形成，决定了互联网金融的效率和风险，就像我们在上一部分中探讨的那样。共同体中的个体活动总是受到共同体其他个体行为和共同体作为一个行为单位的目标的影响，个体需要在学习和模仿中体会什么是共同体内部的“合宜”的行为，什么行为最适宜于个体的生存概率的提高以及共同体作为一个行动单位的效率的提升（王曙光，2007）。随着个体不断调节自己的行为，共同体就形成一种有利于个体和共同体的行为规范网络共同体内部的成员互相交流信息的过程中，他们会形成一些共同的规范，这些规范经由网络技术外化为提供激励和约束机制的一系列技术，从而为规范网络行为提供了技术基础。虽然网络共同体都是无形的、虚拟的，但这并不意味着这个共同体是没有秩序的、杂乱的、没有伦理约束的。相反，网络共同体的约束机制可能更为有效，违反网络共同体价值观的行为所受到的惩罚也许比现实世界中的惩罚更为严重。比如在网络借贷中失信的信贷需求者可能永远再也无法获得来自网络成员的信任，他永远难以利用网络来借贷，随着大规模的共享型的征信体系的形成，互联网金融领域的欺骗将变得成本高昂。未来互联网虚拟社区（共同体）将与现实中的（社区）共同体相结合，共同构造一个互联网金融平台，比如北大1898咖啡厅就有可能成为一个巨大的连接线上与线下、连接虚拟与现实的创业投资平台。

七、“云”(CLOUDS)

“云”是互联网时代的最基本的象征符号，也是互联网金融的核心哲学。云计算、大数据已经解构了整个世界的运行秩序和方式，同时也在构建新的运行秩序和方式，成为我们发现世界和建构行为的基础。所谓大数据（bigdata），也被称为巨量资料，指的是所涉及的资料量规模巨大到无法透过目前主流软件工具，在合理时间内达到撷取、管理、处理并整理成为帮助企业经营决策更积极目的的资讯。所谓云计算，根据 Wiki 定义是一种通过 Internet 以服务的方式提供动态可伸缩的虚拟化的资源的计算模式；而根据美国国家标准与技术研究院（NIST）定义，云计算是一种按使用量付费的模式，这种模式提供可用的、便捷的、按需的网络访问，进入可配置的计算资源共享池（资源包括网络，服务器，存储，应用软件，服务），这些资源能够被快速提供，只需投入很少的管理工作，或与服务供应商进行很少的交互（参见百度百科“云计算”词条）。

云计算的核心特征是其对于大数据的挖掘、便捷而灵活的信息获致，以及由此获得的对于这个复杂世界的洞见（舍恩伯格，2011）。通过互联网技术而进行的云计算和大数据挖掘，可以使我们预测某种流行病的基本趋势，可以使立法者精确知晓行人和车辆的复杂行为规律从而为交通立法提供准确信息，可以使商家发现客户和消费者的复杂需求和消费习惯从而开发新的产品和服务，也可以使金融机构获得大量的数据以精准定位和评估潜在的资金需求者。云计算的产生对传统商业银行和保险公司等金融机构的数据挖掘和客户搜索产生了深刻的影响，使得拥有大数据的电子商务企业、互联网企业、物流企业等可以通过与传统金融机构的大数据交易而产生巨大的金融效益。电商企业和互联网企业在数据和客户方面的比较优势与传统银行业在网点、金融产品开发和客户网络方面的比较优势完全可以互补。同时，云计算的哲学思想也必将极大重塑传统银行业现有的客户管理体系、信用甄别体系、风险管理体系以及后台系统。

八、普惠（INCLUSIVENESS）

互联网金融的核心哲学之一是“普惠”，互联网金融的发展对于构建普惠金融体系是非常有益的。普惠金融这个概念来源于英文“inclusive financial system”，即“普惠金融体系”。“普惠金融体系”于2005~2006年由联合国和世界银行“扶贫协商小组”（CGAP）正式提出并见诸相关出版物。“普惠金融体系”的基本含义是，金融体系应该具有包容性的特征，应该以有效方式使金融服务惠及每一个人、每一个群体，尤其是那些通过传统金融体系难以获得金融服务的弱势群体。联合国希望通过微型金融的发展，通过传统金融体系的创新与转型，促进这样的金融体系的建立，从而进一步促进全球的反贫困事业。构建“普惠金融体系”，强调两个方面的意义：一方面是如上所说的，普惠金融强调金融体系要为所有人服务，金融体系应该是包容性的、普遍惠及于人类各阶层群体的，包括在传统上难以获得金融服务的低收入人群和微型企业；另一方面，普惠金融体系意味着要把微型金融整合到整个金融体系当中，使它成为金融体系的不可或缺的组成部分，在法律政策上给予微型金融更广阔的发展空间，使其不再处于边缘化地位。“普惠金融体系”这个概念确立了一种全新的金融理念。这个理念与“包容性增长”是一致的，即要在经济增长和金融发展的过程中，使每一个人都能够得益于这种经济增长与金融发展，而不是被经济增长和金融发展所排斥（王曙光等，2013）。

互联网金融使得普惠金融体系的构建具备了新的可能性和新的途径。与传统银行业的高门槛不同，互联网金融的门槛较低，这就使得大量民间资本可以以互联网为载体进入金融业，从事信贷、保险、支付、财富管理等传统上由金融机构垄断的业务，这就在很大程度上增加了金融市场的竞争，加大了金融市场中的资金供给量，从而提高中小企业和农户的信贷可及性。很多互联网金融企业（比如 P2P 模式、众筹模式等），天然就是服务于中小微客户的，这就为这些在传统金融体系中很难获得融资的弱势群体提供了新的融资渠道。同时，互联网金融的参与者很多都是提供短期和小额资金的普通投资者，在 P2P 模式和众筹模式中，资金提供者都是工薪阶层，他们提供几千元到几万元的小额资金，从而以互联网为依托进入了金融业庞大的供给市场中，大众的参与使得互联网金融更具有普惠性，对于动员社会闲余资金非常有益。

互联网金融从微观、中观和宏观三个层面构建了新型的普惠型金融体系。在微观层面，从客户一方来说，低收入客户、中小微企业和创业者是互联网金融体系资金需求的中心，互联网金融给他们提供了新的低成本的融资渠道。而互联网金融中的资金供给者也是零散的小额资金的持有者，他们通过互联网企业这个中介平台，向微型客户提供零售金融服务和微型金融服务，有些互联网金融服务的末端直接通往穷人和低收入者。在中观层面，互联网金融通过网络建立了系统的基础性的金融设施（如网络支付平台、庞大的征信体系和信用评估体系），使金融服务提供者实现降低交易成本、扩大服务规模和深度、提高技能、促进信息透明的要求。互联网金融未来将催生更多的基于网络的审计机构、信用评级机构、专业行业协会、征信机构、结算支付系统、信息技术、技术咨询服务、培训，等等，这些服务从总体上提升了金融体系的效率。在宏观层面，互联网金融提供了更为方便的融资渠道，能够促进居民收入的提高与宏观经济增长，使得宏观上的金融体系深化程度得以提高，并促进了政府在金融体系开放和深化方面的立法进程。

九、解构（DISCONTRUCTION）

互联网金融的核心思想之一是通过互联网技术对传统金融业的商业模式和运作机制进行重构（reconstruction）或者解构（discontruction）。这种重构或者解构虽然没有也不可能改变传统金融业的本质属性，比如互联网金融永远也改变不了信贷产品供求双方的借贷本质，也改变不了保险契约双方的权利义务关系属性，但是互联网金融却可以深刻地改变传统金融业的信息处理模式、客户筛选模式、风险控制模式和信用甄别模式。互联网金融的云计算和大数据的思维模式和营销模式已经极大地颠覆了传统银行业的运行模式，其蓬勃而灵活的运用物联网和大数据技术的创新能力、强大的数据挖掘能力、整合产业链上下游的能力等，都对传统银行业提出了挑战和颠覆。互联网金融对传统银行业的重构和解构使相当多的新兴客户群体游离于传统银行体系之外，以一种更为人性化和个性化的方式参与到银行业务中来，这一方面导致大规模的脱媒现象，另一方面也极大地缩减了传统银行业的版图。但是，这并不意味着传统银行业没有任何比较优势，相反，在互联网金融与传统银行的竞争和合作的历史进程中，传统银行业的核心优势——如严密的线下信用评估体系、紧密的客户关系、物理网点对客户的高度黏合性、对贷款客户资金流向的有效监督等，都是互联网金融难以比拟的优势。因此，面对互联网金融的大举进犯，银行业要审时度势，发挥比较优势，充分借鉴互联网金融思想中的精华，以互联网来武装自己，克服自己在个性化和定制化服务、客户精准定位、信息搜集和甄别以及在产业链整合方面的劣势，如此就可以在互联网金融时代立于不败之地。

十、创新（INNOVATION）

互联网金融的核心特征是无处不在、无时不有的创新，可以说，在互联网时代，金融创新是全天候、全方位的创新。这种创新主要体现在互联网金融通过迅速的时空转换，实现金融产品创新、金融业务流程创新和金融机构创新。在金融产品创新方面，即使是最经典意义上的信贷产品（即资金盈余方向资金稀缺方提供资金所引起的债权债务关系），在互联网时代也以完全不同的方式出现了，P2P 借贷中出现的“一对多”（一个贷款人可以把自己的盈余资金分散配置给若干借款人）和“多对一”（多个贷款人以各自零散的盈余资金配置给一个借款人）的借贷方式，比传统的银行信贷模式更容易分散风险，也更易筹集资金。在金融业务流程创新方面，互联网金融的出现使得传统的单纯依赖线下调查的方式来甄别客户信用的方法被彻底颠覆，电子商务、物联网以及移动支付所提供的大数据极大地降低了传统银行业的信息甄别成本和信息搜集成本，使业务流程更为简易和快捷。在金融机构的创新方面，由于互联网金融而催生出来的新机构几乎每天都会产生，这些新型机构广泛涉及征信体系、支付体系、数据挖掘体系、物流体系、电子商务体系、移动互联网体系等种类繁多的领域，未来还可能更深入地渗透到更为广义上的服务业。未来互联网金融必将以其创新精神继续重构整个金融体系和经济社会体系，同时其运作的规范性和合法性也将进一步提升。

第十二章

从金融抑制到金融自由化与金融民主化

——中国金融制度演进的历史逻辑

本章根据作者2014年11月1日在山东工商学院所作的学术报告整理而成。

首先非常感谢马院长给我这个机会到山东工商学院来跟同学们以及在座尊敬的老师们做一个汇报。我想讲四个方面的内容。第一，从金融抑制的内在逻辑出发，来看看中国传统的金融体制形成的原因。第二，讨论中国从金融抑制到金融约束的金融演进，即把中国渐进的中庸的金融自由化的路线图说清楚，系统探讨中国金融自由化内在逻辑。第三，谈谈互联网金融的兴起与金融民主化。第四，讨论一下未来中国金融改革的路径选择。

一、金融抑制的内在逻辑与中国传统金融体制的成因

很多年来，我一直在研究中国传统金融体系的成因问题，2014 年 10 月 1 日，著名的经济学家和发展金融学家麦金农去世。他在中国金融学界享有很高的声望，写过一些关于中国金融改革的书，他也是最早的金融发展理论的奠基人之一。麦金农和他的同行爱德华·肖，在 20 世纪 70 年代中期，在金融发展理论方面取得了重大突破，对传统金融理论提出了挑战。这个挑战应该说动摇了原来金融学的一些教条，从而以一种非常新的视角来研究发展中国家的金融发展问题。

麦金农和肖两个人在同一年发表了两部著作，麦金农发表了《经济发展中的金融深化》，爱德华·肖发表了《经济发展中的货币与资本》，这两部书都成为金融发展理论方面的经典著作。这两部书的宗旨实际上是一致的，都认为传统的金融政策，包括利率的上限、比较高的准备金

比率、指导性的信贷政策以及对金融中介机构过多的行政干预等政策，形成了严重的金融抑制。而金融抑制对增长是没有好处的，因而，他们的政策建议就是要加大金融自由化的力度，从而让金融体系更多地促进经济增长。

什么叫金融抑制呢？我在2001年出版的一本书《金融自由化与经济发展》中，给金融抑制做了一个非常详细的定义："金融抑制是指金融体系被压抑的情况，金融抑制的实施方是具有决策权力的政府，其实施的基本工具包括对金融市场当中的价格、交易和结构进行干预，从而扭曲了金融体系中的市场机制，以此实现政府的发展战略。金融抑制破坏了稀缺资源配置的市场体系和价格体系，使得资本市场和货币市场处于被压制的状态，发挥不了有效配制资源的功能，从长期来看，阻碍了金融增长和经济发展"。麦金农和肖的学说的核心，就是要取消金融抑制，实现金融自由化。

麦金农的学说影响深远。他提出了一个假说，叫互补性假说。金融学中有一个基本的金融教条理论，告诉我们投资需求跟利率水平呈负相关关系。如果国家提升利率，必然抑制投资需求；反之，如果你想刺激经济发展，让经济发展更快一点，就降低利率水平。这种教条是基于一个假说，即整个经济当中，投资跟储蓄是互相替代的。

而麦金农认为正好相反，投资跟储蓄在一些发展中国家，实际上是互补性的。如果提高实际利率水平（即名义利率减去通货膨胀率），就会刺激发展中国家经济中的储蓄水平。换句话说，利率高了，大家更多地去储蓄了，从而增加了整个经济当中的资本积累规模，导致储蓄动员的能力增加。如果储蓄动员能力增加了，资金积累多了，反过来会引起投资的上升，因为现在可贷资金多。这样的话，储蓄跟投资，就不是原来凯恩斯所讲的负相关关系，而成为一种正相关关系，这就是所谓的互补性假说。

互补性假说实际上如果放在发达国家的话就不适用了。麦金农和肖观察到一个现象，就是很多发展中国家，利率水平实际上都处于非常低的状态，甚至很多国家的实际利率水平竟然是负的。而这些发展中国家，由于长期的金融压抑，金融体系不发达，因此，储蓄动员能力很弱，不能够有效地把储蓄转化为投资，从而阻碍了经济的发展。他们提出的政策建议就是要金融自由化，金融自由化的核心就是放松利率的管制，把实际利率水平提升到正值，提升到比较高的均衡的水平，这样的话，就会增大金融机构的储蓄动员能力，同时加剧金融机构之间的竞争，促进经济增长。

为什么一个发展中国家，一般来讲要对一个金融体系进行抑制呢？而且我们发现，金融抑制是发展中国家，以及曾经是发展中国家的很多经济体所采取的共同政策，像日本、韩国，原因在什么地方呢？传统上，包括爱德华·肖，罗纳德·麦金农，他们对金融抑制根源的解释，大概有四个理由。

第一个理由是，压制利率，进行金融抑制，能够保护弱势群体，反对垄断力量。如果利率太高，普通老百姓受不了，比如大量的高利贷，对弱势群体是不利的。因此政府必须干预利率，使利率下降。

第二个理由是，有利于抑制通货膨胀。认为如果采取较高的利率水平，厂商因为接受了比较高的利率水平，因此会把利率的成本最后加到他的产品上，卖东西的时候自然它的价格就高了。因此，高利率会导致通货膨胀，这叫成本推动型通货膨胀。因此压制利率水平，有利于抑制通货膨胀。

第三个理由是，防止失业。利率水平过高，投资需求下降，有可能引起大量的失业，所以要控制失业，就是抑制利率水平。

第四个理由是，在不发达国家，市场机制不完善，市场竞争不够完善，导致在整个金融体系当中不可能产生均衡的利率水平，因此利率水平往往倾向于太高，因此国家有必要抑制利率。

看了这几个解释之后，我感觉这几个解释没有完全把一个发展中国家金融抑制的根源说清楚，逻辑的自洽性以及解释力还不够。因此，我提出一个新的假说，通过分析一个国家的目标函数和约束条件来分析金融抑制的内在逻辑。

我首先从一个基本的经济现象出发。在 20 世纪 80 年代之前，所有的执行赶超战略的国家，都采取了金融抑制政策，而且这些国家的社会制度、意识形态完全不一样，有资本主义的，也有社会主义的。这样的话，就不能说这是偶然巧合的原因造成这种金融抑制，所以我们就必须寻找隐藏在金融抑制后面的逻辑到底是什么。

我提出几个疑问。第一个疑问，为什么不同国家都不约而同地要对利率进行严格的管理，甚至不惜把利率降到均衡水准以下，降到负的程度？比如中国，在大部分时间，1980 年之前，我们的利率水平都是很低的，甚至于是负的，日本其实在很长时间内也是一样。

第二个疑问，为什么所有的发展中国家政府都要介入资金的配给？

第三个疑问，为什么发展中国家的政府总是对这种金融体系当中的自发力量保持警惕，要限制它的市场自发功能的作用空间？

第四个疑问，为什么发展中国家都一致对银行的间接金融给予扶持，而抑制直接融资市场的发展？

这几个疑问，实际上是有逻辑因果关系的。我提出一个发展战略内生化解释性的假说，来系统性地回答这几个疑问。我的理论出发点是，政府是一个最大化的、理性的当事人。因此金融抑制，包括严格压制利率水平，限制金融体系的竞争，这些金融抑制手段并不是一个政府不理性的结果，而恰恰是这个政府在一个历史阶段，根据当时的经济发展状况，根据当时面临的约束条件而采取的理性的选择。这是我的基本出发点。

这样的话，出现了一个逻辑推演的“三段论”。首先是一个国家的经济发展战略，这个战略是内生化的，它可以决定这个国家采取什么样的政策框架，政策框架本身又能决定每一个微观主体的经济行为。这个很好理解，比如说一个国家制定了一个发展战略，这个发展战略就会决定这个国家到底采取什么样的制度，尤其是政策框架。而这些制度本身影响到了企业、银行、储蓄者等这些微观主体的行为。我们可以从这“三段论”当中导出政府和微观主体的关系模式。

在这个理论当中，最关键的是把一个发展中国家的赶超战略作为一个内生化的变量来处理。原来我们一般把赶超战略当做一个外生变量，认为它是一个既定的、不能动的东西，实际上不是的，我认为赶超战略是一个内生变量，是众多条件影响到的一个变量。比如中国，在1949年之后，面临着极为复杂的国内外环境，那时候中国的政府和以毛泽东为代表的第一代领袖，头脑当中最大的国家战略就是赶超战略。我最近读《毛泽东年谱》的时候，有一个深切的感受，就是当时的赶超战略不仅仅是我们所理解的赶超英美，而且是赶超当时我们认为最发达的社会主义国家苏联，这才是毛泽东内心深处以及所有中国人内心深处的一个梦想，以此来摆脱积贫积弱被人欺负的局面。

下面我们来分析，赶超战略底下的目标函数是什么？在微观经济学中解一道题目，总是首先列出一个目标函数，再列出当下面临的约束条件，最后给出一个最优的解。当时这些发展中国家的目标函数是什么呢？无一例外的，这些国家的目标函数就是一个，即在重工业优先发展条件下实现资金积累的最大化，这是50年代的中国、日本、拉美等国的统一的目标函数。这个目标函数是由重工业本身的产业性质决定的，重工业需要大量的资金，而且这个资金的投放非常迅速，回收周期又比较长，而像中国这样一些国家要赶超西方发达国家，必须拥有自己完整的工业体系，这样才能够有国防安全，才能够摆脱对西方国家的经济依赖。

从这个目标函数出发，我们再分析约束条件。约束条件有以下几个。

（1）在这些实施赶超战略的国家，资金非常稀缺，不能保证重工业优先发展的大规模资金需求，如果政府不加管制，这种巨大的资金需求会把利率水平逼迫到极端的高位。

（2）在一个发展中国家，资金不但是稀缺的，而且极端分散。比如中国，资金分散在几亿劳动人民当中。短时间内要发展重工业，就必须迅速筹集大规模资金，这个在发展中国家是比较困难的。

（3）由于金融市场的浅化和市场的不完善，因此，发展中国家资金动员能力是很差的，满足不了重工业的要求。

（4）发展中国家在对外出口方面是处于不利地位的，从而造成外汇短缺，难以满足重工业要求的大量设备进口，如果按照市场的调节方法，汇率水平往往就呈现偏高的趋势。

（5）为了保证赶超战略的实现，资金不能够无序流动，必须有序地流动。换句话说，政府希望把大量资金放在重工业，就不能把大量资金放在制造其他的满足人民生活的轻工业产品和消费品上，因此政府就要掌握资金的流向。

因此，所有的金融抑制战略都在试图完成两件事：一件事，要最大限度地、迅速地、低成本地筹集资金，把资金拢上来。第二件事，把拢上来的资金，按照国家发展战略的需要配置下去，而不是按照市场自发的力量来配置。

如果在重工业优先发展条件下的资金筹集最大化这样一个目标函数下，又面临资金短缺、资金分散这样一些约束条件，我们的最优解是什么？很简单，第一，为了保证重工业发展所需的资金，有必要对利率水平限制，限制利率水平就是为了让重工业的这些部门能够低成本地获得这些资金。第二，为了克服资金的分散性，必须设计一种能够最大限度地把这些分散资金拢上来的金融体系。第三，为了克服国家资金动员能力弱的缺陷，就必须对金融体系大力地控制，来最大限度动员资金。第四，为了克服外汇短缺的矛盾，必须对汇率进行管制，对外贸进行限制。第五，为了保证资金的有序流动，且按照政府的意愿去流动，就必须对金融体系当中市场自发的机制进行限制，保证金融体系不偏离整个国家总体的战略轨道。

由此，这五个方面的解决方案就出来了，我们就可以看到，金融抑制框架是具有内在逻辑的，并不是一些乱七八糟的东西，它是一个统一的整体。首先，在金融抑制过程当中，政府是资源配置的主体，任何的市场自发力量都被限制死了，利率的价格信号就被扭曲掉了，政府往往把利率压得很低，目的是让重工业部门低成本获得资金，这是从资金使用方来讲的。从资金来源来讲，利率水平低也有利于银行低成本地从储户那个地方获得资金。可以想象，如果资金价格很高的话，银行不堪重负，因为银行获得的资金，要给存款支付利息，所以希望把利率水平弄得很低。低利率不论对银行还是企业，实际上都使他们获得了大量的租金。低利率的存在，实际上是为了使得国有银行与国有重工业获得租金而设计的。

但是这里面问题就出来了。如果利率非常低，很显然，当时每个重工业部门都有非常旺盛的投资需求，利率越低，表明资金越便宜，资金越便宜导致每个重工业部门越是争着用。在一个国家经济发展水平很低的时候，重工业部门都在争取大量资金，于是就会出现政府信贷配给的情况。政府根据自己的发展战略来进行信贷配给，解决市场供求的矛盾。所以计划经济时代最常见的现象，是各个省、各个国有企业跟中央要配额，都想把资金要过来，因为资金太便宜了。政府在资金配给的时候，不可避免地要采取差别待遇，符合赶超战略要求的，就多支持，不符合的就少支持。政府首要的标准不是看这个企业盈不盈利，而是首先看这个企业或这个产业是不是符合赶超战略与工业化战略的要求。

另外一个被扭曲的价格信号就是汇率。很显然，如果把汇率压得很低（直接标价法），比如计划经济时代我们跟美元大概就是 1∶3 左右，这意味着我们的换汇成本大幅度降低了，那时我们的钱很值钱。之所以存在汇率压抑，就是为了克服外汇短缺的矛盾，让我们的换汇成本大为降低，使得我们跟国外的货币之间形成固定汇率，并产生了严格的外汇管制。

然后就是对于证券市场的压制。证券市场跟银行相比，市场自发力量更强。要发展资本市场，大家来买股票，政府是很难控制每位投资者买股票的数量以及买股票的投资方向。但是对银行的融资进行限制相对容易，假定命令国有银行不要多给轻工业贷款，银行肯定听话，政府控制银行相对比较容易，但政府要控制每一个在股票市场上投资的这些投资者，几乎是不可能的。因此，证券市场作为一个自发的市场力量，就被压抑住了，中国在 1951 年左右取消了资本市场。一直到 41 年之后的 1992 年才重启股市，重启证券市场。道理在于，要实现赶超战略，要实现重工业的优先发展，就不能首先发展市场化倾向比较强的证券市场，而要首先发展比较听话的、能够实现政府赶超战略的间接融资市场。

所以我们看到，银行成了政府实现赶超战略的工具，不可能自己决定投什么地方，不投什么地方，因此政府跟银行之间，银行跟企业之间形成了扭曲的三角关系，政府控制银行的投资方向，而银行又来控制企业的行为，这样的三角关系实际上在中国和日本都普遍的存在。

我刚才通过目标函数、约束条件这样的方法，建立了一个赶超战略内生性的解释假说来系统性地解释金融抑制，可以基本把这个问题解决了，而且通过以上分析我们可以清楚地看到，这些金融抑制手段实际上是有内在的逻辑关系的，而不是杂乱无章的。

下面我们讨论一下金融抑制的绩效。金融抑制到底有没有效果？我觉得是有效果的。从短期来讲，这些国家在自己实现赶超战略和快速建立重工业体系的过程当中，实际上金融体系的抑制起到了非常关键的作用，这个短期效果是非常明显的。改革开放之后，中国银行业的改革很滞后，银行业的活力不足，竞争也不够充分，这是因为在90年代之前，我们的银行业一直被严格压制着，银行体系一直是为了实现国家的赶超战略而存在的一个工具。但是，这个成本，这个付出是值得的，中国将近30年的赶超战略和重工业化实际上是由国有银行体系来支撑的，这个历史功绩是不可埋没的。

长期来看，金融抑制造成了很大的负面效果。第一，金融体系的发育滞后。银行体系非常单一。第二，政府干预行为容易发生调整的滞后。换句话说，政府一旦干预银行习惯了，就不愿意撤出来，直到现在，政府对于国有银行的干预，包括对于农村信用社（包括农村商业银行和农村合作银行）、城市信用社（改制后为城市商业银行）的干预，造成了银行资产质量的低下。第三，这种金融抑制造成了资金动员能力、资金配制效率的低下。这种低下导致我们很多资金的走向都是无效的、失效的。国有企业拿走大量国有银行的资金，但是它的使用效率是低下的，因为在传统体制之下，利率太低，资金很便宜，企业不愿意冒险开发创新性的项目，因为开发新的项目是有风险的，因此低利率的政策难以提升企业的效率，难以实现国有企业的创新。第四，由于政府对于金融体系进行严格管制，因此，一般来讲，这些国家都有非常庞大的地下金融的存在。中国为什么有地下融资，非正规金融为什么这么发达，这么兴旺，主要原因还是金融抑制，包括最近一些非法集资的出现，主要还是金融抑制导致的。

二、从金融抑制到金融约束：中庸的金融自由化路线图

“中庸”这个词在这里是个褒义词。朱熹把《大学》《中庸》《论语》《孟子》，称为“四书”。中庸是中国传统儒家哲学中非常重要的一个范畴。“中”就是不偏，“庸”就是不易，“中庸”就是不偏不易。中国金融自由化的战略是一个中庸的战略，渐进的战略，这个战略非常合适于中国，不要轻易改变，不要走激进的、过激的、休克疗法式的、大爆炸式的金融自由化，这对中国是很危险的。

首先，是要实行金融约束战略。金融约束有别于简单的金融自由化，或者说金融约束就是中庸的渐进的金融自由化。金融约束是介于严格的金融抑制和完全的、彻底的金融自由化之间的中间状态，在这种中间状态下，政府既对整个金融体系有相当强的控制能力，即保持国家控制力，同时又能渐进实现金融机构的有序竞争和金融资源的市场化配制。我一直强调，中国不要单纯提金融自由化，而要提温和的金融约束手段，要实现以下五个方面的目的。

（1）给银行特许权价值。特许权就是专利权，政府通过给银行各种各样的隐性或者显性的保护或者扶持，让其拥有特许权价值，使它的地位比较稳固，享受各种特殊待遇，可以支撑整个中国经济，包括稳定的转型和稳步的发展。

（2）实现对利率自由化节奏的有效控制。利率自由化不能快，而是要慢慢地来。我们的利率自由化是一个分阶段的利率自由化。首先，我们把货币市场利率慢慢自由化，而信贷市场利率自由化就要慢些；在信贷市场当中，首先把贷款利率自由化、同业拆借利率自由化，而存款利率自由化就要非常慢，到现在存款利率的市场化和自由化，还没有完全实现，要慢慢来，不要急于求成，要让银行慢慢适应。

（3）汇率自由化节奏的控制。麦金农写过很多文章，他认为中国的汇率市场化不要太快，换句话说，中国由原来的固定汇率制转向有控制的浮动汇率制，要有一个缓慢的节奏，不要太快，这几年可以发现，中国的人民币升值，包括它的浮动都是极慢极慢的，但也不是不动，而是渐进的动，有理性的动，有控制的动。

（4）资本账户自由化的有效控制。开放资本账户，让外国资本进入中国的资本市场，这个过程非常缓慢。前几年我们出了一个制度，即“合格的境外机构投资者”（QFII），就是挑选一些好的、优秀的境外机构投资者，让他进入中国资本市场，慢慢地才允许大量的机构投资者进来，然后再让那些散户、让一般的投资者进来。先放开长期资本进入，再放开短期资本进入，避免当时马来西亚、泰国这些国家引进过多短期投机资本流入，汲取 1997 年亚洲金融危机的历史教训。

（5）控制银行的民营化进程。中国的银行不叫私有化，我们叫民营化。比如说农村信用社，吸引民间资本参与，实现了产权的多元化；其他城市商业银行、股份制商业银行以及国有大型商业银行，都慢慢实现产权多元化。这个过程是慢慢的，不是通过苏联那种大规模出售国有资产实现的。同时可以发现，国有银行不是通过上市成为公众公司了吗？当它成为公众公司之后，不就是被民营化了吗？尽管里面还有国家的控股股份，但是也有投资者的股份。民营化进程是被有效控制的，而不是以突然的、大爆炸的方式出现。

第二，是为金融部门提供相机性租金，推动渐进金融改革。中国在改革的过程当中采取渐进的方式，这当然跟 1980 年之后邓小平的渐进的社会主义市场经济的推进战略是有关系的。我在近期读《毛泽东年谱》发现，邓小平在 1980 年之后渐进式的改革战略，与 1949 ~ 1957 年之间毛泽东在中国社会主义过渡时期渐进化的战略几乎是一样的，他们的思维、采取的方式、所有权的多元化以及对当时经济改革的步骤控制，都非常相近。

什么叫相机性租金？政府给银行租金的时候，并不是没有条件的，优秀的银行，政府会给予鼓励，不好的银行，政府慢慢地要给予惩罚，因此这个租金不是白白给银行的，而是要竞争性地获取。因此，银行尽管地位比较稳固，但是银行的危机感也并不是完全没有。政府给银行各种各样的隐性保护，隐性的风险兜底，是有前提的，就是要做得优秀。

我举一个小例子，农信社体系在2009年左右开始了一次剥离不良资产的行动。这个举动是政府有意识地要为农村信用社减负，剥离它的不良资产，因为农村信用社为中国农村发展付出了大量的成本。政府在给它减负的过程当中，很显然让这些农村信用社拿到了很多租金。但是这个租金并不是白白给它的，而是有一个门槛，不良贷款率、新增不良贷款、资产质量，等等，要达到一定的标准之后，才把租金给你，拿央行票据来置换不良资产，解决存量历史包袱。通过这个例子我们可以发现，中国政府在渐进改革过程当中，强调租金的竞争性获取来加强金融机构之间的竞争，同时保持了银行体系的稳定性。

同时可以发现，在银行退出机制方面，中国政府非常谨慎。以往中国政府对于银行采取保护的姿态，赶超战略的国家采取金融抑制，一个最大的特点就是保护银行，一定要让银行感觉到我是稳固的，日本也是这样。中国到现在为止，银行的倒闭为数极少，据我所知，只有一家银行倒闭，即当年海南由于房地产价格的暴跌，整个房市控制不了了，海南发展银行倒闭了。中国在解决银行的退出机制方面，一般是采取劝说制度，如果一个银行要倒闭了，我们就劝说其他比较好的银行来救助他。最近，中国要渐渐推出存款保险制度，要慢慢地把以劝说和救助为主的银行退出机制转变成为市场化的方式，这是一个非常重大的变化，意味着中国银行业大洗牌的时代即将到来。

第三，商业银行在慢慢进行增量的改革。增量改革，也叫边际改革。最近十几年以来，中国股份制银行在迅速兴起，招商银行、兴业银行、浦发银行、中信银行，等等，这些银行都非常优秀，盈利能力都非常强；众多地方性的银行，如珠海银行、南京银行、北京银行等，也在全国各地如雨后春笋般崛起；同时，传统的农村金融体系、信用合作体系，出现了深刻的变化。原来的农信社正在大规模地被改造为农村合作银行和农村商业银行。比如烟台农村商业银行、青岛农村商业银行、北京农商银行、上海农村商业银行、天津农村合作银行、重庆农村商业银行、宁夏黄河农村商业银行，等等。这些都是中国渐进金融改革的一个组成部分。当然，中国在进行渐进的金融自由化的过程当中，采取了非常严格的财政纪律和货币纪律。读《毛泽东年谱》就会发现，在 1949 ~ 1957 年，毛泽东在经济过渡时期的战略就是控制货币的纪律，不能出现通货膨胀，同时控制财政纪律，不让出现更多的财政赤字。今天也是一样在执行严格的财政货币纪律，使得金融自由化能够稳健进行。

中国实际上在这个过程当中，避免了过激的自由化。上周在北京大学，在我的《金融发展理论》课上，有一位来自于俄罗斯的同学叶列娜，她讲原苏联和东欧社会主义国家的金融自由化。苏联和东欧采取激进的金融自由化，负面效果是很大的。而中国避免了过激的行为，采取渐进改革，这是符合转型的规律的。因为在一个经济转型时期，无论是法律体系的建立，还是交易者和投资者的学习过程，还是政府行为的调整过程，等等，都需要一个长期的适应过程，这是一个学习过程，是一个行为的不断模仿的过程。让一个投资者了解一个经过几百年才成熟的市场化金融交易是怎么回事，这是需要过程的，不是瞬间就能明白的，何况还要有法律体系的调整和重构。过激的金融自由化会造成国家金融安全的风险。当时在课上叶列娜列举了 11 个前苏联加盟共和国和东欧国家的数据，发现大部分国家外资控制银行的比例大概超过 60%，银行如果被外国人控制，一个国家的金融安全就很难保证。这方面中国控制得很好，以后也要把严这个关，不要松了国家金融安全这根弦。

三、互联网金融与金融民主化

最近我不断提一个词：“金融民主化”。未来的金融体系，实际上应该是平民很容易参与的、进入门槛极低的一种金融体系，而这种金融体系的兴起，对整个传统金融体系是一个很大的挑战。中国互联网金融的兴起，我认为实际上就是响应了民间对金融服务与资金的巨大需求，尤其是响应了草根阶层（包括老百姓、工薪阶层、小微企业）对金融的需求。现在互联网上流行很多像“余额宝”这样的投资理财产品，这些“宝宝”对年轻人一定有巨大的吸引力，对这些从小跟互联网打交道的大学生有天然的亲和力。这些年轻人不愿意到银行买理财产品，他觉得这个很没有意思，但是在网上做这种理财和投资，觉得很好玩，贴近他的生活。这就是金融民主化的开启。每个老百姓，每个只有很小资本的人，进入金融体系都很简单，移动互联网时代的到来，使每个人进入金融体系的门槛降低，金融不再是高大上的高不可攀的东西，而是每个人都可以享受的服务。P2P 借贷的参与者，都是出资很小的投资者，他们可以参与到信贷体系中，可以选择自己的信贷对象。

中国的互联网金融为什么极为发达？中国的互联网金融在金融创新方面，在金融工具的使用方面，在行业规模和对金融体系的渗透程度而言，都大大超越了美国的互联网金融，为什么这样？我认为根源就是中国的金融抑制，是中国的金融抑制催生了中国的互联网金融。

在金融抑制过程当中，中小企业想突破投资的瓶颈，投资者想突破金融市场的约束，交易者想突破利率的约束，金融资本想突破金融机构设立的约束，供求双方要突破信息的约束，这些方面，互联网金融都提供了特别好的平台和机遇。大家突然发现，有了互联网金融之后，我们进入金融体系的门槛降低了。哪怕你只有五百块钱，也可以买一个什么“宝”的理财产品，以前这是不可思议的，五百块钱能进入金融体系做理财吗？都不好意思拿出来，但是现在可以实现，用移动支付就可以轻松理财。

因此，当互联网金融到来之后，一个金融民主化的时代就到来了，而这个时代的到来会极大地冲击传统的金融机构。我在今年浙江普惠金融论坛上讲到传统银行体系在互联网时代要做到“六化”，即业务流程电子化、组织机构扁平化、信息管理动态化、支付体系立体化、线上线下一体化、利率定价自动化。传统银行体系可以利用互联网金融，把线下对于客户的熟悉、乡土社会信息的对称优势跟线上的快速信息收集、大数据整理结合起来，改造传统业务流程，从而实现传统金融机构的转型和发展。

互联网金融是中国金融民主化的一个契机，它的本质是草根金融、平民金融，像P2P、众筹，实现了金融供求双方的协商和融合。互联网金融大大降低了金融业的准入门槛，使得金融的交易和定价机制民主化，使得金融体系走向大众化、民主化、社会化、草根化、非垄断化、均衡化，同时也促进金融资本的跨期、跨人群、跨区域配置。因此，当互联网金融在中国兴起之后，真的会倒逼中国的金融改革。比如利率自由化，因为整个互联网金融领域，利率是自由定价的，于是就倒逼利率的市场化进程。互联网金融还会倒逼金融机构设立的变革。原来我们设立金融机构有严格的限制，比如到一个地方开一个分支网点，银监会是要严格审批的，但是现在移动互联网到来之后，网点都虚拟化了。我有一台电脑，在网上操作业务，我开一个互联网金融公司，只需要一套软件，一套系统，就可以成为一个金融机构了，我在地方上不用设任何分支机构，于是就倒逼金融监管机构变革对金融机构设立的限制政策。

同时，互联网金融兴起所导致的“脱媒”现象也倒逼传统银行体系改变原有的经营模式。当互联网金融体系兴起之后，银行就发现，钱怎么慢慢没了，我们拿存款为什么不那么容易了，为什么吸引不到客户的储蓄了？大量客户的储蓄，都跑到“宝宝”那边去了。银行存钱第一是麻烦，第二是赔钱，因为银行的利率水平，用名义利率减通货膨胀率，甚至是负的，存钱就是给银行倒贴，所以产生大量的“脱媒”。所谓“脱媒”就是脱离媒介，意味着大量的储蓄和资金脱离金融中介机构，“脱媒”倒逼银行必须改革。以前银行只要门一打开，储蓄源源不断，为什么？是因为在金融抑制下，老百姓的钱只能存到银行，别无他途。但是在今天，互联网金融到来之后，银行发现，网点修得再好，再高大上，年轻人也不来储蓄，钱都跑了，都“脱媒”了，对银行的内在压力是非常大的，这会引发银行业务模式和业务结构的深刻革命。

四、中国未来金融改革的趋势和问题

最后简单讲一下未来金融改革的趋势和面临的主要问题。

第一，逐步降低银行的特许权价值。换句话说，政府对银行的保护要变小。我们现在发现，中国银行的家谱逐渐多元化，银行业的竞争不断白热化，银行破产概率不断增加。今年下半年到明年，央行要逐步推出存款保险制度，所以央行副行长易纲和银监会副主席阎庆民都讲到，中国的银行为了避免银行破产所造成的社会震荡，要推出存款保险制度。存款保险制度推出的潜台词，就是银行有可能死掉，因此，银行业的总体风险也在不断显性化。

第二，利率市场化加速银行业的分化。利率市场化本身对银行不是好事，没有一家银行愿意接受利率的市场化。表面看来，银行都需要自由，要自由定价，但是在不自由定价的时代，银行过得很滋润。因为他的存贷利差非常稳定，只要把存款吸上来，贷款贷出去，存贷利差很稳定，空间很大，利润很丰厚。但是现在利率一旦市场化，存贷利差收紧，存活的艰难程度就比以前加剧很多。这个时候银行业的业务结构要被迫转型，必须从依赖存贷利差生存的业务结构转变成为更多地依赖中间业务、依赖理财业务、依赖表外业务来生存。银行应该遵循业务结构转型的需要，不断开发财富管理、金融服务、表外业务、中间业务等，因为这些业务不在资产负债表之内，不影响资金的占用。同时，利率市场化本身有可能造成银行业的分化，那些不好的、定价能力低的银行要被淘汰掉。20 世纪 90 年代，中国台湾在利率市场化过程当中，有些银行因为剧烈的存款竞争就倒下去了。定价能力低，金融创新能力差，这样的银行就会死掉。在存款利率自由化之后，银行定价能力本身成为一个非常大的约束。

第三，未来中国要谨慎应对民间金融，以及由民间金融兴起而导致的局部金融危机。中国由于长期的金融抑制，导致民间金融十分发达，我们有大量的钱会、地下钱庄、地下典当业、各种集资，等等，这种民间金融的兴起已经影响到了金融秩序。我们看到最近在各地都出现了大面积的民间借贷的“跑路”事件，引起了区域性的金融恐慌和金融风险，这是非常危险的。所以我提倡，民间金融需要阳光化、规范化、合法化，这样就可以避免民间金融的负面效果。同时，要大力防范局部的金融危机，当前由于企业担保链的断裂，导致金融体系的连锁反应，整个银行业的不良贷款率上升。我们在监管方面要做好应对金融危机和系统性金融风险的思想准备和机制准备。

第四，中国小微金融的崛起。这些年以来，中国的小微金融处于崛起状态，小微金融包括农村信用社、村镇银行、小贷公司，也包括大量的社区型的资金互助，等等。现在即使是一些大型国有银行和股份制银行也在强调建设社区银行，把触角伸到社区当中，为微型客户服务，加强对基层（如城市社区和村）的资金的动员能力和金融服务能力。微型金融在中国反贫困当中起到非常大的作用。中国是一个典型的二元金融结构，小微金融的崛起可以弥补这样的缺陷，使农村和边远地区的金融体系有更好的发展，来构建中国未来的普惠金融体系。

第十三章

中国乡村治理的历史嬗变与现代转型

本章根据作者2014年4月16日应北京大学学生就业指导中心之邀所作的讲座录音稿整理而成。

一、引言：研究路径的拓宽：从农村金融到乡村治理

今天非常开心受北京大学学生就业指导中心的邀请，跟大家就乡村治理问题做一个简单的交流。今天参加讲座的同学有一部分要到农村基层和西部工作，要去做村官，我感到很高兴。选择优秀毕业生到基层和西部工作，是北京大学支持农村发展、支持西部经济发展的一个非常重要的举措。我认为这可能也是同学们锻炼自己、提高自己的才能、为国家做贡献的一个非常重要的途径。大家不要小瞧村官，李克强总理就是在村官的基础上一步步干起来的，他在凤阳当过村官，在最基层的岗位上工作了很长时间，积累了大量的农村工作经验，所以今天他才能领导中国人民进行破除城乡二元结构和城镇化的伟大实践。习总书记也是村官干起来的，从村支书干起，从最艰苦的基层干起，了解草根，了解农村，所以他在把握中国农村城镇化和发展大局方面才有底气。保不齐听我讲座的同学当中，就有可能出现一位总理或总书记，那我就了不得了。期待在座的各位中能出现一批非常优秀、能够为中国未来农村经济发展和国家社会发展做出卓越贡献的公务员。

今天我讲的题目是乡村治理问题。十几年前，我开始把主要精力放在对中国农村的研究上，当然主要是关于农村金融领域的研究。当初我做农村金融研究主要碰到两个问题，一个是我需要做大量的田野调查，要获得第一手资料，而不是依赖文献来开展研究，单纯依赖文献很难培养我们的问题意识和对现实的敏感性。第二个问题就是学科建设问题，在北京大学，农村金融这个学科基本上是零起步。十几年前，我跟我的学生们——

现在这些学生有的成为老师了，有的成为地方官员或农村金融从业者——在这个学科做了一些奠基性的工作。现在农村金融学科有了本科和研究生课程体系，有了全国第一部教材，连续七年出版年度研究报告，应该说初具规模，在北京大学这个学科就算建起来了。

随着研究的不断深入，我发现农村金融发展实际上并不是一个单纯的金融问题，影响农村金融发展质量的因素，往往不是金融因素，而是乡村治理问题。我这几年到乡村走，更加强烈地感受到，乡村治理才是我们解决农村问题的根本所在，农村金融是工具、是途径、是机制，农村金融发展的前提应该是完善的、良好的、有效率的乡村治理结构，这是我做了十年的农村金融调查之后得到的一个结论。所以近几年来，我的研究方向慢慢地在发生变化，我更多地关注中国贫困问题，中国乡村治理问题，中国乡村的教育、医疗、基础设施、合作社发展、公共品供给的问题，乃至于更深层次的农村社会结构的问题。我从单纯的金融学层面慢慢开始深入到社会学、政治学、法学领域，来进行综合性的社会科学的研究。

今天跟大家报告这样五个题目。第一，探讨乡村建设中青年知识分子的使命与担当的问题。第二，梳理一下中国传统乡村治理的理念与实践，也就是要回顾中国近三千年以来的乡村治理问题。第三，探讨中国近代以来乡村治理的变化以及遇到的困境，尤其是最近150年以来我们在乡村治理方面遭遇的困境。第四，探讨乡村治理跟农村金融发展的关系问题，我们结合农村金融发展，看看乡村治理的重要意义在什么地方。第五，就未来中国乡村治理提出若干的展望和建议。

二、乡村建设：我们的使命与担当

北京大学有乡村建设研究和实践的悠久的历史传统。我在经济学院开了一门课程，叫《合作经济学概论》，在第一堂课我就讲到北京大学的历史传统。就农民合作社这个领域而言，北京大学应该说是中国合作社思想传播和实践的最早基地之一：中国高校第一门合作经济课程是在北京大学开的，当时北京大学还叫京师大学堂，也就是说，在1912年之前，北京大学就有关于合作理论这方面的课程，当时的课程名叫《产业组合》。中国公认的第一个合作社是1919年在北京大学建立的北大消费公社，中国第一个合作制的银行是北京大学学生建立的北大学生储蓄银行，时间也是在五四运动前后。也就是说，大概一个世纪之前，我们的前辈们其实在北京大学就在关心合作社的问题。

中国乡村建设的一批先驱人物，其中大部分是北京大学的著名学者。乡村建设理论主要倡导者和乡村建设的主要实践者之一梁漱溟先生（1893—1988），他是北京大学哲学系的教授，后来辞职到山东和重庆等地搞乡村建设实践，并在乡村建设理论上有很高造诣。梁先生是民国以来对中国乡村建设最有影响的一个人。

另外还有一位，陈翰笙先生（1897—2004），27岁就成为当时北京大学最年轻的教授。他是在20世纪30年代做乡村研究的，是中国农村经济研究会的创始人。陈翰笙先生以马克思主义立场、观点、方法，分析研究中国农业、农民和农村问题，以第一手的农村调查材料论证中国农村半封建、半殖民地的社会性质。他是对田野调查最为关注的学者之一，他领导的无锡、保定等地的农民调查，是非常权威非常珍贵的历史文献，在海内外有很高的知名度。

第三位是杨开道先生（1899—1981），曾任燕京大学社会学教授兼系主任、法学院院长。1928年组织燕大社会学系学生到清河镇调查，并于1930年在清河镇建立实验区，同年组织发起成立中国社会学社。他写了很多农村社会学方面的著作，包括《农村社会学》（1929）、《新村建设》（1930）、《社会学研究法》（1930）、《农场管理学》（1933）、《农业教育》（1934）、《农村问题》（1937）、《中国乡约制度》（1937）、《农村社会》（1948）等。杨开道先生与杨开慧是远房堂兄妹。他的乡村社会学研究在当时影响很大。

第四位是于树德先生（1894—1982），他1921年从日本学成归国在北京大学执教，和李大钊同志是挚友。于树德是我国合作社思想的早期主要传播者之一，对合作社的理论颇有研究，发表了许多论著，著有《我国古代之农荒预防策——常平仓、义仓和社仓》《信用合作社经营论》《合作社之理论与经营》《消费合作社之理论与实际》《合作讲义》等。1926 年毛泽东任第六届广东农民运动讲习所所长期间，开设的“农民合作概论”一课，就是于树德讲授的。于树德先生是我国近代信用合作运动的先驱者之一。1923 年，他受聘于中国华洋义赈救灾总会担任合作指导员，在河北香河县利用救灾总会的赈灾款，首次建立了德国雷发巽式的农村信用社。

最后一位前辈是著名社会学家费孝通先生（1910—2005），是我国当代社会学中最主要的代表人物之一，他的《乡土中国》等著作，对我国乡村研究意义深远。费孝通先生特别倡导乡村调查，强调“真知亦自足底功夫”，一生“行行重行行”，做了大量的田野调查，并对中国乡村建设和城镇化提出了很多真知灼见。

以上这个并不完善的名单，囊括了中国二三十年代以来最主要的做农村研究与乡村建设实践的一批先贤。我为什么把名单拉出来？就是想激励在座的各位，更多地关心中国农村的发展，关心中国最基层的农民。我认为关心他们，不光对于他们有好处，对于我们也有好处。农民发展了，整个中国就发展了，农民不发展，我们的国家就不可能发展，这是毫无疑问的。而且各位将来到基层工作，了解农民，了解农村，就是为你的成功之路打下一个坚实的基础。

我之前在北大做了一个公开讲座《中国的贫困与反贫困》，在这个讲座当中我说了一个数据，截至 2013 年底，中国尚有 8200 万人的贫困人口。标准是每天 1.25 美元的收入，这是联合国的最新贫困标准。8200 万贫困人口，相当于五个澳大利亚总人口，我们现在的担子很重，骄傲不起来。

在中国的乡村建设当中，尤其是最近一百年以来，知识精英发挥了相当大的作用，他们在乡村启蒙、社会结构调整、农村教育以及改变农村面貌上，应该说发挥了很好的作用。他们身上的这种社会担当的意识、这种历史使命感，是中国传统知识分子身上非常重要的精神气质。中国人以前把知识分子叫做“士”，《论语》讲“士不可以不弘毅，任重而道远”，一个知识分子就要有那种宏大的气象，要有坚忍不拔的品格，任重而道远，要为整个国家和民族奋斗，这是中国传统“士”的精神。随着商品经济的发展、市场的发达，当代知识分子中的“士”的精神正在逐渐式微，这个现象值得大家反思。

北京大学中文系钱理群教授前几年写了一篇文章，他讲现在的大学生已经由原来的知识分子这种定位蜕变成“精致的利己主义者”，为什么这么讲？因为这些人受过非常好的教育，他们的利己主义非常“精致”，为自己计划得很精细。钱老说，这是一种不好的现象，说明现在年轻的知识分子的社会担当意识、社会责任意识、那种社会精英的责任感在下降，我们正在往下走，而不是往上走。钱老的批评非常切中要害，也指出了当代青年知识分子中这种精神萎缩带来的消极后果。我相信在座的诸位不是这样的，各位既然选择了到基层锻炼，到基层工作，到中国最艰苦的地方去帮助地方发展，相信都有很强的家国天下意识。而这种意识是中国传统知识分子核心的东西，杜甫有一句诗，“致君尧舜上，更使风俗淳”，一个知识分子的最大理想不就是“致君尧舜”，希望天下出现尧舜时代那样的治世，同时通过知识分子的作为，使得天下“风俗淳厚”，社会变得更加和谐。范仲淹也说过“先忧后乐”的名言，我觉得这些都是我们的榜样。我这个讲座也希望从“士”的精神的呼吁出发，来引导大家更多地关心农村。

怎么关心农村？我们对中国农村问题的认识要非常全面、非常深入才行，切忌表面，切忌肤浅，切忌情绪化。我认为要做一个严谨的乡村建设实践者和研究者，应该从三方面着手。

第一步，要开展比较深入的田野调查。田野工作是我们理解农村的开始。只有到了村这个层次，才真正知道农民需要什么，农民在想什么，才知道农村什么样子。我一直强调，不要仅仅从文献出发来研究农村问题，而是要从田野出发研究问题，这样我们看问题就不是隔靴搔痒，而是切中要害。

第二步，田野调查之后要有一个理论升华。你们到乡下去锻炼，到中国的基层去调研，看问题之深入，我相信是跟那些没受过理论训练的人完全不一样的。所以为什么国家把你们派到下面去锻炼，就是你们有更强的问题意识，有更高的理论提炼的能力，知道农村问题出在什么地方。所以我们除了调查之外，还要锻炼自己的理论抽象能力。

第三步，根据这个理论的抽象来提出相应的建设性意见，即探讨怎么来解决问题。比如调查中国合作社问题、农村金融问题、土地改革问题，要理出一个系列的政策框架出来。到这一步，大概才能完成乡村研究与实践的三部曲。

三、中国传统乡村治理的理念与实践

传统的乡土社会是什么样子？我曾经说过，中国现在面临两大转型，一个转型就是由传统的计划性经济向市场经济的转型，另外一个更深层的转型，就是由传统的乡土社会向一个现代社会转型。这个转型，最近十年以来进展非常迅猛，乃至于把中国原有社会结构打得七零八碎，新的社会结构正在重构。

传统乡土社会有以下五个特点。

第一，熟人社会。中国依靠熟人来维系乡土社会的秩序，大家彼此熟悉，世代生活在一个比较封闭的社区里面，大家的信息非常透明，这是一个非常重要的特点。

第二，中国的乡土社会是一个差序格局社会，这个概念是费孝通教授提出来的，就是每个乡土社会中的成员都是以自我为核心，按照跟自己的亲疏远近慢慢往外推，来形成一个差序的格局，从而确定一个交往和信任的次序。就像一个石子投入湖中所形成的涟漪，越往外越是浅，越往外越是缺乏信任。这与西方的契约社会是不同的。

第三，中国传统乡土社会是一个由乡村精英治理的社会，由他们承担起治理乡土社会的重任。这些乡村精英，有些是乡村的知识分子，有些是有经济地位和德望的乡绅，有些是一个家族内的长老，这些人负责治理传统乡土社会。

第四，传统乡土社会的治理是“皇权不下县”。在中国的传统乡村中，实际上正规治理是很少的，我们老说“皇权不下县”，中国古代的皇权一般到县为止，乡和村几乎没有皇权的存在。中国以前有“三权”，其中皇权是在县以上存在；第二个是族权，宗族社会的权力；第三个是绅权，就是乡绅的权力。绅就是乡村精英，乡下知识分子担当了乡村治理的重任。乡和村这两个级别，基本上是没有皇权的直接干预的，由族权和绅权来负责治理。宋代王安石熙宁变法以来希望加强在乡村的正规治理，一直到民国时期恢复保甲制，最后的效果都非常糟糕，其中原因在于中国乡土社会的传统是“皇权不下县”，需要乡村精英的非正规治理。

第五，宗族与宗法制度。这是维系传统社会秩序和伦理的主要机制，下面再细讲。

由中国乡土社会这五个特点造就了中国传统乡土社会当中乡村治理的五大理念。

第一，以宗法制度作为乡村社会治理与救济的基本制度。宗法制度是一套维系乡村社会和谐的主要制度，靠家族和宗族维系。如果宗族内部出现问题怎么办？比如宗族内一个家庭出现意外灾害从而丧失生活来源，怎么办？也靠整个宗族的内部机制来实现社会救济。我们下面会具体谈到，中国古代的社会保障，不是依赖商业保险，而主要靠宗族制来保障，保障农村人口的生存和发展，实现救荒、救灾、社会救济的目的。

第二，以文化伦理教化为乡村治理的基础。中国古代十分讲究伦理，文化教化非常重要，所以《周易》里面就讲，“教以人文，以化成天下”。我们今天讲的“人文”、“文化”就是从《周易》来的。在传统的乡村治理当中，主要靠思想教化，来维系传统的伦理道德体系。谁做教化呢？就是乡村知识分子，有知识的人来承担教化任务。当然，从广义上来说，乡村的各种祠堂崇拜仪式、各种节庆仪式、祭祀仪式以及婚丧嫁娶等民俗仪式等，都是进行伦理教化的工具和途径。

第三，以乡土社会内部激励与约束作为治理工具。乡土社会当中怎么来惩罚一个人？不是靠法律，不是判刑，而是靠乡土社会内部的奖惩机制。因为在中国的传统社会中，最高境界是孔子所说的“无讼”，就是不要动用法律。矛盾就靠乡土社会自身的机制去调解，比如“口碑”，农民村落互相之间的闲言碎语，邻里之间对一个人和一个家族的议论，这种机制，非常管用，虽然是软约束，但是力量很强大。一个人犯了错误之后，哪怕一点小错误，保证一小时之内就在墙根底下晒太阳的老太太之间传播开了，这些老太太一赶集，就立刻传播到另外一个村子，甚至整个乡都知道了。而且更要命的是，有些负面的评价是世代相传，一百年前一个家族犯的错误或发生的龌龊事，一百年后还在遭受“GOSSIP”，这种惩罚机制或者农村的习惯法（COMMON LAW）非常厉害，很管用，根本用不着法律。

第四，以儒家乡土精英和底层人民的结合作为维系手段。中国以前的知识精英，实际上他们的生命弹性非常大。以前乡土社会中的读书人，早上还在耕地，晚上就登上宫殿与皇帝谈论国家大事，“朝为田舍郎，暮登天子堂”，社会地位的变动和调整是西方传统社会难以想象的。但是这些知识分子退休之后怎么办？我们知道贺知章写过“少小离家老大回”，为什么“老大回”了呢？因为贺知章退休之后回到乡村，又回归自己出生的那个地方，而不是在长安养老，他就很有可能成为那个村子中最有威望、最有知识、最有见地的一位乡土精英和长老。这是中国古代非常重要的一个特征。但我相信，我在北大退休之后，我回不到我那个小村子了，为什么？因为那个促使乡村精英回归乡村的机制已经不存在了。像贺知章这样，在朝廷做很大官，后来又回到他的村子，地位就不一样了，他是见过世面的人，他能够把外面的东西教给这个村子的人，他就是一个长老，他就是一个有权威的、能够判断人对错的道义审判者和执行者，就是可以执行“准法律”裁定的人。但是现代的乡村精英没了，读书好的孩子走出乡村，就再也回归不了了，而且就是乡下的有知识的年轻人也在往外跑。现在在乡下找到一个初中以上文化水平的年轻人的概率都极小，为什么？因为这些人都外出了，而且恐怕再也不回来了，这是很麻烦的事，对现代乡村治理是一个致命的影响。

第五，以乡规民约作为乡村治理的法治基础。中国古代传统的乡村治理不是靠法律，而是靠乡规民约，靠这种介于正规的法律和不成文的民俗之间的乡规民约。乡规民约是基于乡村的伦理习惯和民俗传统而制定的一整套乡土行为规则，这套行为规则有规劝族人和乡里向善的意思，也涉及对族人和乡里的救济的制度，但是乡规民约也带有某种强制性（尽管不是法律意义上的强制性），也有一定的惩罚机制，有时候这种惩罚还非常厉害。

中国古代传统乡村治理的实践历史非常悠久，积累了大量的经验，这些经验以往我们都是简单地当做封建糟粕而加以批判，但是以现代的眼光来看，传统乡土社会的治理当中还有一些很值得汲取的精华，要批判吸收，而不是一味地否定。我主要提出八个方面来跟大家探讨。

1. 族谱

族谱是联结乡谊与族裔的纽带，是传统宗族社会的核心纽带。一个家族的族谱，往往完整地记载一个家族的数千年的源流脉络，一代代辗转流传下来，把整个家族维系到一起，即使这个家族在地理意义上已经四分五裂，但是经由族谱这个纽带，还是可以牢固地粘结到一起。十几年前我回到胶东老家，我爷爷拿给我一本非常厚的《王氏族谱》，精确记录了大概自 1368 年到现在的我们这一族人的发展历程。而且让我非常惊讶的是，这个族谱是用电子表格做成的现代版的族谱，我看了以后非常有感觉，也非常敬佩族人的毅力。我翻到这个族谱的最后几页发现，我的名字赫然放在里面，估计是我们这个家族几百年以来没有中过进士什么的，出了个京师大学堂的人，就写进去了。我看了以后，知道这个家族绵延不断，顽强地生存，知道历代前辈中的贤能者的事迹，而这个家族的团结与生命力就体现在这个厚本子里。族谱是古代乡村治理非常重要的一点，一个人进没进谱，是事关重大的事，一个优秀的人不但进谱，而且里头还有几句话来旌表他的事迹。族谱还有惩罚的功能。如果一个人品行不端，就会被逐出族谱，这个比蹲十年监牢还厉害。在乡土社会中，族谱就是一个激励和约束的机制，跟法律差不多，对人的最大惩罚在乡下就是不让他进族谱，永久被逐出族谱，这个人尽管肉体上还存在，但是从历史的角度来讲，他已经不存在了，也没必要存在了，因为这个人品行不端，只会给家族带来各种各样的麻烦和不好的名声。

2. 祠堂

祠堂是解决家族纠纷主要的机制。乡土社会出现家族内部或村庄内部的纠纷，不是靠县太爷，而主要是靠祠堂。我有一个同班同学，福建安溪县人，有一次他突然跟学校请假，干什么呢？要参加他们这个宗族的省亲大会，估计世界各地的族人都要回来祭祀，很隆重，学校特批准假。一个家族的人进祠堂，拜先祖，那个仪式表面上看是祭祀祖先，其实是凝聚后人，是维系这个家族的认同感。现在一些地方的祠堂开始恢复，这是一个非常值得研究、值得关注的现象。

3. 义庄

义庄是传统乡土社会中进行社会保障和救济的一种机制。历史上，范仲淹建立的范氏义庄很有名。范仲淹小时候家境贫寒，读书时以米粥果腹还吃不饱，因此他显达之后就特别关注平民和社会底层人民的福祉，义庄就是建立一个在家族内实施社会救济的机制。在范氏义庄内，凡是范氏族人，可以领口粮、领衣料、领婚姻费、领丧葬费、领科举费、设义学（请本族有功名的人教育本族子弟并给教授者束修）、借住义庄房屋、为急用钱或贫穷者借贷（要到时偿还，若不能归还，也不扣其月米，以保证他的基本生活）。因此在范氏义庄内，衣食住等基本生活需要都可以满足，婚丧嫁娶的经费也由义庄承担，范仲淹可以说为家族成员（范围非常大）构建了一个衣食无忧的“初级共产主义小社会”，这也是我国古代大同思想的一种小小的尝试。自从宋皇祐元年（1049）范仲淹首创范氏义庄以来，义庄这种以家族为纽带的社会救济和社会保障组织就在江南开始发展起来，其后江苏金坛县张氏、新淦郭氏、莆田陈氏都相继设义庄。到明代义庄增加，安徽、广东、广西、陕西、直隶都有设立义庄记载。至清代，设义庄者急剧增多，民国时期，义庄也在不断发展。要研究中国的乡土社会的治理和宗族内的救济机制，不能不研究义庄。

4. 义田

义田也是一种传统宗族社会中社会救济和社会保障机制。这个家族假如有两千亩地，其中五十亩作为义田保留下来。义庄内一般都有义田的设置。义田留下来给那些一旦发生问题（比如火灾、病患等）的宗族成员。这是一个非常重要的保险机制。我们现在的保险都是商业保险，我国古代没有商业保险，就是靠义田这种宗族内的机制，这是一种多人帮一人的制度，是一种互助保险。当一个家庭摆脱贫困了，再把这块田让出来给更加贫困或发生问题的家庭，这样轮流使用下去。

5. 社仓

社仓也是一种社会保障机制，比较有名的南宋的朱熹创立的崇宁社仓。朱熹创建的义仓受到了皇帝的关注，但是义仓并不是纯粹慈善救济和无偿捐助，义仓实际上是一种带有公益性质和家族救济性质的借贷机制。义仓一般是春季放款，用粮食来放款，秋冬季还款，所以朱熹创的实际上是公益性的小额贷款。几年前我写过一篇文章，研究王安石的青苗法。我在文章当中提到，王安石在大概一千年前（1068 年）就提出来一套完整的小额信贷制度，其中的很多机制如市场化的利率水平、信用评估制度、五户联保制度等，都很先进，比 2006 年诺贝尔和平奖获得者尤努斯教授整整早将近一千年。但是我们知道，王安石的青苗法设计的小额信贷机制，是一种官方小额信贷，是由政府推行的，后来变法失败了，青苗法被废除了。又过了将近一百年的时间，朱熹批评王安石，他说王安石的青苗法初衷非常好，可是有个大问题，就是由政府推行的小额信贷机制往往风险很大，官员往往靠摊派（即所谓抑配）来发放贷款，村民往往发生赖账，现在我们经济学上的术语叫“道德风险”。朱熹把王安石失败的原因分析得很清楚。朱熹想，我能不能办一个民间自动发起的、以宗族社会和乡土社会内部的互相制约为基础的、以家族的乡谊作为纽带的一种小额信贷呢？这个思路非常好，他把官方小额信贷变成一种以家族为纽带的小额信贷，利用了乡土社会的惩罚机制，这就是义仓，我们也叫社仓。社仓一般没有专门的仓库而在祠堂庙宇储藏粮食，粮食的来源是劝捐或募捐，存丰补欠。一般春放秋收，利息为十分之二。孝宗乾道四年（1168 年），建宁府（治今福建建瓯）大饥。当时在崇安（今武夷山）开耀乡的朱熹，同乡绅刘如愚向知府借常平米 600 石赈贷饥民。贷米在冬天归还，收息 20%，小歉利息减半，大饥全免。计划待息米相当于原本 10 倍时不再收息，每石只收耗米 3 升。后来归还了政府的常平米，至淳熙八年（1181 年）已积有社仓米 3100 石。这一年朱熹将《社仓事目》上奏，孝宗“颁其法于四方”，予以推广。以后的物流仓储业把朱熹作为开山鼻祖，把他供起来了，叫“紫阳仓祖”。朱熹开创的义仓，我认为既是具有小额信贷性质的机制，但更重要的，它是有社会保障功能的。义仓的利息很高，年利率 20%，相当于月息两分，比现在农信社的利息高很多，但是对于贫民而言，这个利率比高利贷低多了，可以接受。

6. 乡约

刚才我讲到乡规民约，简称乡约，是农村非正规制度的制度化、乡土伦理的成型化。中国古代乡约太多了，直到现在，乡规民约在很多乡村也是非常流行的。宋代有一个非常有名的《吕氏乡约》，是由“蓝田四吕”（即吕大忠、吕大钧、吕大临、吕大防）倡导制定的，这四个兄弟于北宋神宗熙宁九年（1076 年）制定了这个乡约，对一千年来的中国乡村治理模式影响甚大。“乡约”既是一个农村社区（一个乡或者一个村）的居民互相劝勉、共同认同的一套伦理规则，也是一套完整的社会保障与社会救济制度，显示出我国古代的乡村自治的一种雏形。“乡约”的实施，是首先推举年高德劭者为“约正”（即主要的负责人）：“约正一人或二人，众推正直不阿者为之。专主平决赏罚当否”，另外每月选一人为“直月”（即具体的赏罚执行人），实施劝勉赏罚。“乡约”以定期聚会形式，敦促乡邻向善除恶：“每月一聚，具食；每季一聚，具酒食”。在聚会的时候实施赏罚：“同约之人各自省察，互相规戒。小则密规之，大则众戒之，不听则会集之日，直月告于约正，约正以义理诲谕之，谢过请改则书于籍以俟，其争辩不服与终不能改者，听其出约。”这些“乡约”看起来似乎是一些没有约束力的伦理条款，但是在乡土社会中，它的实际约束力其实是非常强大的，如果被“出约”，后果就很严重，这个人在乡间就很难生存，这个家族的名声也就完了。吕氏四兄弟在乡间很有文化，很有威望，倡导高尚的品德，倡导族群之内的扶危济困，他们订的《吕氏乡约》，包含四项，即“德业相劝，过失相规、礼俗相交、患难相恤”。“患难相恤”当中包括对于水火、盗贼、疾病、死丧、孤弱、诬枉以及贫乏等七个方面的救济，实际上是民间的社会救济制度。“乡约”实际上并不简单的是道德教化，它是中国传统宗族社会一个具有自治功能、社会保障功能、社会救济功能的制度设计，能够保证一个宗族和谐、延续和稳定。

7. 义学

义学是与跟官学相区分的、以公益为目的的一种乡村教育目的，尤其是支持那些贫困家庭的子弟上学。有义庄必有义田，有义田必有义学，这是中国古代漫长的两千多年封建社会如此稳固的主要原因之一。

8. 讲学

讲学的传统是中国古代乡土知识分子与平民百姓互相结合的重要之举，通过这种机制，乡土社会中的知识精英与普通的没有受过教育的农民达成了很好的沟通，这种沟通对于移风易俗、对于推行教化、对于乡村社会的和谐稳定都是非常重要的。明代的泰州学派在平民讲学方面做出了非常大的贡献，在历史上也非常有影响力。明朝泰州学派以王艮（心斋）为代表，一批乡土知识分子到农村讲学，为劳动人民传播思想，在平民中开展启蒙运动，在当时影响很大。王艮是王阳明的学生，文化水平并不高，他认为“百姓日用即道”，主张用愚夫愚妇都能听懂的语言来解释圣贤之学，这在中国历史上具有革命性的意义。这些人深入民间讲学，且都在人格上具有勇猛无羁的品质，如徐樾、颜钧、罗汝芳、何心隐等。这些知识分子志不在当官，志不在成为大学者，而在于教化平民。泰州学派知识分子的乡村讲学实践，实际上对于民国时期的梁漱溟先生等人影响非常大。

通过以上八个方面的简单梳理，我们看到，中国传统乡村治理是一套非常有效的自治性的、内生性的、伦理本位的治理模式，它不太靠正规的法律制度，不太靠外在的官方组织，而是靠内生性的宗族社会机制和伦理教化机制。它是自治的，不需要别人来强迫它，我们今天讲的村民自治达不到这个程度，自治是自我和谐，自我治理，是乡土社会内生的东西，我们现在大部分靠外力来治理，成本很高，效果反而不见得好。

四、中国乡村治理的现代嬗变与困境

近代以来，尤其是鸦片战争以来，中国的乡村治理发生了非常剧烈的、深刻的变化。清末，中国传统社会结构几乎崩溃，西方列强侵入之后，中国的社会结构发生巨大变化。1905 年，废科举，建立现代学校，1912 年京师大学堂改名为北京大学，现代大学教育开始普及。同时，商品经济的发展、城乡的隔离、外国资本的侵入，导致农村凋敝，农村没有人去治理，因而处于涣散的状态，很多知识分子为此忧心如焚，大声疾呼。民国时期，内生性的乡村治理崩溃了，国民政府在此情形下怎么办呢，就又启动了保甲制，后来发现保甲制还是起不到振兴农村的作用。

就在这个时代，梁漱溟先生、晏阳初先生等人，开始了乡村建设的实践。他们搞乡村建设就是为了挽救凋敝的乡村，其中梁漱溟先生提倡村治，要村民自治，晏阳初先生主要从教化入手，搞平民教育，但是仍然不能挽救民国时期乡村逐渐凋敝的现实。民国乡村治理的现代转型应该说是基本失败的，国家政权试图把自己的力量放到乡村去，将正规制度向村里渗透，也不成功。

新中国成立之后，由于共产党的高度政治动员能力，对农民实施了空前绝后的动员，导致 1949 年一直到 1978 年，中国实现了两千年以来没有实现的东西，就是动员了中国最基层的农民，使他们的国家意识空前觉醒，集体意识空前觉醒。从来没有一个时代的农民像毛泽东时代的农民一样有那么强的、空前的国家意识，农民干劲空前高涨，合作意识增强，他们参与了国家建设，开始了合作化运动和人民公社运动，尽管在50年代后期国家在某种程度上忽略了农民的自主性和独立性，过于急速地要推动中国的农村公社化。但是国家动员能力的增强，反过来也瓦解了中国两千多年以来固有的乡土社会的治理机制，这个瓦解实际上导致了在1978年之后，当国家政治动员能力弱了，国家制度渗透程度低了之后，我们发现农村又出现了大量的乡村治理的真空地带。

我在《合作经济学概论》这门课上也在研究这个问题。合作化运动和人民公社化运动之中，大概从1958～1978年这20年当中，那个时候乡村的公共品都是由人民公社、由村集体提供。无论是教育、医疗、基础设施各方面，与民国时期相比都有非常大的变化。人们认为毛泽东治理的时期是中国乡村医疗卫生体系最有效的时期，在全世界同样水平的发展中国家当中，中国显然是全世界乡村医疗的样板，那时候婴儿死亡率大幅度降低，中国人均寿命从1949年的30多岁到毛泽东去世的时候已经上升到将近70岁。当时的赤脚医生制度、农村合作医疗制度遍布整个中国农村，改善了中国农民的健康状况，其实也为1978年之后中国的改革开放积累了非常健康强大的人力资本，这里面还有农村教育的巨大作用。我们小时候的教育是不花钱的，但是1980年代之后发生变化了，义务教育搞不起来，因为乡村集体的教育体制在改革开放之后崩溃了，农村教育问题变得非常突出，失学率开始猛增。还有当时的农田水利基础设施建设，都是非常成功的，我们现在的农村农田水利设施基本上还是用毛泽东时代搞的那些基础设施，改革开放后由于乡村集体经济崩溃，这些农田水利基础设施长期得不到更新改善。1978年之后人民公社逐步解体，毛泽东建立的这套乡村治理体系就崩溃了。崩溃之后乡村治理面临一个双重的消解，就是一方面内生性的、乡土社会的治理体系也没有了，另一方面嵌入式的、依靠国家能力的乡村治理也没有了，所以变成“双重消解”，乡村治理才出现大量的真空。

当前我国乡村治理方面面临着极大的困境，公共品的供给者不是人民公社了，其供给模式必须要发生深刻的变化。比如乡村道路由谁修？医疗、健康、卫生、防疫、教育、垃圾处理等，由谁来承担？这些年以来农村出现的局部衰败的现象（不排除有些地方新农村建设很成功），根源在于公共品供给的缺失，农村健康、教育、文化、农业基础设施等方面公共品的供给，长期处于不足状态。同时可以看到，村民自治组织也在不断涣散，村民选举有些地方非常不规范，形同虚设，乡土文化正在大面积的消失，以前乡土社会的伦理道德体系、文化体系，包括它的宗族、祠堂、宗教、节庆体系，都在迅速的消亡过程中。同时，由于大规模的农村人口流动和剧烈的城市化进程，乡村精英不断流失，在这种情况下，中国的乡村治理面临的困难十分之大，大到了可能关系到中国未来的长治久安。

五、乡村治理与农村金融发展

刚才讲了这么多，我们可以发现，农村金融发展的前提应该是有效的乡村治理。金融的基础是信用，是诚信，没有诚信就会出现大量的不良贷款。农村金融的基础是乡土社会当中的信任机制。为什么中国的民间金融发达呢？因为他们是中国乡土社会信任体系的一种自然而然的延续和表现，因此它的生命力极强，政府砍也砍不掉，今天砍掉了，明天“春风吹又生”。在中国合作金融的开展也非常之多，比如农民资金互助、社区发展基金等，都充分利用了中国原来乡土社会的机制。农民之间由于长时间的交流，由于祖祖辈辈生活在一起产生的信任，因此在村里互相借贷，风险几乎很小，这是中国农民合作金融的基础。三月份农业部在南京开会，我也发表了这个观点，中国在大面积的农村，尤其是县以下，我认为不应该发展更多的正规商业银行，而是应该发展新型合作金融组织，包括社会发展基金、资金互助社等合作金融组织。因为在乡土社会当中，约束机制非常自然，成本很低，不用法律，也不用抵押品，而是靠信任，靠熟人社会的相互监督，靠闲言碎语的互相约束。

我们都知道有位经济学家在山西建立了一个小额贷款机构，不良贷款率很低，如何达到这个效果呢？主要依靠当地的乡土社会信任体系和约束机制。到过年了，小额贷款公司就把今年及时还款的乡亲们的名字，用一张红纸在大年初一左右贴在墙上，而把那些不及时还款的农民的名字贴在另一面墙上。一到过年，外地打工的年轻精英们都回来了，一看隔壁老张家没有还钱，打工回来的老张家儿子脸面就过不去，第二天赶紧还钱。因为如果不还钱，人们会猜想可能是家里“流动性不足”，出现“通货紧缩”的情况，没钱了，那娶媳妇儿就有困难，压力就很大。这是利用了乡土社会的特点。

我认为现在乡土社会这种机制正在丧失。我们现在农村人口流动十分剧烈，农村金融机构今天发给一个农民小额贷款，明天早上就发现他家里门上锁了，拿着钱到广州了，他把贷款作为“创业基金”了，有可能一辈子再也见不到他了。这种情况是很多的。现在小额贷款的主要风险来自于乡土社会崩塌之后带来的信用风险，因此，我认为乡村治理失效本身有可能导致更大的金融风险，而农村治理的有效取决于乡村治理的有效性。这里的重点不是农村金融本身的风险控制，而是乡村治理问题。农村小额信贷机制都是利用乡土社会的信任关系。比如孟加拉乡村银行（格莱珉银行）的主要方法就是小组会议制度和小组联保制度，农民们互相提供信用，也相互监督、相互制约。这套机制在乡土社会中比任何抵押都有效。

六、中国未来的多元化乡村治理：展望与建议

我认为将来的中国乡村治理，一定是建立在乡土社会传统治理理念基础上的、基于乡土社会内生性特点的、并有机融合现代农村治理结构的一套“多元化乡村治理模式”。具体说来，包括以下几个方面。

第一，是村民自治的民主化转型。这里我要说说四川村民议事会制度的试验。2012 年我们在四川平武以及成都周边的蒲江等县做了一些调查，发现那里推行的村民议事会制度非常有趣。我觉得这个试验非常好，应该是解决未来乡村治理问题的重要思路之一。村民议事会的实施，是首先在村民当中民主选举那些有名望的村民、有知识的村民作为村民代表，称之为村民议事会的议员。这个人既可能是小学教师，也有可能是退休的公务员，也有可能是做生意做得非常好的乡村企业家，也有可能是合作社的负责人，也有可能是没有任何职位但品德高尚值得信赖的村民，平均每 30 户选一个村民议事会议员，来参与这个乡村重大事件的讨论与决议。讨论完之后，村民议事会的决议，要由村民委员会主任就是村长去执行。我调查了很多村的村委会主任，你们愿意搞这个制度吗，你们不怕权力被削弱吗？他们一致的回答是：我们太愿意了，以前我们自己拍板，自己做决策，村民不承认，就去告，去上访，哪怕修一条 50 米的路，五年也修不起来，总有人反对。现在所有的重大决策都是由村民议事会来讨论，共同投票，投票通过之后，村主任无条件执行，村主任只不过是执行了村民的意志而已，因此有公信力。如果哪个村民有什么不同意见，可以找代表你的（也是你选出来的）议员去反映，甚至可以提议通过合理的程序罢免你们的议员。这个机制很好，解决了村委会的尴尬局面，也提高了村民自治的民主性。我觉得村民议事会相当于全国人大，它是在做决策、做立法的工作，村主任的负担减轻了，他只是执行，村民的意志由村主任来执行，他相当于总理。中国的乡村治理一定要实现自治组织的民主化，就是由人民来投票，而不是自上而下来决策。

第二，要加强中国农村合作组织的地位，以提升农村的组织化程度，提升农民的民主意识。我经常讲，合作社是农民学习民主的大学校，只有通过合作社，农民才知道怎么沟通、怎么在理事会和社员大会上提出意见、怎么通过用手投票的方式来互相制约和监督，农民才会知道如何讨价还价、知道如何在集体决策中妥协、知道如何跟对方谈判，这是民主的精髓。动不动拿着锄头来解决问题，那是永远也解决不了问题的，拿锄头出去打架不用学习，但是谈判需要学习，民主需要学习。因此，合作社是提高农民的组织化程度、培养农民民主意识的最大法宝，2007 年我国的农民合作社法通过之后，对我国的村庄治理起到一定的推动作用。

第三，宗族组织的再度复兴和村规民约的实践。我们还要看到，最近几年，中国乡村当中宗族社会的力量在复兴，村规民约正在受到更多的重视，家族体系也正在发挥作用。当然，这种宗族组织的复兴，不可能简单复制以前传统社会的整套伦理观念和实施机制，但是其乡土社会的治理精髓，应该继承，并且要扬弃其中不合理的部分，并结合当代农村社会的特点进行创新。宗族组织的兴起如果弄不好，会对乡村治理有效性起到相反的消极作用；但是如果利用得好，会起到好作用。

第四，宗教信仰组织的崛起及其影响。我们需要注意到，在有些乡村，宗教信仰组织也在迅猛崛起。因为村民治理的真空地带，一定会有一种力量去填补的，要么是宗族力量，要么是能人政治，要么就是宗教信仰组织。在我国农村，为什么近年来有那么多寺庙、那么多基督教堂、那么多清真寺盖起来了呢？因为需要填补乡村治理的真空，要来填补我国农村的心灵与信仰的真空。这些宗教信仰组织，大部分都是对村民的心灵世界、伦理观念、社会行为起到很好的引导作用的，政府应该很好地加以规范和扶持，而不是采取相反的政策。因为从深层次来说，这是乡村自发产生的、内生于最基层人民的一种组织，要因势利导，把这些组织引导到有利于乡村治理、有利于乡村教化和社会和谐的道路上去。

以上这些力量，都要成为中国未来多元化乡村治理中合理的有机的组成部分，都要重视而不能压制，因为他们都是内生的，都是自己长出来的，政府只能慢慢去梳理，慢慢去引导，让它逐步走向规范。所以我相信，中国未来的乡村治理应该是多元化的，应该是诸多乡村内生力量的整合，政府应当在农村复兴方面，更多地给予支持和扶助。在座的各位，作为年轻的大学生，作为即将到农村工作的知识分子，我们也有这个责任去发挥我们的力量，在推动合作社发展方面、在加强村民教育方面、在知识传播和伦理教化方面，为未来乡村治理做出我们的贡献。

第十四章

中国传统经济伦理与商业文明及其现代意义

本章是作者在2012年12月8日“第二届中国金融文化论坛”上的讲话稿。

一、融合传统文化底蕴，塑造当代金融文化

中国人拥有从未间断过的五千年文化传统，一脉相传，亦旧亦新。这种文化，既源远流长，具有高度的独立性与自主性，又具有极强的包容性与自我更新的特征。两千多年以来，中华文明一次次地包容、接纳、融汇外来文明，并把其中优秀的成分融入中华文明主流中，从而使中华文明日新日强。只有自信的文化才更有包容的胸怀，反过来，正因为更为包容则更显自信与强大。这就是所谓的“盛唐气象”。我们没有理由不对我们的文化传统充满自信与自豪，但是这并不意味着我们固守我们的文化，排斥外来的文化。正好相反，我们秉承着“各美其美，美人之美，美美与共，天下大同”（费孝通语）的理念，以开放的胸襟，寻找着与其他文明的平衡与和谐之机。

费孝通先生在《反思·对话·文化自觉》中说：文化自觉是一个艰巨的过程，只有在认识自己的文化、理解所接触到的多种文化的基础上，才有条件在这个正在形成中的多元文化的世界里确立自己的位置，然后经过自主的适应，和其他文化一起，取长补短，共同建立一个有共同认可的基本秩序和一套各种文化都能和平共处、各抒所长、联手发展的共处守则。我们现在探讨中国的金融文化建设，也要具有这样的事业和胸襟，既吸收中国的传统文化底蕴，又有海纳百川的精神，汲取西方的金融文化精华。

二、中国古代经济伦理与儒家“义利观”

首先我们梳理一下义利观的演变。义利观是儒家的核心思想，被很多人称之为“儒家第一义”。从某种意义上来说，我国传统经济思想和伦理思想的源头即是义利之辩，而贯穿中国几千年经济伦理之核心范畴仍然是义利之辩。

在探讨义利观之前，我们需要对义利的概念作一些基本的梳理。“義”字首先表达为一种“合宜”（即“义者，宜也”）的行为方式，是符合道德准则的一套行为方式。我们现在所说的正义、道义等，都指的是对一个事情的合宜性的价值判断。明清之际思想家王夫之就曾把“义”分成“一人之私义”、“一时之大义”、“古今之通义”这三个层次和范畴，这个三个范畴一个比一个高，在一定历史条件下可以统一，但又经常发生矛盾。而当这三个层次发生矛盾的时候，就要以较高的价值准则为基础，即“不可以一时废千古，不可以一人废天下”[①]。也就是说，当“一人之私义”与“一时之大义”矛盾的时候，就要以天下人所共有之“一时之大义”（在一定历史条件下天下所有人的共同的价值准则）为依归，不能因为自己的一个人的私义而破坏所有人的共同价值准则；当“一时之大义”与“古今之通义”相矛盾的时候，就要以超越时代的古今共同的价值准则为依归，而不能因为一个时代的道德准则而破坏超越古今时代的人类最高价值准则。

作为儒家学派的创始人，孔子对义利范畴的论述对中国传统经济思想史和伦理思想史产生了深远的影响。尽管孔子对“利”采取“罕言”[②] 的

① 王夫之《读通鉴论》卷十四。
② 《论语·子罕》。

态度（即很少谈论），但是其实在《论语》中还是记录了很多孔子对“利”以及义利关系的观点，兹列举要者如下：

“君子之于天下也，无适也，无莫也，义与之比。”（《论语·里仁》）

“君子喻于义，小人喻于利。”（《论语·里仁》）

“见利思义，见危授命，久要不忘平生之言，亦可以为成人矣。”（《论语·子张》）

“君子谋道不谋食，……忧道不忧贫。”（《论语·卫灵公》）

“饭疏食，饮水，曲肱而枕之，乐亦在其中矣。不义而富且贵，于我如浮云。”（《论语·述而》）

“群居终日，言不及义，好行小惠，难矣哉！”（《论语·卫灵公》）

“富与贵，是人之所欲也，不以其道得之，不处也；贫与贱，是人之所恶也，不以其道得之，不去也。”（《论语·述而》）

“富而可求也，虽执鞭之士，吾亦为之。”（《论语·述而》）

“邦有道，贫且贱焉，耻也；邦无道，富且贵焉，耻也。”（《论语·泰伯》）

孔子及其早期儒家学派在义利方面的观点可以概括为“义主利从论”[①]，即在义和利的关系中，“义”是核心的价值观，“利”要服从“义”，谋利要合乎价值准则和伦理规范，但孔子及早期儒家学派并不否定“利”的合理性。在这方面，孔子有很多精辟论述，他说：“君子喻于义，小人喻于利”，“不义而富且贵，于我如浮云”，“富与贵，是人之所欲也，不以其道得之，不处也”。有些人把孔子学说中的义利观理解为“义”和“利”对立的关系，以为孔子倡导“义”而否定“利”，把仁义作为君子的行为准则而完全鄙弃“利”，从而把孔子理解为一个单纯强调道德准则而否定功利准则的道德至上主义者，这是极大的误解。这种片面的理解不利于我们全面理解孔子的经济伦理观念。在孔子看来，一个君子，要以社会价值准则为行动指南，而不以自己的私利来破坏这种价值准则；当一个人以正当的方式和合宜的途径，获得正当的利益，这是值得肯定的，孔子

① 赵靖主编：《中国经济思想通史》，第1卷第四章，北京大学出版社1991年版。

所批评的，是“不义而富且贵”，而不是简单地否认一切追求“富贵”的行为。他曾说过这样的话，“富而可求也，虽执鞭之士，吾亦为之”，可见孔子并不鄙薄功利和富贵，只要这种追求富贵的行为不损害公认的社会价值准则和道德观念。甚至孔子还半开玩笑地对自己的得意弟子颜回说：“使尔多财，吾为尔宰”①，可见孔子在财富（利）的问题上是很通脱的，完全没有后来人们误解的道学家的教条主义色彩。从“富与贵，是人之所欲也”则这句话中，可以看出孔子还是非常实事求是的，他肯定喜富恶贫是所有人的再正常不过的愿望，不管这个人是君子还是小人。

孔子的义利观可以分为两个层次。第一个层次是“见利思义”，我称之为“儒家经济伦理第一定理”，这是一个底线原则，也是一个消极原则。其实，“见利思义”、“见得思义”②、“义然后取”③ 等类似的话，在《论语》中多处谈到。“见利思义”，即是当一个人或企业面临利益（主要是指物质或非物质的功利）关系时，要以是否合乎“义”为标准，来判断是否获得或占有这些“利”。所谓“君子爱财，取之有道”也，否则就是“见利忘义”。对于那些损害他人和社会道德准则的获利机会（其实名誉等也是一种利），则一个正直的人或企业应该毫不犹豫地放弃。当然，在这个“利”中，主要还是指“私利”，正是从这个意义上来说，冯友兰先生认为：“儒家所谓义利之辨之利，是指个人私利。……若所求的不是个人私利，而是社会的公利，则其行为不是求利，而是行义”④，这个观点的确有一定道理。但是假若超越这个“私利”的范畴，是否在获得这种“公利”的时候就可以抛弃“义”的要求而不择手段呢？在这一点上，孔子的态度也是很明确的，就是即使为了国家利益或集体利益等“公利”，也要考虑到实现方式的正当性，要符合社会道德准则，而不能不择手段，即获取“公利”的前提也要符合“义”。孔子强调“德政”和“仁政”，反对为了国家利益而不择手段的那种“霸道”和“诡道”，而是提倡那种以正当的

---

① 司马迁：《史记·孔子世家》。

② 《论语·季氏》。

③ 《论语·宪问》。

④ 冯友兰：《冯友兰学术论著自选集》，第282页，北京师范学院出版社1992年版。

方式获得国家利益和振兴国家的“王道”。孔子在评价晋文公和齐桓公两个人的霸业时，是有褒有贬的，他赞成齐桓公和管仲的“仁道”，而谴责晋文公获得霸业时使用的“诡道”。他说：“晋文公谲而不正，齐桓公正而不谲”①，他也曾多次赞叹管仲以“仁道”帮助齐桓公成就春秋首霸之业：“桓公九合诸侯，不以兵车，管仲之力也。如其仁，如其仁！”② 可见，冯友兰先生所理解的儒家“义利之辨”中的“利”仅为“个人私利”，是有一定局限性的。在孔子看来，不仅追求个人私利应该以一定的道德准则为前提，就是在追求集团或国家利益时，也要以“义”为前提，反对不择手段追求集团和国家的利益。这一观点对我们当今理解企业社会责任有着特别重要的意义。在最低的个人私利的层次上，我们都可以理解，一个企业的员工应该遵守基本的道德准则，应该以正当的方式获取自己的利益，而不应该破坏职业道德操守获得不正当的私利。但是，如果为了更高的企业利益，很多企业员工和管理层就认为可以“不择手段”，因为他们以为，他们的行为不是为了个人私利，而是为了企业发展和生存的目的，所以即使是有些行为破坏了社会道德准则，也是值得赞赏的。如很多投资银行职员为了企业的高利润不惜损害客户和社会的利益而推销高风险的衍生金融产品，结果这种看起来符合企业“公利”的行为却恰恰损害了更高层次的社会“公利”。在孔子看来，即使为了企业“公利”，这种不道德的行为也是必须谴责的，这是企业社会责任的题中应有之义。

儒家经济伦理的第二个层次是“义以生利”，我把这个原则称为“儒家经济伦理第二定理”，这是一个更高的经济伦理原则，是一个更为积极的原则。“义以生利”这个命题意味深远。孔子虽然“罕言利”，但是他也非常清楚，“利”是人之“大欲”，他是承认人的正当的利益需求和功利欲望的，并不是一个不食人间烟火的道学家。但他为什么又“罕言利”呢？这可以从两个层面去理解。第一个层面，孔子认为，在“义”和“礼”的范围之外，不能言利，“义”对于“利”有道德价值上的优先性，不能破坏道德准则去获利；第二个层面，在“义”和“礼”的范围之内，不必谈

①② 《论语·宪问》。

"利"，因为在孔子看来，只要符合"义"和"礼"，利就自然而然获得了。恩师赵靖先生在《中国经济思想通史》中，曾经精辟地谈到："'义'以外的'利'是'君子'所不当言，'义'以内的'利'是君子所不需言——这就是孔丘'罕言利'的秘密所在。……在孔丘看来，'义'不但体现着君子之德和君子之质；而且义对利既有约束、规范的作用，又有保证的作用，所以在义和利的关系中，必须把义放在主导的地位，而利只能处于从属的地位。[①]"如果抽象掉孔子说"义以生利"的历史背景和阶级背景，这句话对于我们今天理解企业社会责任有什么现实意义呢？我认为，"义以生利"的观点，从现代经济学的视角来看，也是有很深刻的合理性的。"义"作为一种道德准则体系和行为规范，如果被行为主体（无论是个人还是企业）切实地实行，必然为行为主体带来极大的社会声誉，其社会信用度和美誉度就会极大地提升，从而积累极为珍贵的"社会资本"。社会资本比物质资本、金融资本、知识资本更重要，是决定行为主体经济效率和经济利益的重要变量。因此，如果一个行为主体在经济运行和企业实践中遵循了"义"，模范地执行了道德准则，为社会创造了价值和福利，则其社会资本就会增多，其成功的可能性就越大，也就是说，"义"直接带来了"利"。这就是用现代经济学和社会资本观点来重新阐释的"义以生利"。可见，如果抛开具体的历史环境和阶级背景，"义以生利"对现代社会运行也是有巨大的借鉴意义的。这难道不是企业社会责任的最精彩的阐释吗？一个企业为什么应该履行企业的社会责任，为什么应该为社会创造价值和福利而不是损害社会价值和福利，就是因为"义以生利"，就是因为模范地履行社会责任能够为企业带来巨大社会资本，从而赢得更高社会认同，从而获得更多商业利润。如一个银行如果模范地履行其社会责任，在促进环境保护、可持续发展、增进性别平等、促进社区发展和民族文化多样性以及扶持弱势群体等方面做得很优秀，它必然赢得巨大的社会声誉，这种社会声誉对于银行而言就是一笔巨大的难以替代的"社会资本"，它赢得了社会的广泛信任，因而其客户美誉度和信任度就会大幅提

① 赵靖主编：《中国经济思想通史》，第1卷第四章，北京大学出版社1991年版，第87页。

升，从而会赢得大量的商业机会和利润。再如，一个会计师事务所如果能够严格地履行其职业规范和道德准则，维护自己的信用，那么它必然会奠定长久发展的坚实基础，对于一个会计师事务所而言，坚守道德准则这样的符合“义”的行为，直接就可以为它带来“利”，这就使“义以生利”。反之，如果这个会计师事务所采取欺诈的手段破坏诚信，为整个社会提供假信息，它存在的根基就会坍塌，没有了“义”，“利”就随之消失，安达信的覆灭不就是一个生动例证吗？可见，对于企业来说，“见利思义”是一个基本的道德自律原则，是一个消极的底线原则，而“义以生利”则是一个更加积极的商业原则。

自荀子以来，秦汉以降迄于宋明，儒家传统义利观发生了一些引人注目的变化，出现了一批敢于批判和矫正旧的伦理传统，肯定人的利益需求的功利主义学派。战国后期的荀子基于他的“人性恶”的人性论，提出了“义利两有”的价值观。汉代司马迁也提出了顺应自然的人性观和接近于功利主义的经济伦理观。他根据人的趋利避害的自然本性，提出了著名的“善因论”：“夫神农以前，吾不知已。至若诗书所述，虞夏以来，耳目欲极声色之好，口欲穷刍豢之味，身安逸乐，而心夸矜势能之荣，使俗之渐民久矣。虽户说以眇论，终不能化。故善者因之，其次利道之，其次教诲之，其次整齐之，最下者与之争”。司马迁认为只要善于充分利用和引导人的这种自然本性，这种本性就可以成为发展经济的动力来源，最坏的情况是违逆人的自然本性，限制人的主观能动性的发挥，则不利于经济的发展和每个人才能的发挥。

到了南宋，功利主义经济伦理思潮方兴未艾，永康学派的陈亮和永嘉学派的叶适倡导功利之学，成为当时反理学的主要代表人物。他们所建立的以“事功”为核心的功利主义思想体系，是宋代功利学的最完善的形态，也是中国伦理思想史上功利主义伦理思想的成熟形态，反映了当时时代的要求和进步的趋势，对南宋时期的哲学和伦理思想的发展产生了重要影响①。陈亮和叶适都提出了以“事功”为核心的功利主义思想，主张道

① 罗国杰主编：《中国伦理思想史》，上卷，第585页，中国人民大学出版社2008年版。

德和功利、理和欲的统一，反对朱熹等理学派提出的“存天理、灭人欲”的命题。

三、中国古代商业伦理的实践

我国古代虽然在正统的儒家伦理思想中一直强调“重本抑末”，商人的地位在正统儒家规范中并不高，但是历代以来均有很多成功的商人，在其商业实践中不仅展现了较高的经营才华，而且反映出值得称赞的道德伦理水平。其中后人尊称为“商圣”的范蠡，就是一个将经营才能与伦理道德完美结合的商人典范。范蠡，字少伯，春秋楚国宛（今河南南阳）人，是春秋末期越国著名的政治家、军事家和实业家。古人“富者皆称陶朱公”，说的就是范蠡。在中国先秦以降二千多年的封建社会中，陶朱公的名字一直被商人们所称道，直到近代社会，在从事商业贸易活动的人们中仍然流传着“陶朱事业，端木生涯”，“经营不让陶朱公，货殖何妨子贡贤”的联语。范蠡出身贫贱，但博学多才，辅佐越王勾践，卧薪尝胆，励精图治，越国终于转弱为强，灭吴称霸。范蠡在功成名就之后激流勇退，相传一袭白衣与西施西出姑苏，泛一叶扁舟于五湖之中，遨游于七十二峰之间。他先到齐国经商，化名鸱夷子皮，后又到陶地（山东定陶县境），在这个当时中原的商业中心定居下来，并化名陶朱公，期间三次经商成巨富，并三散家财，成为我国儒商之鼻祖。范蠡提出了一系列“富国之术”和“积著之理”。陶朱公无疑是历史上最成功的大商人之一，他“治产积居”，“十九年之中三致千金”。但是他的财富观更加值得学习和赞赏。他诚然是一个巨贾，但是他不仅重视积累财富，还善于“散财”，《史记·货殖列传》中说他虽然“十九年之中三致千金”，却“再分散与贫交疏昆弟”，司马迁说“此所谓富好行其德者也”。他的财产都散给自己的穷朋友和穷亲戚，这种善行无疑给范蠡带来巨大的社会声望。赵靖先生就很精辟地指出："这件事不能单纯地看作一种善行，而是有着宣扬自己'多财善贾'的作用。在古代缺乏信息传播手段的情况下，通过这种办法向人们较广泛地散布陶朱公买卖殷实、经营本领高强的信息，对提高自己的商业信誉是有作用的"①，这句话实际上揭示了商人的慈善行为与其商誉和利润之间的关系。现在大家所热衷讨论的企业社会责任，不就是基于这样的思想吗？可见，范蠡在两千多年前就已经领悟到这一点了。范蠡以智与诚经商，以善行与仁义处世，成就了彪炳史册的功业。

司马迁在《史记·货殖列传》中还提到另外一个大商人白圭，此人约与孟子同时，有很深刻的商业经营管理思想，他以"治生之术"教人，并以"智、勇、仁、强"四个条件作为选拔学生的标准，认为："其智不足以与权变，勇不足以决断，仁不能以取予，强不能有所守，虽欲学吾术，终不告之矣"。白圭对于"仁"的解释是"能以取予"，即懂得并善于处理"取"和"予"之间的关系。现在人们常常说，能舍才能得，就是这个意思。从事商业活动一定要有利润，但是利润不是凭空取得，而是通过与交易对手的交换以及通过自己的团队的努力而获得的，因此在从事商业活动的过程中，一定要正确地处理好与商业伙伴（交易对手）和企业员工的关系，这也是现代管理学中"利益相关者理论"的精髓。白圭深刻地理解"取"和"予"之间的辩证法，只有很好地"予"，才能更多地"取"。对交易对手，要秉持诚信的原则，要给人最好的商品（即"务完物"），对于自己的助手和员工，他认为要"与用事童仆同苦乐。"这才能"以取为予"，这不能不说是较高的经商智慧。

这些优秀的商业伦理，在历代商业和金融业实践中不断得以丰富和完善，形成我国极为宝贵的经济文化和伦理遗产。山西票号和中国近代私营银行家们，实际上都继承了我国古代的优秀商业文化和经济伦理，从而获得了巨大的商业成功，这些对于我们现在构建金融文化都具有十分巨大的借鉴意义。

---

① 赵靖主编：《中国经济思想通史》，第1卷，北京大学出版社1991年版，第309页。

四、中国传统经济伦理与现代企业社会责任运动

近半个世纪以来，企业社会责任在全球已经发展成为一场规模浩大的运动，尽管学术界和企业界对企业社会责任的内涵和实践尚存在很多争议，但是毫无疑问，这场运动已经深刻地影响了现代企业的外部行动模式和内部治理结构。一个必然的后果是，假如一个现代企业对企业社会责任完全处于无知的状态，假如一个现代企业不能理性地、有意识地将社会责任理念有机地融入它的经营管理和治理结构之中，这个企业就注定不可能成为一个社会公众公认的卓越企业。基于这样一个现实，中国企业在迅速成长的同时，也应该清醒地意识到企业社会责任体系构建的重要性，并将其作为系统的制度架构嵌入到企业经营管理和公司法人治理的各个层面。

尽管“企业社会责任”这个词汇在中国尚属舶来品，但是并不意味着中国人对于企业（或广义上的商业）的社会责任没有深刻而系统的认识。正好相反，作为一个有着悠久商业传统和文化积淀的古国，中国的传统经济伦理和商业文明中积累了大量的有关企业（商业）之社会责任与社会功能的闪光的思想，这些伟大的伦理思想，与当今风靡全球的公司治理与企业社会责任思潮是极端契合的。全面理解儒家经济伦理中的义利观，对于我们深刻把握企业社会责任的理念，也是极其有益的。

从我们上面的梳理来看，中国传统经济伦理与我们今天提倡的企业社会责任理念是高度契合的，中国的儒商传统几千年绵延不衰，明清以来的晋商与徽商等都为我们留下了古代商业伦理的丰富遗产，这些伦理遗产的核心是公平交易、诚信从商、重视信誉、秉持义利合一的价值观和财富观以及对社会利益和国家利益的高度关注。这些优秀的企业伦理，值得进一步挖掘和弘扬，并与现代企业社会责任的理念相互借鉴和融合。

现代企业社会责任思想中值得关注的是其层级化思想，即企业社会责任乃是一个包含不同层级的社会责任体系，层级之间虽然包含着各种矛盾，但是从总体来看，越是底下的层级越具有优先性，越具有底线伦理的特征。卡罗尔（ArchieB. Carroll）认为："企业社会责任意指某一特定时期社会对组织所寄托的经济、法律、伦理和自由决定（慈善）的期望。[①]"这一包括四类责任的定义是在麦奎尔提出的企业社会责任定义基础上发展起来的[②]，试图把社会对企业的经济、法律期望与一些更具社会导向性的关注联系起来，这些社会关注包括伦理责任和慈善（自愿的/自由处理）责任。在这个企业社会责任金字塔中，经济责任是基本责任，处于这个金字塔的底部。与此同时社会期望企业遵守法律，这是社会关于可接受和不可接受行为的法规集成。再上去就是企业伦理责任这一层次。在这一层次上，企业有义务去做那些正确的、正义的、公平的事情，还要避免或尽量减少对利益相关者（雇员、消费者、环境等）的损害。在该金字塔的最上层，寄望企业成为一位好的企业公民，也就是说期望企业履行其自愿/自由决定或慈善责任，为社区生活质量的改善做出财力和人力资源方面的贡献。在这个层级化的企业社会责任体系中，包含着企业面临相互矛盾的发展约束时所必须作出的选择，同时也包含着企业对于不同层级的社会责任的优先级的判断。

就企业社会责任目标之间的矛盾性而言，如企业的经济责任与法律责任有时就存在着冲突，企业的经济责任强调的是企业实现股东的经济利益，不需法律的特别要求；法律责任强调的是企业在法律框架下负有的责任和义务，会以牺牲利润为代价。现代企业社会责任理念颠覆了传统的企业假定，企业不再作为一个"股东利润最大化"的实现主体，不再作为一个盲目追求经济利益而不顾资源浪费、环境污染和劳工福利等社会弊端的单纯的理性人而存在，而是作为一个负责人的企业而存在。因此，西方国家纷纷修改企业法，加强了对公司行为的限制，使企业承担起更多的对社

---

① 卡罗尔（美），巴克霍尔茨（美）：《企业与社会：伦理与利益相关者管理》（原书第5版），中译本，机械工业出版社2004年版，第23页。

② McGuire, Joseph W, 1963, Business and Society, McGraw - Hill.

会其他相关群体的法律责任。越来越多的企业也开始抛弃过去那种漠视劳动者、消费者、债权人等相关群体的做法，不再以股东的利润为单一目标，而是引入利益相关者参与公司的治理。这一点，尤其需要中国企业在引入企业社会责任理念时加以特别关注，当企业面临经济利益和法律责任相抵触的时候，切忌采取急功近利的做法，而应该将法律责任视为必要的、具有硬约束力的责任来看待，在追求企业利润的同时不以牺牲环境、浪费资源、损害社会福利、影响公共安全为代价。

就企业社会目标的优先级而言，企业应该首先履行其经济、法律责任，然后再履行其伦理责任和慈善责任。伦理责任要求无论是否在法律制度的强制下，企业都要做正确的、公正合理的事情，承担伦理责任是企业的自律责任，是企业内在的、自愿的、主动的责任选择；而慈善责任是企业按规定的价值观和社会期望而采取的额外行动，如支持社区项目和慈善事业等。这些责任完全是自愿的，是不受法律强制约束的，甚至也不是社会所期望的，只取决于商业银行从事这些社会活动的意愿。它与伦理责任的主要区别在于，慈善责任一般不是道德上的要求①。当下一些中国企业，在谈到企业社会责任的时候，往往误以为是企业的慈善责任，往往在自己的企业社会责任报告中大篇幅地宣扬自己对社会的慈善捐赠，这是对企业社会责任优先级的误解。如果一个企业不能履行其基本的经济和法律责任，不能给这个社会带来符合社会利益和社会安全的产品与服务，那么它还侈谈什么慈善责任呢？举例来说，一个银行，更应该以自己良好的服务和金融产品创新以满足更多客户的需求，甚至满足那些最弱势的群体的金融需求（如孟加拉乡村银行所做的那样），这样才算是履行社会责任；如果一个银行无视那些弱势群体的金融服务需求，不能给那些弱势群体提供最基本的金融服务，而只是给这些弱势群体捐赠一些衣物或者儿童学习用品，这不能被视为履行了社会责任。这一点，也是需要我国企业给以高度关注的，要全面正确地理解企业社会责任，而不是本末倒置。

我国企业还应该致力于将社会责任体系制度化，将社会责任更有机地

① 王曙光等：《金融伦理学》，第十三章，北京大学出版社 2011 年版。

融入企业的法人治理结构之中。现代企业社会责任思潮更强调把社会责任视为企业治理的一部分，使其嵌入公司治理的制度设计中，这种制度化了的企业社会责任体系，已经成为企业内部治理的不可分割的组成部分，而不是仅仅成为企业偶然性的行动，更不仅仅是企业对外宣传时使用的噱头。因此，企业社会责任的制度化和内部治理化，是中国企业在引入企业社会责任理念时更应该关注的方向。

第十五章

文化自觉与中国文化产业发展

本章根据作者在2012年1月6日北京大学文化产业发展研讨会上的演讲录音整理而成。

今天非常高兴跟在座的从事文化产业研究和文化产业实践的朋友们一起来讨论中国文化产业发展问题。我的演讲题目是“文化自觉与中国文化产业发展”，主要讲四个问题，第一，文化观和文明观，主要讨论文化的内涵和特性；第二，文化自觉与文化自信；第三，文化产业的层次与定位；第四，中国文化产业发展的系统性政策支撑。

一、文化观：内涵与特性

讲到文化观的问题，中外学者对文化的界定很不一致，观点异常纷纭，但不管怎么样，文化对于人类的发展是极为重要的。1922 年，英国著名的哲学家罗素曾经在《中国问题》这本书中讲过一句话，“不管是中国还是世界，文化最重要”。应该说，一个民族、一个国家、一个社会，它的生命力实际上来源于它的文化，只要文化还在，文化不朽，只要国民对自己的文化有信心，这个民族就有希望。近代以来，中国的文化传统遇到了严峻的挑战，文化的冲突异常激烈，中国文化内在调适变得极为重要，此时中国的仁人志士对中国文化的发展和转型都十分重视。

很多学者对文化问题作出了深入的研究，我们挑选几个有代表性的人物。梁启超先生认为“文化是人类心能所开积出来之有价值的共业”，“开积”就是开发和积累出来的，“共业”是共同的事业，或者人类共同思想的结晶。这个定义强调文化是“共业”，强调文化是人类共同的价值认知。胡适先生对文明和文化也有一个定义，他说“文明是一个民族应付他的环境的总成绩，文化是一种文明所形成的生活方式"。所谓文明，就是一个民族在应对发展过程当中所面临的环境和问题的时候所给出的共同答案，所选择的共同行为模式，而文化是一切文明的外在显现的生活方式。梁漱溟先生则给出一个非常非常宽泛的定义，他说"文化就是吾人生活所依靠之一切"，这就把文化放大到人类生活的方方面面，衣、食、住、行、思想、政治、社会、国际交流，等等，所有这些都形成我们的文化。钱穆先生的观点跟梁漱溟先生非常接近，他说"文化是指时空凝合的某一大群生物之各部门各方面的整一全体"，也就是说，文化是一个社群、一个族群生活的全部。

从这些学者的观点综合来看，文化其实是包括知识、信仰、艺术、法律、道德、风俗、习惯等在内的一个复合的综合体。它是一个社群所遵循的共同的生活方式和行为模式，而且经过长时间的创造和积累，所凝结成的一整套的人类生活模式。这里面包括一些纯粹精神性的创造，比如说宗教、艺术和哲学。还有一些是行为化的精神创造，比如各种制度、礼仪、法律，包括各种行为规范。同时文化也包括一些物化的、可以看得见的精神创造，比如说我们使用的各种工具，我们所创造的各种器物，人类所建造的各种建筑等，这些都形成一个文化的可视的载体。所以我们看到，文化实际上既包括那些无形的、纯粹精神的创造和行为化的精神创造，也包括一些我们能够看得见的、物化的精神创造，共同构成了人类的文化。

文化这个问题看起来好像非常抽象，非常难于把握，但实际上，在人类的生活当中，在国际交往当中，在一个国家的经济和社会发展过程当中，文化产生了巨大的作用，力量非常大。人文化成，关乎一个国家的发展，关乎一国的命运。

文化到底有哪些特性呢？我认为文化至少有四大特点。

第一，文化一定具有群体性。就如梁启超先生所讲到的，文化是"共业"，它具有群体性，它是一个地域当中，一个国家当中，一个民族当中，所有人共同认同的一套价值观念、行为模式和生活方式，因此它具有群体性，它不是个别的，它是大家（或大多数人）共同认同的一套价值观和生存模式。

第二，文化具有适应性。所谓“化”，“化”就是适应，慢慢地适应，慢慢地创造，每个民族适应它的外在环境，适应它的内部结构，开发出来一套生存的模式，这就是文化。英国著名的历史学家汤因比讲到，所有民族的发展历史其实很简单，可以概括为“挑战—应对”模式。每个民族都受到内在、外在的挑战，内在指的是一个国家、一个社群内部的冲突和矛盾，外在挑战体现为自然环境、外来民族的挑战等。一个民族适应外在挑战，它要改变他的行为方式，要在这个挑战当中获得生存的能力和竞争的能力，就必须具有适应性。每一种能够保存到现在的文化都有适应性，这说明它经历了长时期的适应、调试，不断的更新，自身不断的嬗变，成功地应对了内在和外在的各种挑战，从而才形成了今天这样的文化。

第三，文化具有传承性。文化是随着时间不断演变、不断传承的东西，每一个民族的文化都是薪火相传，后面的人继承前面人的文化特征、行为方式，每个人其实都活在这样一个文化的延续当中和传承当中。换句话说，每个人生下来就不可能生活在真空当中。你必须生活在某种既定的文化氛围和文化环境里面，这个环境是已经形成的，想摆脱也摆脱不了。同时，文化又要不断的繁衍，不断的演化，不断的传承，能够使它生生不息，延续下去。

第四，文化具有选择性。一个民族选择什么样的生活方式，选择什么样的文化，实际上跟他面临的外在和内在的冲突和挑战是分不开的。一个民族要生存下来，必然要选择一种对自己有利的文化，有利于它的生存，有利于它的繁衍。因此，一个文化生存到现在，说明这个族群，这个社群，是主动选择了这种文化，他觉得这种文化对其有利才选择这种文化。因此，某种文化存续到现在，一定有它存在的道理，这就是文化的选择性。当一个民族面临挑战的时候，它有可能面对不同的文化模式和行为模式，在这种多种文化模式当中，他会选择一种最有利于自己生存和发展的模式。

以上所说的文化的四个特性，对于我们理解文化的发展、演变都非常有帮助。同时我要特别强调，文化是一个国家、一个民族最大的竞争力所在。因为一个国家千百年以来所有的物化和非物化的东西都凝结在文化上，这就形成一个国家的对外的形象和竞争力。我们不要认为一个国家的军事实力、经济实力才是核心竞争力，实际上在这后面还有文化作为支撑。没有有力的文化作为根基，强大的军事实力也不能保障一个民族在竞争中获得成功。文化并不是虚的东西，它无外乎是这个民族千百年以来物化和非物化的各种竞争力的融合，所以文化是一种软实力，而且这个软实力发出来的力量是非常强大的。

二、文化自觉与文化自信

中国的文化源远流长，但是在最近的一两百年以来，中国的文化受到了极大的冲击与挑战。在这种巨大的冲击和挑战面前，中国的文化出现了极大的危机，中国人对自身文化的看法也出现了极大的分裂。同时，由于中国积贫积弱，我们对于自身文化的信心也受到了动摇，受到了挑战。我认为现在我们对于中国的文化应该有一个重新的认知，要建立我们自己的文化自觉和文化自信。

中国文化从春秋以来经历了五个不同的阶段。

第一个阶段，我们称之为轴心时代。春秋战国时期，诸子百家争鸣，中国的文化达到了空前的繁盛，在诸子百家当中，儒、墨、道、法这几个主要的学术流派对于后来两千多年的中国思想史和中国文化史产生了深远的、不可替代的影响。两千多年前诸子百家争鸣的时代所造就的辉煌，中国文化在那个时候所形成的独立性、自主性、主体性，直到今天我们也仍然没有超越那样的高度。所以中国实际上在轴心时代已经形成极有特色、非常有体系、非常精深的一套文化，无论是在政治哲学、社会、伦理、经济各个方面都形成了中国独特的学术传统和文化传统。这套文化，放在整个世界的文化史中，都是极为独特而辉煌的。

第二个阶段，儒家思想文化主体地位逐步确立的时代。儒家作为一个主流文化的地位的逐渐确立是在战国后期到汉代。到了汉代，罢黜百家，独尊儒术，儒家的主体地位就确立了。这个主体地位的确立是不是仅仅由政府、由统治者主观上确立的呢？我认为并不是，实际上儒家成为中国的主流文化经历了长时间的历史选择。我们刚才讲文化具有选择性，人类经过长时间的理性选择，才形成一种比较稳定的主流文化。儒家文化的主体地位确立到现在大概两千年左右，我们也必须承认，在儒家成为主体的、主流的思想文化之后，仍然有像道家这样的文化跟儒家文化并驾齐驱，同时并存，应该说儒道两家一明一暗，相辅相成，成为中国人民精神世界当中两个不可或缺的部分。

第三个阶段，文化的多元发展与转型时期。这个转型时期是从魏晋到宋明时代，在这个时代，中国引入了佛教，并使得佛教成为中国化的宗教形式，全面改造了佛教的精神和仪轨，使之成为中国文化的一个有机组成部分，这使得中国的文化逐渐多元化。佛教，包括后来发展出来的禅宗，对中国文化产生了巨大的影响，尤其是宋明以来，禅宗的文化应该说深刻影响了中国的思想、文化、艺术和物质生活。在这个阶段，中国的文化开始慢慢地出现多元化，开始出现转型。到了宋明两代，理学发展，出现了中国的文艺复兴，实际上就是建立了中国独特的儒家思想的一套形而上体系。这样，中国的文化既有儒家的主体地位，同时也大量吸收了外来的文化，形成一个内在非常多元化、非常具有适应性、也非常具有包容性调适性的独特文化体系。

第四个阶段，文化的危机与调适期。这个阶段是从清朝后期以来到20世纪末期。这个时期，中国在外来的西方文化的冲击之下，出现了深刻的文化危机，民族自信心受到严重挑战和动摇。在这样的时代，很多的学者和文化界人士都对中国文化做出了深刻反思，有些反思甚至出现了若干过激的言论，比如说全盘西化的主张。但是不管怎么样，这个时期对我国传统文化的批判和反思都是非常必要的，如果没有这些批判和反思，我认为就不会有中国文化的自觉，也不会有中国未来的文化转型。所以我想文化危机实际上是中国文化发生更新和提升的重要契机，它既是挑战，也是一个重要的机遇。没有这样的反思，没有西方与中国的文化的相互关照，我们就不会有文化的自觉，也不会有对自我文化的真正认知和认同。很多人到了国外才真正认识到中国文化的独特性，因为有了一个清晰的参照物，有了一个镜子，才能有更清晰的自我认知和文化身份感。

第五个阶段，从21世纪初期到现在我们所面临的文化自觉与文化复兴时期。这个时期中国由于经济的持续发展，改变了百年以来积贫积弱的情况，在这种情况下，我们对中国文化的看法也在逐渐发生微妙的变化，我们的文化自信也慢慢地开始确立，文化自觉也慢慢地开始苏醒。因此，我们认为，我们目前正在经历一个中国文化复兴的阶段。

不可否认，中国近代以来面临的主要问题就是文化与伦理的断裂。这个断裂主要有三次。第一次是五四运动时期对中国文化的批判性反思，这个阶段是中国现代化的启蒙阶段，有些批判性反思当然是非常有价值的，但有些反思应该说是有点过犹不及，把中国固有的文化贬得一无是处，民族文化的自信心丧失殆尽。五四精神的精髓是科学和理性，但是在对待我们自己的文化传统的问题上，却并不科学，并不理性，很多当时的思想是过激了，造成中国文化与伦理道德体系的严重断裂，至今遗患犹存。

第二次文化与伦理的断裂是发生在20世纪50年代至70年代，由于新中国建立初期大力创立一种新的文化和意识形态，而对于传统文化的尊重与传承方面注意不够，造成传统文化在那个特殊的年代受到了很大的冲击和破坏。

第三次文化与伦理的断裂是在20世纪80年代之后，由于中国实行改革开放，在商品经济大潮的冲击之下，在西方文化的冲击之下，导致我们的文化与伦理出现再一次断裂，从而出现了文化断层、社会失序、伦理混乱这样的情况。

我认为这种社会失序与伦理混乱的情况是中国在现代化过程中不可避免的。美国政治学家亨廷顿曾经说过一句话："现代性孕育着稳定，而现代化过程则滋生着动乱，从传统到现代的过渡时期就是一个克服社会动荡和政治衰朽的阶段"。这种文化的断裂、动乱，实际上是一个国家现代化发展过程中绕不过去的一个阶段，这一点实际上在上个世纪三四十年代之后，比如说梁漱溟先生、费孝通先生等他们都看到了，中国在那个现代化的启动阶段，即出现了文化失调的情况。梁漱溟先生在《东西文化及其哲学》当中讲到，中国问题的根本在于文化的重建，就是要重新构造中国文化的主体地位。费孝通先生也提到，中国出现这么多的社会问题，根本原因起于文化的失调。

这就涉及中国人如何看待我们自己的文化，归结为四个字，就是“文化自觉”。这个自觉就是对自己文化的深刻反思、系统梳理和客观认知的过程。费孝通先生的一本书《反思·对话·文化自觉》当中说：“文化自觉是一个艰巨的过程，只有在认识自己的文化，理解所接触到的多种文化的基础上，才有条件在这个正在形成中的多元文化的世界里确立自己的位置，然后经过主体的适应，自主的适应，和其他文化一起取长补短，共同建立一个有共同认可的基本秩序和一套各种文化都能和平共处，各抒所长，联手发展的共处守则。”

同时，1997 年在北京大学社会文化人类学高级研讨班上，费孝通先生又讲到：“文化自觉只是指生活在一定文化中的人对其文化有自知之明，明白它的来历、形成过程、所具有的特色和它发展的趋向，不带任何文化回归的意思，不是要复旧，同时也不主张全盘西化或全盘他化。自知之明是为了加强对文化转型的自主能力，取得决定适应新环境、新时代文化选择的自主地位。”我觉得，所谓文化自觉，就是要回归主体性，我们要克服文化自卑，对我们自己的文化要有自知之明，这样的话，我们才能产生文化的自信，跟其他各民族文化共同发展，平等对话，如此，我们才能够在多元的世界文化发展过程当中有自己的文化地位。

在 70 岁生日的时候，费孝通先生又提出了四句话，这四句话非常精辟，也广为引用，叫“各美其美，美人之美，美美与共，天下大同”。每个民族都有自己独特的、优秀的文化传统，因此每个民族都要珍惜、珍视自己的文化传统，这叫“各美其美”。“美人之美”，每个民族都要看到其他民族的长处，充分理解和欣赏其他民族的文化。“美美与共”，每个不同的民族的优秀的传统文化都会相互沟通，相互融汇，共同发展，和平共处。最终是第四句话，实现天下大同，在大同的世界当中，每个文化都能展现自己的长处，每种文化都能够有自己的主体性，但同时每个文化跟其他文化也在深入的沟通和交流，从而形成一种天下大同的世界文化。因此，费孝通先生讲的这四句话的核心，就是要在多元的文化背景当中，对自己的文化有一种深刻的认知，要了解自己文化的价值。

在2001年11月2号，联合国教科文组织大会第31届会议通过了一个《世界文化多样性宣言》，这个《宣言》第一条就讲到，“文化在不同的时代和不同的地方具有各种不同的表现形式，这种多样性的表现是构成人类的各群体和各社会的特性所具有的独特性和多样化。文化多样性是交流、革新和创作的源泉，对人类来讲，就像生物多样性对维持生物平衡那样必不可少，从这个意义上来讲，文化多样性是人类的共同遗产，应当从当代人和子孙后代的利益考虑，予以承认和肯定”。联合国这样一个《宣言》，实际上承认了在世界文化当中，所有的文化遗产都是值得珍视的，因为每种文化遗产都代表着那个群体的独特的生存价值。而文化多样性是维持人类文化不断创造、不断发展的基本动力，未来的世界文化必须超越族群与宗教的偏见，从文明的冲突当中走出来，走向文化与文明间平等的对话、融汇、互补，这样才能形成真正的世界文化。

在这种多元化的世界文化格局当中，每种文化都有自己独特的地位，都不可或缺。我们要反省我们的文化，季羡林先生说“知足知不足，有为有不为，只有知不足的人才能为人类文化做出贡献”。季羡林先生所说的“21世纪是中国文化的世纪”，我觉得他并不是一种文化自大，而是在长期的文化自卑主义之后的精神自觉。东西方文化一定要由对抗转为对话、互动、反思、重建。有了文化自觉，我认为一个民族才有文化自信；有了文化自信，才有文化的自尊；有了文化的自尊，才有文化的自强。我们看到中国现在经济崛起，我们的物质财富不断的发展，但是我们文化的崛起距离我们的预期还有很大的距离，我认为现在应该反省，应该把物质财富的积累和自身文化的发展结合起来，才能打造一个文化复兴的中国。在这个过程当中，文化自觉就非常重要。

三、文化产业的层次与定位

我们现在到处都在讲发展文化产业，中央在十七大、十八大报告中都浓墨重彩地强调要发展文化产业，为什么要发展文化产业呢？有两个基本的道理。

第一个比较浅显的理由，文化产业是经济发展当中不可或缺的部分，文化产业是经济可持续增长的基本动力之一，所以文化产业对经济发展极为重要，它能助推经济发展，保持经济的可持续发展。比如说现在中国的影视产业、旅游产业、教育产业、出版产业等，这些产业对于促进经济发展有很大的作用，这是一个比较浅显、大家都能够理解的理由。

第二个理由更加重要，发展中国的文化产业，有利于促进中国对自身文化的自觉，同时也可以达到重建中国文化价值的目的，我认为这个目的比经济学意义上的增长更加重要。中国文化的核心价值需要重建，这是一种建立在现代性基础上的重建，不能单纯的复古，也不是单纯的复制西方，而是要批判性地继承中国传统的文化，使之得到创造性的发展，使之得到现代性的重构。在这个文化价值重建的过程当中，如果没有文化产业的发展是很难想象的。文化产业的发展与繁荣可以促使这个文化价值重构的过程更加活跃，更加具有可持续性，更加具有社会渗透力。我一直强调，文化产业不仅是一个经济学概念，它对于一个国家价值观的确立、伦理秩序的构造、一个国家的和谐社会的构建都非常重要。张岱年先生曾经说过一句话，“中国文化危机不仅意味着终极关怀的失落，同时也是一种价值符号的错位”，他说“文化的核心在于价值观，道德的理论基础也在于价值观”，实际上我们发展文化产业，其中最深层的一个道理，就是要重建中国的核心价值观。无论是影视、动漫、演艺、出版，还是一切的旅游产业等，实际上都在传达中国的核心价值观，都在重塑中国的核心价值观。这是发展文化产业更高的一种定位。

1958 年，牟宗三、徐复观、唐君毅曾经发表了一个《为中国文化敬告世界人士宣言》，这篇《宣言》当中讲到，“今日之伦理失序和文化失调在于我们的传统价值观之丧失”，所以我觉得发展文化产业，当然一方面在于拉动经济，同时它对于我们的核心价值观确立也非常重要。当年冉有请教孔子怎么来从政，孔子讲了三句话，他说第一要“庶之”，指的是人口要繁盛；冉有后来又问，“庶之”之后怎么办呢？孔子说“富之”，就是让他致富，让人口享受更多的物质财富。“富之”之后怎么办呢？孔子又讲要“教之”，“教”就是教化，就是文化的作用。今天，这个起到教化作用的文化发展更多地应该通过文化产业的发展来达到目的，使人民有更高的文化水平，有更高的伦理道德水平，有更强的文化自信和文化认同，使我们民族的核心价值观在这个过程当中得到重塑与发展。

所以我想，我们发展文化产业要有一个比较高的定位，我们要强调我们的主体价值，强调与西方文化的互动和平等沟通，就像季羡林先生所讲的，文化不光要“拿来主义”，还要有“送去主义”，不光要汲取别人的长处，而且要勇于把自己的长处让对方知道，传播出去。中国文化当中，有非常多的资源可以挖掘，我们的文化源远流长，资源异常丰富，可以为振兴我们国家的文化产业提供巨大的后盾与源泉。我们的历史传统非常悠久，我们所应挖掘的历史资源和文化资源如同一个宝库一样，应该说是用之不尽，取之不竭，所以我们应该在这方面加强对传统文化资源的认知和挖掘的工作，繁荣我们的文化产业。

这就取决于我们对自己的文化在多大程度上是自觉的。如果我们没有这种自觉的话，我们就没有主体性，就没有自我，而没有自我的文化就没有价值。我们不能只是复制西方的文化，而是要弘扬中华文化，要有主体的意识，否则我们的文化产业就失去了发展的根基。在一个市场上，没有特色的产品是卖不出去的，是没有价值的，同样的，在文化产业的世界市场上，如果我们没有自己的文化特点，我们所制造的书籍、影视产品、动漫产品是没有任何价值的，你越有中国文化的特质，就越有价值。因此，我们在发展文化产业的过程中一定要有一种主体的价值观，来体现中国的文化主体性，这样我们在世界文化产业的交流和市场竞争当中我们才有独特的优势。

我认为文化产业可以分为这么三个层次来构造。在最高的一个层次，文化产业要致力于全球文明的宏观沟通与对话，来解决文化的冲突问题，帮助中国人走出去，了解西方的文化与价值观，帮助外国人走进来，了解中国的文化与价值观。这是一个最高层次的文化产业。比如说博鳌论坛、北京论坛，这些从经济学意义来讲，都是文化产业。总之，我们要造就一个新的世界文化格局，造就一个新的、多元的文化。

中间这个层次的文化产业，我认为包括国家文化安全、文化输出与舆论管理，我们要在全球文化产业布局的角度来推广、宣传中国的文化，塑造中国的国家形象，保障中国的国家文化安全，促进中国文化的输出，在全球扩大中国文化的影响力，提升中国的话语权。比如现在孔子学院，是把中国的文化向外推出去。我们那么多优秀的动漫产品、优秀的影视产品、优秀的书籍，都应该通过这种方式，通过市场的方式向西方推出去。

第三个层次的文化产业是微观意义上的文化产业，比如艺术品、旅游、演艺、创意经济等，这些我认为都是广义的文化产业和文化创造，是在微观的层面上来打造中国文化产业的竞争实力。

四、文化产业的系统性政策支撑

在十八大当中提出来要积极发展文化事业，大力发展文化产业，激发全民族的文化创造活力，更加自觉、更加主动地推动文化的大发展、大繁荣。我认为这个提法为我国的文化产业发展提出了一个很高的要求，同时，也提供了政策的动力。

未来中国文化产业的发展要依靠系统性的政策框架来支撑，在这个政策框架当中首要强调一点，就是国家在文化产业的发展过程当中，一定要营造一种自由宽松的文化创意环境与思想环境，这是文化产业大发展、大繁荣的基础和源泉。从国家层面，我们要鼓励创新，鼓励创意，要给文化产业发展提供一个宽松的环境，我们不能钳制创新，不能压制各种创意、思想，这样才能让文化产业有一个极为宽松的外部的创新氛围，这是首要的条件，也是文化产业繁荣的保障。

从政策框架来讲，我们首先要鼓励各类公益类的文化产业与公益文化基金，鼓励非营利组织的文化产业创造。公益性文化事业实际上包含着带有公益性的社区文化活动，这里面既包括政府推动与组织的社区文化活动，也包括第三部门（非营利机构）的文化活动。要给公益性的文化事业创造条件，在资金、政策支持方面对公益性文化事业有所倾斜。大部分的文化事业都是公益性的，比如说博物馆事业、图书馆事业、教育事业、各类文化的推广，甚至包括一部分的对外文化输出，都是公益性的文化事业，这些都需要政府有力的支持。

第二个方面，我们要充分利用财政和税收政策来鼓励文化产业的发展。要对文化产业的发展提供更多的财政补贴、贷款贴息，提供更多的税收优惠与减免，以国家力量来扶持文化产业的发展与文化的对外输出。实际上这几年以来，中国在税制方面，在财政的支持方面应该说都加大了对文化产业的支持力度，将来对于中国的创意产业、公益性的文化产业，像公益性演出，图书馆产业，博物馆产业，包括对于传统的非物质文化遗产的传承等方面，在财政税收方面都应该加大支持力度。

第三个方面，加大对于文化产业的金融支持。对文化产业的金融支持包括信贷支持，也就是银行要加大对于文化产业的贷款支持力度；要建立文化产业的担保机制；要鼓励更多的创业资投向文化产业；要鼓励文化产业的企业在创业板更多上市，进行公开市场融资；要鼓励文化产权交易所的发展；鼓励私募股权投资基金和主权文化投资基金的发展，吸引更多的资金投资于文化产业。中国这几年文化产业发展十分迅猛，艺术品金融在各地也有很多创新，对这些创新我们一方面要加大支持力度，同时也要慢慢地规范，在交易流程方面加大规范力度。

最近我们看到媒体的报道，深圳文化创意产业的发展遇到了一些问题。其实这是一个很多地区普遍存在的问题。很多文化创意产业一开始风风火火，后来慢慢地销声匿迹。问题出在什么地方呢？我认为是两条，第一条，我们的文化产业，在产业的可持续方面、盈利能力方面、市场开拓方面还有很大的不足；第二条，同时我们也不得不承认，政府在支持文化产业方面还缺乏顶层的机制设计，所以文化产业热闹一阵，发展的后劲不足，自我可持续可循环的动力不足。

第四个方面，我们要加大对于文化出口的扶持力度，要鼓励中国文化产业的产品更多地参与国际竞争。这几年，包括出版业、影视业，实际上在对外竞争方面都慢慢具备了实力，中国人是极其具有创造力的，中国的文化又是如此的丰富多彩，因此，我们的文化产品在国外理应得到市场的尊重和认可。政府在文化出口方面要加大力度，鼓励文化产业的出口，鼓励文化产业对外并购，在出口退税等政策支持方面要加大力度。

第五个方面，政府要加大对于文化产业园区的系统性的支持。一个社区的文化产业园区，一个城市的文化产业核心区，往往包括了像博物馆、剧院、雕塑、艺术品、学术研究、旅游产业、文化娱乐消费品消费等一系列配套的产业，这些产业有些具有公益性，有些具有商业性，政府应该分门别类给予支持，使得中国的文化产业有一个系统的生物链、产业链，让这样一个园区形成一个非常好的文化生态，各个形态的文化艺术产业可以相互支持，协调发展。

五、文化产业化与产业文化化

这几年我一直强调两句话，一个叫“文化产业化”，一个叫“产业文化化”。“文化产业化”是我们把各个文化产业都要扶持起来，使它形成一个产业，形成商业化的可持续的发展机制。很多好的文化，很多宝贵的传统技艺，因为没有产业化，没有可持续的商业机制，面临着绝迹的危险，所以要“文化产业化”，要运用产业和商业手段使这种文化传统和技艺“活”起来。这是对文化传统的“活”保护，而不是“死”保护。什么叫“产业文化化”呢？就是把各个产业都要视作一个文化来进行发展，使得这种产业有背后的文化实力做支撑。比如餐饮业、房地产、金融业、制造业和农业，实际上都跟中国的文化传统密不可分，要把传统文化的符号和理念融入每一个产业当中，实现每一个产业的文化化，使每一种产业都融入了浓郁的中华文化基因，从而具有了独特的市场竞争力。这比文化产业化更加重要。

一个国家的文化产业的发展阶段与其综合国力（其中最主要的是经济影响力）的发展阶段密不可分。在一个国家综合国力尚处于非常幼稚的发展阶段的时候，国民和政府的关注点在于如何解决就业、温饱、经济增长速度等亟待解决的实际困难，在这样的初级发展阶段，国民的基本物质生活都难以保障，遑论文化产业发展？文化产业的繁荣必定是在经济发展到一定高度之后的必然结果，此时国民的文化消费开始迅猛增加，高层次的文化产品需求必然助推文化产业的兴起，促进文化的产业化与规模化。而与文化产业同时勃兴的，是国民对本民族文化的觉醒意识与自信心。一国文化产业越是发达繁荣，国民对于本国的文化传统的挖掘与利用越是深入，而越是深入探究本民族的文化传统并使之产业化，国民对于本国的文化传统（包括可视的文化遗留和不可视的文化意识）越是珍惜和自豪。环顾全球，不论是文化产业超级发达的美国，还是文化产业已经崛起的日、韩等国，无不体现出这种文化自信与文化产业发展相互助推的特征。在一个对自己本民族文化缺乏自信、缺乏理解的同情和热爱的国家，是不可能指望其文化产业达到大发展大繁荣的。

这些年，随着中国综合国力尤其是全球经济影响力的迅猛提升，我国文化产业的发展也进入了一个黄金时代，文化产业的机制创新层出不穷，文化产业在经济增长的地位越来越突出。毋庸置疑，文化产业是经济增长的有机组成部分，在文化产业与经济增长的双向推动关系中，我们现在应该更加重视文化产业对经济增长的助推作用。一个地区或城市文化产业的繁荣，往往为这个地区或城市打造出非常具有吸引力的文化品牌，其创造的强劲消费需求（包括旅游消费、文化产品消费、房地产消费等）对于促进整个地区或城市的经济增长至关重要。从这个角度来说，文化产业是拉动经济增长的有效引擎。而且，更为重要的是，文化产业对于改善我国畸形的工业产业结构（高污染、高能耗、低附加值）意义重大，发展文化产业对于带动就业、促进区域经济可持续发展和产业结构转型都具有不可估量的价值。

不可否认，我国文化产业还处在一个比较初级的发展阶段，还有很多消极因素制约着我国文化产业的发展。首先，我们对本民族的文化元素的理解、挖掘、珍视的力度还很不够，这导致我们坐守一座有着丰富文化资源的“金山”而四处乞讨。我们的动漫产业、影视产业、文化旅游业等等的发展繁荣程度，取决于我们在何种程度上理解和挖掘了我们的传统文化，如果我们对本民族的文化传统不能有深刻的理解、系统的认知和发自内心的珍视，我们就很难在动漫产业、影视产业和文化旅游业中充分利用这些极有商业价值的文化元素，因为道理很简单，你不懂自己的文化，不知道它的商业价值在哪里，你也不懂如何开发这些价值。我们的动漫设计师、影视产业从业者、文化旅游从业者，可能在硬件和技术上完全可以和任何国家的同仁相媲美，但是我们的缺陷主要在对本国文化的理解上，我们往往输在对本国文化的情感和态度上。我国台湾地区的农业产业和文创产业的密切结合，造就了高附加值的台湾农业产业和文化旅游业，其基础是对文化传统的深刻的理解与同情。韩国的文化旅游业的快速发展与韩国人对自己的文化的自信与热爱密不可分，每一个文化传统的符号都被珍惜、都被充分利用、都充分地实现了商业化。我们的动漫技术再好，能拍出《花木兰》来吗？可是在中国的文化传统中，像花木兰这样有价值的文化元素何止千万？

其次，中国的文化产业发展还处在非常分散、碎片化的状态，缺乏文化产业的积聚效应、规模效应、协同效应，产业链的构建严重滞后。一个完整的文化产业生态建设，需要规范系统的法律体系支撑，需要政府明确的财政税收体系支撑，需要有效的融资机制支撑，同时也需要文化产业内部产业链的构建和协同发展。而在以上这四个环节，我国目前还基本处于探索阶段，亟待完善。

最后，我们对于“产业文化化”还重视不够。事实上，存在着狭义和广义的文化产业。狭义的文化产业是指为社会公众提供文化产品的生产活动的集合，包括以文化为核心内容，为直接满足人们的精神需要而进行的创作、制造、传播、展示等文化产品生产活动，以及为实现文化产品生产所必需的辅助生产活动和作为文化产品实物载体的文化用品的生产活动等。但是我认为，广义的文化产业应该被视为所有产业的文化价值的提升手段。从这样的认知出发，文化产业就不是一个孤立的产业，而是一个可以与工业制造业、房地产业、农业产业、教育产业、旅游业等一、二、三产业有机结合，从而为所有产业提供高附加值的泛产业形态。微观到一个工业制造品的创意设计，中观到一个农业产业园区的文化设计，宏观到一个城市的产业品牌和城市品牌的系统设计，都是将文化产业与所有其他产业发生有机整合，目的是要在所有产业上增加它的文化价值，增加它的产业附加值。奔驰不是一个简单的技术集合，而是凝结了德意志民族的精神文化元素；迪斯尼也不仅是一个简单的娱乐产业，而是凝结了美利坚民族的精神文化元素。这些文化创意元素的巧妙利用和深度挖掘，提升了农业、工业制造业和其他第三产业的文化含量，甚至提升了一个地区和国家的文化品格和对外知名度。如果把思路扩展到“产业文化化”，我们就真正实现了文化产业与经济增长的高度融合，一个充满活力的文化产业生态系统就可以构建起来。

第十六章

谈谈田野调查方法

一、引言：继承北大农村研究和农村调查的传统

十几年以来，我一直在从事农村经济领域的研究。北大的各个院系的老师，也有很多从事农村经济或农村社会相关领域的研究，而且在国内外产生了很好的影响。但是客观来说，从整个北大的角度而言，农村研究以及田野工作的整体氛围还有待改善，整体的影响力还有待提高。与历史上北大农村研究以及田野工作的辉煌相比，当下的情况不能令人乐观。是不是北大的学者不关心农村研究，不关心农村发展？绝对不是。北大实际上还是有一批农村学者，但是可以说总体上还没有形成一种氛围和气象，这种风气和团队的影响力还远远没有塑造起来。

北大历史上农村研究和田野调查有很悠久的传统，而且出现了几位农村研究与乡村建设实践方面的大家。北大有四个前辈学人在这方面有突出的贡献。其中之一就是哲学家梁漱溟先生（1893－1988），他30年代在山东开展乡村建设试验，是我国乡村建设运动的先驱之一。其二是历史学家和经济学家陈翰笙先生（1897－2004），他27岁就在北大任教，后来带领薛暮桥、孙冶方先生等进行农村调研，其研究成果至今在国外有重要地位。第三位是于树德先生（1894－1982），东京帝国大学毕业，1923年在北大任教，后来又任教于燕京大学，他是李大钊的挚友，并曾受毛泽东之邀到农民运动讲习所讲授农民合作社理论，是公认的我国农民信用合作运动的先驱。第四位是大家比较熟悉的社会学家费孝通先生（1910－2005），他20世纪在三四十年代写出《乡土中国》《江村经济》等传世名著，一生倡导田野调查，关注乡村发展。可以说，北大有悠久而深厚的农村研究和

农村调研的传统，我们应该继承这个传统。

一个人选择自己的学术方向，有很多偶然性，也有一定的必然性。偶然性与国家社会发展的大势以及自己的学术训练有关，而必然性与研究者个人的性格、价值取向与偏好有关。我选择农村经济和农村金融作为自己的研究方向，可以说偶然之中有必然：我从小在乡村生活，一直保持着与乡村的密切联系；从秉性上来说，我倾向于松散的生活调子，摆脱不了浓厚的小农生活习气，故格外偏好乡村方面的研究与观察；从学术训练上来说，我在读研究生和攻读博士学位期间，一直在作发展金融领域的研究，博士毕业论文写的也是金融发展理论，自然会关注到中国的农村金融问题，因为这是在中国探讨发展金融时绕不开的问题。所以选择农村金融作为学术研究方向，有学术理路和个人经历秉性方面的必然性。

偶然的原因是 2001 ~2002 年在美国明尼苏达大学访问学习的经历。在明大的一年时间里，我完成了关于金融发展理论的博士论文，其间看了一些农村研究领域的文章。在明大，农业经济方面的研究一直是很前沿的，美国很多农业经济学会的会长都是出自明尼苏达大学。看得多了，不免要进行一下对比。我觉得像北大这样的学校，在农村研究方面应该有像样的成就，但现实是北大的农村研究与北大这个学校的地位很不相称。在中国最好的大学之一，对占最大国民人口比例的农村经济进行研究，难道不是天经地义的事情吗？北大中国经济研究中心的李玲教授（擅长农村医疗研究）有一次在聊天中开玩笑说："原来好些搞农村经济研究的学者都'农转非'了"。回国之后，我的注意力逐步转向农村金融研究方向，在农村金融文献以及农村金融理论准备方面开始着手做一些工作。

在着手进行农村金融研究的过程中，我感到有两个方面的问题需要迫切解决：一个是必须开展与农村金融相关的田野调查，运用第一手的数据和资料，进行较为科学深入的农村金融研究，而不是就政策谈政策；第二个事情是应该在北大尽快开设相关的课程，以培养农村金融方面的研究人才，否则仅仅招募一些学生过来充当田野调查的体力劳动者，是做不好真正的农村金融研究的，那些田野调查工作者必须是经过农村金融方面的专业训练的学生。这些年，田野调查每年都在做，农村金融学的教材出来了，每年一册的系列研究报告在农村金融学术界和业界也开始有了一些影响。

二、作最本土的草根学问

经济学家应该怎样做研究？对这个问题的回答，恐怕不可能求得一致的看法。在不同的经济学领域，对于不同的经济学研究命题，对于不同的经济现象，其研究方法可能有所不同。

你如果研究汇率问题，可以没有田野调查；你如果研究资本市场价格，也可以借助公开的股市数据；但是做农村研究，没有田野调查工作是很难作第一流研究的。没有第一手的数据，没有来自于田野考察的对农村经济社会的直觉把握，就很难有优秀的农村研究，很难有准确敏感的问题意识。田野调查可以说是农村经济社会研究的基石。但并不是说有了田野工作就可以保障研究成果的高度，农村领域的学术研究高度除了靠扎实的田野工作之外，还要有良好的理论训练、敏感的问题意识、对复杂现象的抽象概括能力以及学术研究上的自信心。

有些经济学家习惯于深居书房，构造精致的经济学模型。闭门造车的结果，是生产出被科斯称为“黑板经济学”的纯学院式的学问。不能说这种纯粹学院派的“形式主义”的学问毫无用处。在某些领域，这种纯理论或纯数理的建模方法是有价值的。

但是，正如每一个人都有自己吃饭的独特口味一样，每个经济学家也有自己的作学问的“口味”。不同“口味”的经济学家选择不同的研究方式，因而形成不同的学问风格。

当年萨缪尔森讥笑科斯的学问是“作散文”，可是30年后科斯因为其制度经济学的开创性贡献而获得诺贝尔经济学奖。哈耶克那种19世纪哲学家式的经济学论述方式也不为时人所喜，可是在若干年后，诺贝尔经济学奖的桂冠也戴在了他的头上。加尔布雷斯是出名的另类和经济学界的“牛虻”，可是有哪个经济学家对美国社会的影响能跟加尔布雷斯相提并论?

坚持自己的学问风格，坚持自己的学术理想，研究最本土的经济现象，作最本土的草根学问，是我一直以来所向往的。有了这样的内心价值判断，农村金融这个领域也就自然走进了我的学术视野。

农村金融的研究，需要研究者投入一定的情感。作学问要客观，但并不妨碍研究者对研究对象有一份独特的感情，有一种来自内心世界的关怀和认同。

我在北大首次开设了《农村金融学》课程，在这门课的第一节课上，我就对选课的同学们说：“在北大经济学院的所有课程里面，这门课可能是唯一一门需要投入些感情才能学好的课程。”

研究中国农村是一件非常困难的事情。农村问题之复杂，牵涉领域之广阔，纠结历史之繁琐，都是其他学术领域所罕见的。研究农村问题，既要有一份对田野和乡村的感情，要有来自经验的敏锐直觉，也要有对相关经济学理论的准确把握和批判性梳理，当然也要有对历史学、社会学等其他学科的灵活运用。

我始终认为，农村金融研究应建立在一种多元的、不带学科偏见的方法论基础之上，要有广阔的学术视野和在学术范式上海纳百川的风格。只有脚踏真实的乡村土地，深入草根阶层，才能获得丰富的研究素材和学术灵感。

三、真实世界的经济学：方法论的融合

我一直服膺科斯所标榜的研究“真实世界的经济学”。研究“真实世界的经济学”，就要有对真实世界的真实观察、科学提炼和独特体悟，就要有对真实经济现象的一份敏感性。而农村问题的研究，特别需要这种研

究“真实世界的经济学”的方法论。

理由不必细讲。一个研究农村的人，如果没有田野调查的习惯和工作方法，如果没有在乡村实地考察所获得大量鲜活的经验和数据，如果没有在农户和村落间行走和深入访问的锤炼，你怎么研究农村呢？就靠那些年鉴和统计数据？那是绝对不够的。所以，做农村经济研究，就一定要学习和借鉴社会学的研究方法，尤其是田野调查方法。

研究农村，首要的问题是理解农村社会和农民阶层的生活状态和行为特征。而要理解农村社会和农民阶层的生活状态和行为特征，不能仅仅凭借逻辑上的理性推演，而更依靠历史和经验的研究，在这方面，农村经济研究者不能不在很大程度上借助和参考社会学和文化人类学的研究方法以及研究成果。举例来说，在研究中国农村金融的时候，如果不能深切了解中国的农民和农村的社会生活及其结构特征，就很难了解为什么农民会选择这种金融组织形式和融资方式，而拒斥另一种金融组织形式和融资方式，我们就很难理解为什么有些金融机构在农村领域获得了极大的成功，而有些金融机构却负债累累乃至于倒闭。

作为一个在农村金融领域浸淫有年的研究者，我的体会是，社会学在农村金融研究中的重要性，甚至在某种程度上超过了经济学理论。换句话说，我们能够从社会学研究成果那里获得的研究灵感，可能要比从正统的经济学理论那里还要多。很难想象，一个研究中国农村金融制度变迁的学者，会对梁漱溟先生和晏阳初先生开创的乡村建设运动及其对农村社会的理念一无所知①；也很难想象，我们会绕过费孝通先生有关中国传统农村社会的富有启发力和持久影响力的著作而得以了解传统农业社会的结构与特征②。另外，我国早期的一些著名社会学家的著作，甚至在现在仍然对

① 关于梁漱溟先生的乡村建设运动，可以参见梁漱溟：“乡村建设理论”，《梁漱溟全集》，第2卷，山东人民出版社1990年版；梁漱溟：“乡村建设大义”，《梁漱溟全集》，第1卷，山东人民出版社1989年版。关于晏阳初先生的平民教育运动，可以参见晏阳初：“农村运动的使命”，《晏阳初全集》，第1卷，湖南教育出版社1989年版；晏阳初，赛珍珠：《告语人民》，广西师范大学出版社2003年版。

② 费孝通有关中国传统农村社会的著作包括费孝通：《江村经济：中国农民的生活》，商务印书馆2001年版；费孝通：《乡土中国、生育制度》，北京大学出版社2002年版。

我们了解中国传统农业社会及其变迁有极大帮助[①]。

在农村研究中，社会学方法获得广泛的运用，其中最主要的社会学方法是社区研究、社会调查，也就是运用各种分析工具对所要研究的农村社区进行实地的调查研究。这是社会学的一个优秀的学术传统，实际上，实地调研、田野考察，应该成为一切社会科学的普遍运用的最基础的研究方法之一，经济学也不例外。遗憾的是，经济学在迅速发展它的逻辑分析工具和数学描述语言的同时，在很大程度上抛弃了这个优秀的传统。经济学仅仅依赖那些来自统计年鉴的总量数据，进行数理经济学的逻辑推理和计量建模，而忽视了研究者直接从真实世界获得鲜活的理论灵感和真实的数据，这种状况，在很大程度上影响了经济学的健康发展，也影响了经济学作为一门科学的声誉。现在，应该是经济学向社会学学习，从而实现真正的经济学和社会学的融合的时候了。

事实上，目前正在发生的事情是，社会学和经济学这两门主要社会科学之间的界线正在重新描绘，从而为全面研究经济学和社会学领域中的一系列重大问题提供了一种全新的视角，一些经济学家开始更多地将社会学的分析方法和范式运用到经济学研究中来[②]。在农村金融学研究中，农村社区的经济结构和社会结构、农户的借贷行为及其社会行为等等，这些研究资料的获得，仅仅依赖官方统计数据和现有研究成果是不够的，研究者还应该尽可能对研究对象进行实地的调研。笔者在全国各地进行过多次调研，我的感受是，在农村研究中，如果没有那些感性的亲身参与式的实地考察，我们可能永远也无法设身处地地理解农民的生活和思想。当然，实地调查不仅是感性的认识的获得，还是获得第一手科学数据的重要方法，也是理论创新的前提条件。

---

① 其中有代表性的社会学家是杨开道先生、李景汉先生。参见：杨开道：《农村社会学》，世界书局1929年初版，1933年6版；杨开道：《农村社会》，世界书局1930年初版，1933年6版；杨开道：《农村组织》，世界书局1930年初版，1931年4版；杨开道：《农村自治》，世界书局1930年初版，1931年4版；杨开道：《农村政策》，世界书局1931年初版，1932年再版。李景汉：《定县社会概况调查》，中国人民大学出版社1986年重印版；李景汉：《北京郊区乡村家庭生活调查札记》，三联书店1981年版。

② 关于社会学和经济学之间的融合，参见：［瑞典］理查德·斯威德伯格：《经济学与社会学——研究范围的重新界定：与经济学家和社会学家的对话》，中译本，商务印书馆2003年版。

四、社会学和文化人类学方法

社会研究的基本方式有调查研究、实验研究、实地研究和文献研究，其中每一种方式都具备某些基本的元素或特定的语言，构成一项具体社会研究区别于其他社会研究的明显特征，同时，每一种方式可以独立地走完一项具体社会研究的全部过程。

调查研究的基本要素包括抽样、问卷、统计分析、相关关系等；实验研究的构成要素包括操纵与控制、实验组、控制组、前测、后测、实验刺激、因果关系等。实地研究包括参与观察、研究者的角色、投入理解、扎根理论等；而文献研究则包括内容分析、编码与解码、二次分析、现有统计分析等。

这四种方法反映了不同的方法论倾向：以实验研究、调查研究和文献研究为代表的定量研究方式，比较集中地体现了实证主义方法论的倾向；而以实地研究为代表的定性研究方法，则集中体现了人文主义方法论的倾向。类似地，不同研究方式也分别被用于不同的研究目的：调查研究最常被用于描述一个大的总体的状况，以及探讨不同变量之间的相关关系；实验研究则主要被用于探索和证明两个变量之间的因果关系；实地研究则更多是在深入理解社会现实，以及在提炼和建构理论方面发挥作用；而文献研究常被用于帮助研究者去探讨那些既不会引起研究对象的任何反应又是任何其他方式在时间和空间上无法达到的社会现象和问题①。可以说，不同的方法有不同的用途，还是我们在前文所强调的，应该综合运用各种方法，而不要局限于某一种方法。

① 参见：风笑天：《社会学研究方法》，中国人民大学出版社 2001 年版，第 7 ~9 页。

表 16.1　　社会研究的基本方法

研究方式	子类型	资料收集方法	资料分析方法	研究的性质
调查研究	普遍调查 抽样调查	统计报表 自填式问卷 结构式访问	统计分析	定量
实验研究	实地实验 实验室实验	自填式问卷 结构式访问 结构式观察 量表测量	统计分析	定量
实地研究	参与观察 个案研究	无结构观察 自由式访问	定性分析	定性
文献研究	统计资料分析 二次分析 内容分析 历史比较分析	官方统计资料 他人原始数据 文字声像文献 历史文献	统计分析 定性分析	定量和定性分析

应该指出的是，社会研究的方法体系是一个有机的整体。在这个体系中，方法论是居于统帅地位的指导社会科学研究的一般思想方法和哲学基础，不同的方法论观点不仅影响研究者对研究问题的选择，同时更直接影响研究者对研究方式的选择。

举例而言，具有实证主义方法论的社会研究者，通常采用调查研究、实验研究以及定量的文献研究的方式，以凸现研究的规范性、精确性和客观性。从建立研究假设、变量操作化、数据资料收集、定量分析方法的运用，直到依据结果的解释和假设的检验，其中每一个步骤都尽可能严格按照自然科学研究的方式进行；而具有人文主义方法论的学者，则更经常地采用实地研究的方式，以及定性的研究方式，以凸现研究过程的特殊性、深入性和主观性，在研究思路上更多地依赖研究者的主观体悟，方法上更多地依赖研究者的参与和对情景的分析①。

① 参见：风笑天：《社会学研究方法》，第 7 ~ 9 页，中国人民大学出版社 2001 年版。

在农村金融学的研究中，实证主义方法和人文主义方法都是可以应用的，而且都具有巨大的作用。就实证主义方法而言，问卷调查、访问调查、观察调研、抽样方法、测量方法、统计分析方法以及比较新的计算机应用分析技术等，都可以应用①。这些方法，尤其是问卷调查和访问调查，是农村金融学的研究中经常使用的方法。

比如要了解农村信用社的运作情况，我们可以采用问卷的方法，设计出一套比较简明而有效的问卷，对所在社区内的农民和农户进行调查，了解其在农村信用社存款和贷款的情况，了解农户参与农村信用社业务的情况，也可以了解农村信用社对三农的支持情况。访问方法也很有效，我们可以访问一些比较典型的农村中小企业，了解它们对农村信用社信贷的看法，也可以访问农村信用社的员工和管理者，了解农村信用社的运作过程和经营理念。至于统计分析等方法，更是农村金融学研究中必不可少的方法，对农村信用社存款、贷款、不良贷款等指标的统计分析以及结构分析，可以帮助我们了解农村信用社的基本业务状况和素质，判断农村信用社的竞争力。

一些人文主义方法，在农村金融学的研究中也是有用的，这种方法一般用于一些对文化、风俗、宗教信仰、社会关系的研究。这种方法可以增加我们对于农村社会及其文化根基的感性的认识，对于理解农村社会运行是非常有益的。比如说，民间金融的研究就不能脱离对于传统农村社区风俗文化的影响的分析。

从某种意义上来说，经济学的研究对象是人类行为（米塞斯语），而人类社会在长久的历史发展过程中必然形成一个比较具有持久性的行为规范和行为模式，这种规范和模式也就是我们所说的文化。因此，经济学的研究不能脱离对于文化的研究，农村研究也是如此。

当我们分析和考察一个村落和农民的借贷行为的时候，我们不仅要将这个村落里的农户和农民作为一个理性的个体去看待，更要将它看作是一

① 关于社会科学研究的一些基本方法及其应用，尤其是社会调查方法、统计分析方法和计算机软件分析方法等，在唐盛明先生的著作中有详细的介绍，读者可以参阅。参见唐盛明：《社会科学研究方法》，上海社会科学院出版社 2003 年版。

个巨大文化群体的一员来看待，农户和农民的借贷行为更多地受到群体文化的影响，这也决定了小农经济条件下的农村信贷行为与成熟市场经济条件下的农场主的借贷行为不一样。文化人类学的一些重要著作，已经成为我们研究传统社会的必须参考的经典，比如摩尔根的《古代社会》，费孝通先生的《乡土中国》等著作也可以看成文化人类学的著作。一个经济学家，必须是一个眼界开阔的研究者，而不能只是囿于自己的专业领域而对其他的领域的优秀成果和方法采取封闭的拒斥的态度。

五、农村调查的意义

在暑期或者周末，带着一帮学生，深入乡村进行田野调查，几乎成为这几年我的学术生活的最重要组成部分。乡村研究是一个很有魅力的领域，其魅力也许更多地来自于接触土地与人民的亲近感与真实感、一种经验与理论相互交融观照的学术快感。

在《草根金融》一书的序言《作最本土的草根学问》中，我曾经强调了田野调查在乡村研究乃至于在一般人文社会科学研究中的重要性。我说："一个作乡村研究的人，是不能仅仅蜗居研究室构造模型的，他们的位置，应该在乡村的田野里。对于那些'用脚作学问'的人，我始终怀着深深的敬意。[①]"

前几天有一位在大学教书的朋友过来看我，他是讲金融的，他说这么多年来讲的东西，都是按照课本和文献来讲的，从来没有机会到任何一家银行、证券公司、农村金融机构去做过调查。我想他很诚实，他说的是大部分老师的情况。做经济学这个学问，大部分老师是从书本到书本，构造模型，发表文章，这样的做法在经济学界和大学实属正常。做社会科学，

① 王曙光：《草根金融》，中国发展出版社 2008 年版。

有一部分当然是可以用模型来做的，不用出去做调研，是一些纯理论的东西，很难做实证研究。但是，大部分经济领域是必须做调查的，做企业研究，做关于资本市场研究，做银行研究，做人口、收入或贫困问题研究，如果没有田野调查怎么办呢？如何才能得到正确的符合实际的结论呢？如何才能把感性的认识跟理性的认识结合呢？我的这位朋友讲到，他现在正在研究互联网金融，但是讲了两年，一直在照着别人的文章和书本来讲。我说你搞互联网金融怎么不到互联网金融企业去看看呢，不但要看他们的企业，而且要看互联网金融服务的客户，包括城市的和农村的客户，看互联网金融企业是怎么服务的，从供方需方两方面来探讨，才能得到正确的结论。

田野调查的意义就在于，第一，它能够给我们一些感性的认识。你看到了真实的场景之后，你的认识比在图书馆当中，比在实验室当中所看到的文献、数据更为真实，更为真切，更接地气。

第二，通过田野调查，可以获得大量真实的数据，这些数据能够帮助你进行更准确的判断。很多人说，研究农村金融，我直接用农业部的数据不就行了吗？直接用人民银行的数据不就行了吗？那个数据是经过很多技术处理的数据，不能说它完全没有用处，但是如果能接触到真实的数据，也许更好，能弥补那个数据的不足。我今天不讲那个数据为什么不好，这么多年以来，我写文章从来不用他们的数据，我几乎全部的文章都是用我们自己田野调查所获得的问卷的数据。这个数据尽管样本量比较小，尽管也存在一些偏差（因为只要是社会调查，一定会有偏差的），但是相对来讲它能锤炼我们对于现实的真实感，有一种接地气的感觉，能把你对于数据的分析和对于真实世界的感觉结合在一起。通过对自己田野调查获得的数据进行理论的分析，对真实世界的观察和体悟也许更深。有些经济学家买别人的数据进行研究，这在农村研究方面是不太可取的。

六、田野调查的三个疑惑

我特别强调的是一个农村研究者的田野体验。尤其是参与式调查，生活在真实的农村当中，与真实的土地和农民在一起互动，你的感受会十分鲜活而丰富。但是，这仅仅是乡村研究的方法论的一部分。接触真实的土地，获得丰富而多元的田野体验，从而在学术研究中更多了一份学术直觉与敏感性，这还不能说是完成了乡村研究。

有同学在跟随我做农户调查之后，谈到几点困惑：第一个困惑是，我们的语言系统和思维系统跟农民差别太大了，他们不知道我们在说什么，我们也摸不清他们的话语逻辑，访谈了半天，如同火星人见到了地球人，两个人交谈，总感觉如在云里雾里一般！

第二个困惑是，在与老农谈了半天之后，发现我们课堂所学的东西，在这里简直毫无用处！那些模型，那些理论，突然显得很苍白，很无力，好像与乡村的真实生活根本不搭界！

第三个困惑是，要回来写调研报告、考察随笔或者学术论文了，发现自己在笔记本上记录的东西杂乱无章，理不出一个头绪，难以从这些芜杂的现实素材中提炼出有价值的理论来。材料一大堆，而且都是第一手的数据和材料，可是如何进行理论升华，却令人挠头！

这些疑惑和苦恼，在初次进行田野调查的研究者而言，都是非常常见的感受。这其实涉及乡村研究中田野调查与理论梳理的一些核心的方法论问题。

关于第一个感受，我的体会是，我们一定要熟悉农村里生活的人的语言习惯、思维习惯和生活习惯，要抛弃我们在课堂上或者学术论文中的话语习惯和思维习惯，重新回到生活中来，回到真实的土地上来。用一种书呆子式的、文绉绉的方法、夹杂着生僻的学术名词、用很蹩脚的书面语言跟农民交谈，是大部分初习田野调查的大学生们普遍的毛病。

在《爱情呼叫转移》这部戏中，葛优扮演的农村青年以这样的口吻问一个老农："大爷，您家今年的 GDP 是多少?"老大爷满脸困惑："什么……P?"让人忍俊不禁。这种情况在我们的田野调查中并不少见，绝对不能仅仅当笑话来看。最好的田野调查，是调查者完全融入乡村生活的真实场景中，把自己当作乡村生活的一部分，当作农民的一部分，以他们熟悉的语言发问，以他们认同的方式行事。这是一种最高明的调查，可以称为"参与式访谈"。只有使调查者自己成为乡村的一部分，我们才能不以一种"鸟瞰式的视角"（a bird's eyeview）而是以一种"蚯蚓式的视角"（a worm's eyeview）来看待乡村和农民，才可以获得最真实的学术感受。居高临下的姿态对于我们获得真实的信息是一种最大的妨碍。所以，我经常对我的学生们说，到了乡村，你首先要抛弃你的优越感，抛弃自己是外来人的旁观感。

关于第二个感受，涉及理论与真实世界的关系问题。如果你发现现成的理论与乡村的真实境况存在着矛盾、隔阂与疏离，这实际上是一件幸运的事。这就表明，这正是我们对现有的理论进行反思式梳理的开端，同时也须是新的理论创新的开端。很多伟大的理论就是在反省现实与既有理论之间的巨大反差与鸿沟中诞生的。所以，在真实的乡村场景中，不断地映照和反思既有的理论架构，不断地以一种质疑的眼光来审视主流的理论模式，是一个乡村研究者必须具备的学术姿态。唯有如此，他才有可能获得理论上的突破与创新。乡村与农民的现实逻辑与理论相悖，不要怀疑现实逻辑错了，因为现实总是有一套自洽的逻辑，而是应该反省既有的理论（包括前提假设、预设条件、推论进路以及具体时空环境）。

关于第三个感受，实际上涉及如何在田野调查的基础上进行理论提炼和学术创造。这是一个核心的命题，关乎田野调查的最终成果。田野调查获得的素材必然是零碎的、开放性的，它从真实的乡村生活中获得，未经理论的耙梳，好像一块待琢的璞玉。要把田野调查获得散乱材料进行一番理论的梳理，最后有进行理论的升华，这才算完成了田野调查的任务。这个问题下面细讲。

七、问题意识与田野调查

做农村调查的第一步，是要求研究者必须具备相当的“问题意识”。所谓问题意识，就是对调查对象的一种敏感性，调研者并不是带着空洞的头脑来进行田野考察，而是带着一种敏锐的问题意识进行田野考察（当然并不是带着理论的成见来进行考察）；在考察中，调研者也并不仅仅被动地接受芜杂的素材，而是围绕自己内心的疑问与困惑、围绕自己敏感察觉到的问题展开田野调查。没有问题意识，在考察中提炼不出有价值的理论命题，我们的田野调查就是失败的，就是一堆没有用的素材，没有雕琢的璞玉就是石头而已。问题意识浓厚的调研者，会处处发现调研的乐趣，调研的结果无论与现有理论是相悖还是相合，都可以引起他的理论思考，或触类旁通地对既有的理论有崭新的认识与理解，或者根据自己的困惑提出新的理论假说。

当然问题意识的产生并不是天上掉下来的，不是空穴来风，我天生就知道这里面存在什么问题，不是这样的。你要获得对一个事情的问题意识，要经过详尽的文献调查，包括对现实和历史文献的深入考察。通过对这些文献调查，通过思考相关的资料，你能梳理出一些基本问题。当然要注意，这个问题跟现实问题有可能相差十万八千里，有可能是完全错误的，也有可能跟现实比较贴近，这都有可能。

假定研究中国的土地问题，你就要把中国土地制度的历史脉络做一个梳理，从古代到近现代以来土地问题的演变大体搞清楚，然后把最近以来关于中国现实土地问题的争论做一个梳理，看看到底问题出在什么地方。假定你梳理出来十个问题，比如说土地流转问题、土地确权问题、农民被征地之后的福利问题、集体土地的所有权问题等。当你把问题梳理出来之后，你就心里有底了，这些问题可能是中国目前土地问题当中最关键的一些问题。我只是说“可能”，因为你还没跟现实碰撞，碰撞之后你会接触到意想不到的新问题。但是这个梳理的过程很重要，培养这种问题意识非常重要。其实我们课堂学习是干什么？课堂的学习就是培养大家的问题意识，通过课堂学习，通过理论的学习，知道这么多问题是很重要的，哪方面问题应该是非常关键的问题，我要迫切加以解决的，这是农村调查的第一步。

八、调查提纲和问卷的设计

在做一个农村调查之前，首先要确定一个调查提纲。如果是进行数据的抽样调查，还要拟写一个问卷。你去做一个调查，比如关于土地问题、关于农村借贷问题、关于民间金融问题、关于中国的合作社问题、关于农村医疗问题等，需要根据所研究的问题列一个调查提纲，这个提纲是根据你在读文献过程当中的思考和梳理而写出来的，一般来讲，代表着你最感兴趣的若干问题。如果是一些定性的调查或者访谈，或者是参与式观察，写调查提纲就够了。如果要搜集系列的数据进行统计学和计量经济学研究，那么就非得进行问卷的调查，这就要针对不同的人来确定调查的问卷。

设计问卷当然要根据你要研究的主题来展开。比如你要研究农村金融机构对农民的服务，你就要了解关于利率制定的问题，金融供给规模的问题，农村金融机构内部的管理问题，以及法人治理结构问题等。比如你要研究农户的信贷需求问题，你就要了解他心目中的合意的利率水平的问题，他的信贷需求的期限的结构，他的抵押物和担保的问题，他的收入结构和支出结构，他参与民间借贷的情况，以及他对不同金融机构的不同的看法。当然你也可以针对乡镇政府和村政府设计问题，来了解一个乡镇和一个村的金融需求和供给情况以及那里的产业结构。

你在设计问卷的过程中要回答几个问题：第一，哪些信息是你必须得到的？也就是说你的研究中需要哪些重要的信息，才能支撑你的研究。你要对自己需求的数据有数，你获得的数据是有针对性的，不是漫无边际的。因为你的问卷是有限的，不可能包罗万象，不可能设计一个几十页的问卷。而且问卷越长，被访问的农民或其他对象就会越不耐烦，所以问卷的长度是有限的，最好是极其精干，要言不烦，只包含最最需要得到的信息，而没有多余的信息。这就需要你在调研实施之前，对所研究的问题有很好的把握。切忌问卷做得太长，很多数据又是浪费的。

第二，我向谁了解这些信息？你要了解你的对象，对被访问对象有一个初步的把握和判断。你要了解你所研究的对象在你研究中的位置和特征。比如你到少数民族地区考察当地的农民合作社的发展情况，你就要特别注意当地的宗教信仰和民族习俗，要考察这些变量或因素对于当地合作社发展的影响。有些问题，需要向不同的对象询问才能获得比较全面的公允的答案。比如高利贷，你要问民间金融机构的观点，要问当地正规金融机构的观点，要问地方政府的观点，还要问当地农民的观点，他们的心目中对高利贷的高低的判断以及高利贷的作用的判断，都可能是不一样的。你的问卷要根据对象进行调整，才能获得真实的信息。

第三，我拿到这些信息有什么价值？同学做完问卷，出去调研之后才发现，这个问卷当中，我们本来应该得到的信息反而得不到，该问的很重要的问题没有问，有些问过的问题反而废了，为什么呢？是因为你对信息的未来预期价值还不清楚。你设计的每一个问题，每一个变量都应该是有作用的，不应该是浪费的。换句话说，每一个变量都应该在未来的文章和理论建构当中体现出来它的价值，如果没有价值的话，说明这个问卷的设计是有问题的。所以你要预想这个提纲或者问卷的变量，对于将来的调查报告或者学术论文写作的重要性在什么地方，价值在什么地方。比如最近我们正在做关于今年夏天西藏问卷的整理，现在发现，有些重要的信息没有问，很可惜。比如说在西藏那边，一般借贷的利率多少呢？这个问题没有问，我们只问人家你们那边有没有农信社，有没有农行，要借贷能不能借到这些问题，结果忘了问非常关键的利率高低的问题。

所以，一张好的调查问卷，是成功的农村调查的基础。问卷的长度要合适，问卷中的问题要简明易懂，问卷所包含的内容要与你的研究目的和理论分析相结合，不要散漫无章，不要面面俱到。

九、沟通的艺术决定调查的成败

有了调查问卷，就可以展开调查。调查过程当中也有很多学问，调查的学问主要是沟通的学问。同学在学府里面待久了之后，跟别人沟通，很多问题，不知道如何把对方的真实信息勾引出来。人的心理状态就是这样的，如果我信任你，我就愿意跟你敞开谈，跟你边谈边骂都可以，他觉得很放松，把真实信息都暴露在你面前，都跟你讲，因为他觉得你是他的朋友，可以跟你敞开谈。但是，有些同学出去做调查，人家不愿意跟他谈，为什么呢？调研者的表情，让被调查者感觉不适合跟他谈，这说明这个调研者的沟通艺术不够。

还有一些同学和老师因为长期受学术训练，提的问题不够贴近老百姓，就像上文说到的那个问大爷家里的 GDP 的例子，这种情况其实我们在调查当中经常会遇到。实际上，即使你问一个农民的收入是多少，看起来不会引起歧义了，但是你不要忘记，农民与一个公务员、一个企业员工、一个教授是不一样的，农民对自己的收入是不太清楚的。所以我们在教同学们做调查的时候，往往教同学们与被访问的农民一起算家庭收入，这是一个诀窍。你要跟他在一块儿算的过程当中，知道他们家一共多少产业，比如有 50 头羊、种了 25 亩地，还有儿子和户主在县城打工的收入，你要分别问这三块的收入，然后就大概清楚了他的家庭总收入。因此调查问卷上那一个空白就叫家庭总收入，但是这个家庭总收入并不是他能够直接提供给你的，你得帮他算。这就是沟通的技巧，你要学会诱导这些被访者能够跟你披露真实的信息。

你还要及时调动被采访者的情绪。很多农民在跟你交谈过程当中，往往走神了，因为这个东西对他来讲不重要，虽然对你来讲很重要。所以我们经常看到，一个农村妇女跟调研者交谈一会儿之后，就会很不耐烦地说："对不起老师，我要去喂猪了"，因为她的生计比你这个问题更重要。所以你要让她觉得有兴趣，聊得很有意思，让她在这 40 分钟当中不走神，你就要具备沟通的艺术，要有亲和力，而不是让人感觉是公事公办、例行公事。我们做农村调查的学者或者学生，一定要谦逊，要谦卑地向农民学习，不要高高在上，不要自以为是，不要居高临下。你要学会与农民打成一片，用他们熟悉的语言风格，用他们熟悉而感到亲切的肢体语言跟他们交流。

定性的访谈和参与式的调查更需要这种沟通艺术。相比于问卷调查，我更喜欢做参与式的访谈。这就需要访问者和被访问者真正融合在一起。此时，你不是作为一个外在的观察者和采访者而存在，你要成为他们的生活的一部分，真正有机地融合在一起。比如我曾经在很多村子里住下，住在老乡的家里，与基层的农村资金互助社的农民在炕上彻夜长谈，整日相处，这样你在他们眼里就不是简单的访问者，而是一个令人感到亲切的朋友和亲人。在这种亲密的真实的参与式调研中，你得到的信息一定更丰富，更真实，更鲜活，因为你作为调研者得到了被调查者的信任。我从这种参与式调研中获益良多。我在《守望田野》一书的后记中说：

"我要深深感谢那些支持我田野调查工作的朋友们，那些素昧平生的朋友，既是我田野工作中的向导与同伴，也是我在农村金融方面的启蒙者。我常常对学生们说，作为一个从事农村研究的人，我们的一只手与往圣先贤们握在一起，是他们通过那些经典的文献传达了他们对历史和世界的深邃思考与睿智判断，在历史的纵深维度上给我们以启发；我们的另一只手与那些生活在中国广袤土地上的人民握在一起，那些看似平凡的农民和基层农村工作者，以他们开创性的工作，为我们的研究提供了大量鲜活而精彩的思想，在如此辽阔的空间维度上给我们的科学工作以深刻的启迪。正是因为这个缘故，在我每一本农村金融著作的后记中，都会有长长的致谢名单，这种感谢不是一般意义上的鸣谢，而是发自衷心的深厚情感。可以说，没有他们，就没有我的农村金融研究。[①]”

十、初步梳理思想和整理调研笔记

在阶段性的调查结束之后，你就要整理调研笔记，把自己在调查之前梳理的问题、预先的想法、文献调查中的理论观点，与自己在调查中遇到的真实的信息做一个对比，这个理论和现实、头脑和土地相互对比、观照、碰撞的过程，也就是初步的理论建构和理论创新过程。你的头脑和现实的土地发生碰撞，有些时候感觉被撞得头破血流，原来头脑中的观点和理论预设被撞得七零八碎，这是好事，这正好说明，你的理论创新的机会到来了。

调研笔记的撰写与初步梳理应该每天进行。这就要求调研者特别勤奋才行。我在农村调查过程当中，一般要求我的学生在调查的当天晚上就要整理自己的笔记。为什么这么干呢？因为第二天还有第二天的事，要是五天之后再整理，那么很有可能你当时全部的鲜活的感受和灵感都忘了。在每天调研结束之后，在当天晚上，就要把那种鲜活的理论灵感记下来，进行初步的加工与梳理。这个成果本身，比如说当天晚上整理出来 1500 字，这 1500 字也许很粗糙，但是它像刚煮出锅的玉米或者花生一样，极其新鲜，是你今天刚刚得到的成果，初步加工出来的产品，还带着生活的气息，带着土地的味道，那是无比宝贵的。

这些初步的感觉，要跟当初读文献的时候，设计问卷时候的感受做一个对比，不一样本身就是一个收获，因为你会发现，现实跟文献有抵触，你就开始反思文献。当然有时候也要反思现实，是不是现实只概括了一个局部呢？也有可能你得到了一个片面的、局部的印象。然后你才知道，原

---

① 王曙光：《守望田野——农村金融调研手记》，中国发展出版社 2010 年版。

来有些问题还需要进一步深入研究和调查，而不能仅仅凭借一些简单的经验下结论。

比如说2008年，我和一组同学在江西和贵州做调研，主要是入户做农村合作医疗的问卷调查，同时又做了大量关于村卫生站、乡镇卫生院的调查。那次调查非常非常冲击我平时的感觉，给我很大的震撼。我第一次看到，乡下的卫生条件如此之差，到了夏天奇热无比，四十二三度的高温，在乡镇卫生院的产房里竟然没有空调，所以孕妇从村里跋涉几十里路到县城去生小孩，坐车两三个小时，成本非常高。很多乡镇卫生院竟然还是五六十年代毛主席那个时代盖的卫生院，当时看起来是极为豪华了，但是过了五十年之后，那些房子已经极其破败。我在调查的过程当中，总是每天写一篇调研札记，把我看到的情况记录和梳理出来，七八天下来，我有七八篇调研报告写出来了，而且今天看来，那个报告十分鲜活，十分宝贵①。当天整理，当天反思，当天梳理，不要偷懒，这是我田野调查的一个经验。不用说，这个过程需要点毅力和坚持，但也是充满乐趣的。

十一、调查数据的统计和计量分析

问卷调查所获得的大量数据，要进行科学的处理，处理的方法基本上以统计学分析和计量经济学分析为主。

统计分析主要用于整体性的分析、结构性的分析和动态变化分析。整体性的分析就是通过统计分析洞察一个地区的农民的基本生活数据，比如平均的消费水平、平均的生活成本、平均的土地收益、平均非农收入，等等。将这些数据进行区域差异对比，可以获得很多有趣的结论。

结构性的分析，主要用于分析一个事物内在的结构特征。比如你通过

---

① 王曙光：《社会参与、农村合作医疗与反贫困》，人民出版社2008年版。

对一个地区的农民收入和支出各个项目的分析，你就可以知道这个地区的农民的收入结构和支出结构，这对分析一个地方的农业产业发展和农村经济发展是非常有意义的，可以获得很多政策性很强的结果。再比如，你如果通过数据的统计分析，知道在一个地区的农民的借贷成本结构中所包含的具体项目，你就可以分析这个地区农民所承担的利率的基本构成，比如除银行利率之外，还要有送礼的费用、交通的费用、进而就可以分析这个地区发生高利贷的具体原因。再如，你如果知道一个农民合作社内部的成员结构状况和资本结构状况，就可以对这里的合作社的性质作出很好的判断，也可以用于研究合作社的内部治理结构和运行机制。毛泽东在《兴国调查》《寻乌调查》中所娴熟运用的，主要是结构分析方法。

动态变化分析主要是通过数据在时间上的动态变化来观察某一个事物的演变，这就要依赖你问卷中的时间变化数据。比如你可以询问一个农民连续三年的非农收入的数据，这样如果样本量足够大，你就可以发现这三年该地区农民在非农收入方面的变迁。

计量经济学的分析主要用于分析不同变量之间的相互关系以及相互影响的程度。现代计量经济学的分析技术发展很快，这可以帮助我们洞察我们以前依据简单的统计方法看不出来的数据之间的微妙关联。但是，在运用计量经济学的时候，也不要迷信计量，不要仅仅运用计量技巧，通过修改计量结果来“硬造”理想的计量结果，这就陷入了数学形式主义，而不是真正科学的态度。运用计量分析可以很好地理解不同变量的相互关系。比如你要研究一个地区信贷可及性的影响因素，就要把农民获得信贷的概率作为因变量，而可能把收入、抵押品资产总值、生产性支出或农业投资规模、年龄和学历、社会资本等作为可能的自变量，从而构建一个计量模型，并用田野调查数据做检验。当然，你要注意“可能”两个字，也就是说，你所构建的理论模型所包含的变量，并不一定都是合适的，不一定都通过计量经济学的检验，如果通不过，你还要对这个模型进行调整。

计量经济学的分析要基于一定的经济学理论。一方面，要重视计量经济学研究，构建科学的计量经济学模型以发现变量之间的隐藏的相互关系，并了解不同变量相互影响的深度；但是，另一方面，也不要为计量而计量，不要迷信计量，不要生硬地运用计量。计量的技术不是关键，关键的是你要有科学的理论框架，要有理论抽象的能力和解释能力。同样的计量结果放在那里，有些人构建了很有新意的解释框架，甚至对原有的理论进行了极有价值的重构和突破，而有的研究者在这个计量结果面前无动于衷、一筹莫展，这就看得出理论水平的高下。

十二、农村调查的理论分析和提炼

一次完整的调研周期结束之后，你就要根据你的问卷数据分析、调研笔记等，进行理论的思考，你就要有一个理论的升华。这个理论的升华要求你不断提炼在调查过程当中的一些观感，把调研中的感觉以及数据分析的结果上升到理论高度，用系统的理论来解释现实世界，建立一个理论框架。比如你问了农民、民间金融机构、正规金融机构、金融监管者等关于利率定价的很多问题，那么农村金融的利率定价到底是怎么回事？你要总结一个理论出来，这就要求你有很好的理论建构能力、抽象能力和概括能力。你不能被现实的五花八门的回答所困扰，也不能被纷繁复杂的现象所遮蔽，你要揭示这个世界的本质和规律，这就要求你有理论提炼的功底，不停留在调研中所得到的印象，而是要把这些感性认识提升到理性认识的高度。

问卷调查本身也会出现很多意想不到的结果，这些结果有些是让你匪夷所思的，与你的预想或现有的理论相悖，你就要想办法解释，拿出一个逻辑上自洽的、能够自圆其说的、有说服力的解释框架。比如说我们在前几年做农村金融调查的时候，回来对问卷的数据做回归分析，发现一个特别难以置信的结果，即贫困人群比富裕人群的信贷需求强度要大。这个很难解释，为什么一个穷人，自己没有扩大再生产能力，他的信贷需求强度反而大？还有一个结果也是出乎预料，我们发现西部贫困地区比东部富裕地区的信贷需求强度反而更大。这些意外的结果，实际上是很宝贵的，逼迫我们反思其中的机理，跟以往文献做对比，来建立自己的理论解释框架。

十三、反思、创新与批判精神

一次调研是否成功，其标准要看你是否通过田野调查对现有理论提出了颠覆和创新的观点。这就要求研究者要具备一种批判精神。在《论学者、科学精神与人文关怀》一文中，我曾经说：

"批判意识是学术创造的前提。大学是创造新的思想与新的知识的殿堂，然而知识创造的前提是知识者有着足够活跃的带有批判性的心灵，这颗心灵能够对前人或同时代人的思想作出理性的判断，它批判性地吸收前人或同时代人的科学成就，运用自己的理性并以质疑与诘问的眼光看待一切教条与成说。[①]"

对于乡村研究者而言，尤其要对国外的主流经济学与社会学成果有一种科学的态度：反省、辨别、汲取、批判。具备了批判精神，就可能在田野调查的基础上，进行理论的对照、梳理、甄别、剔抉，并最终建立起自己的学术框架。

要在田野调查基础上做第一流的学术创新，还要求研究者具备一种学术自信心。乡村研究与田野调查，不是为已有的理论作注脚，不管这个理论是来自于国外还是来自于国内的经典或者权威。尤其应注意的是，乡村研究和田野调查不能硬套现存的理论模式，要树立研究者的主体心态，不论什么理论，总要拿到实践中来检验。国内学者所亟待树立的，正是这种

---

① 王曙光：《问道乡野——农村发展、制度创新与反贫困》，序言，北京大学出版社 2014 年版。

学术主体性和学术自信心。现在国内很多学者意识到建立中国农村研究的主体性意识的重要性，避免中国农村研究落入“被要求到西方社会科学中找空格填空”的命运。

十四、结尾：不枉用双脚走了这么长的一段路

2010 年 1 月 15 日我在北京大学经济学院科研工作研讨会上做了一个发言，题目是“行行重行行——关于农村田野调查和农村金融研究的一点体会”。“行行重行行”是古诗十九首中的一句诗，用这句诗来形容农村田野调查工作是非常合适的，农村田野调查工作无非是“行走”，在乡村的田野间行走，也有“路漫漫其修远兮”的意味在里头。

以上讲的，实际是农村研究中的方法论问题，其中涉及田野调查与理论创新的一般框架。我们平时总是讲“体悟”，我体会，所谓“体悟”，实际上是厚重的真实的“体验”之后所诞生的学术升华与理论“顿悟”。没有体验，何来顿悟？没有顿悟，体验有何意义？

自然，田野调查是很辛苦的工作，相比于在办公室下载统计数据和查阅文献资料，田野调查无论在体力和精神上对一个研究者都提出了更加严峻的挑战。但是田野调查是一个经济学研究者必备的素质，是必需的功课，也是他进行理论创新的最好的阶梯。调查工作是学术研究的基础，当然也是当政者制定决策的基础。

我想与年轻同行们分享的是，当你确定了你的研究方向之后，不能回避任何艰苦的工作和基础性的工作，只有把那些最艰苦、最基础性的工作完成之后，才能在这个坚实的地基上盖大楼。田野工作是很艰苦的基础性工作，不能绕开它们，仅仅去做一些比较容易短期见效果的工作。短时间依靠闭门造车发表论文固然似乎重要，但是当你把那些看似很艰苦、很基础的奠基性工作完成之后，你的研究将更深入、更系统、更坚实、更有方

向感。你将有更开阔的学科视野和更长远的研究目标，你的研究将是延续性的，而不是仅仅为发表论文而作的“点状”的分散的研究。现在的科学研究评价体系，往往激励和逼迫年轻学者去做短期见效的学术研究，而不鼓励他们把根扎得更深一些，把基础夯得更宽广更坚实一些，把学术做得更从容更长远一些。这不能不说是当今社会科学研究领域的一个不幸。我奉劝我的年轻的同行们要耐住性子，扑下身子，把自己的研究与真实的土地联系起来，把学术创造建立在扎实的调查基础之上，这样你的研究才有生命力。

“行行重行行”，作为一个学者，学术研究本身似乎就是一个漫长的旅行。旅行要有行者的心态，不要太急功近利，拍几张照片就打道回府逢人招摇；一个好的旅行者，应该慢慢走，从容欣赏，愉悦体悟，充分享用旅途之景致、旅途之哲思、旅途之妙处。把自己当成一个背着行囊的旅行者，虽然有高远的目标，却不避险远，一站一站耐心地品味，一景一景地从容地鉴赏，如此这个旅途才有味道，才不枉用双脚走了这么长的一段路。

后记

本书收录作者2012～2014年间所作的十余篇学术报告，涉及农村经济制度变迁、区域金融发展、土地变革、农村金融文化、金融自由化路径选择等重大问题，同时也旁涉中国传统经济伦理、文化自觉与文化产业发展、乡村治理变迁等深层文化问题，向读者呈现了近两年作者思考和探索的一些心得。这些学术报告，比学术论文更能被受众接受，在社会上产生的反响也稍大。衷心感谢这些学术讲座的组织者和邀请者，他们有的是作者的同仁和师友，有的是业界的翘楚，他们对作者学术工作的支持与扶助令我难忘。在此特别感谢中央民族大学孙英院长、邵士庆副院长，河北省张家口市市委王晓东书记、常务副市长何江海先生，张家口市金融办刘河主任、荆俊副主任、杨峻副主任、董贵副主任，河北北方学院任亮副校长，国家行政学院徐杰教授，北京大学国家发展发展研究院徐娟老师，河北金融学院杨伟坤教授，中共中央编制办公室周辉先生，国务院研究室国际司沈晓晖司长、李继尊副司长、冯晓岚老师、史德信先生、李伟先生，农业部农村经营管理司赵铁桥先生，北京市农村经济研究中心郭光磊主任、曹四发副主任、曹晓兰老师、刘睿文老师、黄丽老师，安徽药都农村商业银行董事长许绍普先生，中国县域金融年会组织者《县域经济》杂志社刘旭社长、张丹青总编、徐楠先生，山东工商学院马宇院长，北京大学学生就业指导中心陈默老师、李晓塘老师、中国金融文化论坛卢泓举先生等对作者的厚爱。

2013～2014年，我与学生们进行了多次田野调查。2013年7月的张家口之行，承张家口金融办刘河主任、杨峻副主任，康保县郭伟东副县长的热情接待。同年7月时隔15年之后重回贵州丹寨考察，承中国小额信贷联盟白澄宇先生悉心安排，圆我重返黔山苗岭之梦。2014年7月，承中国农业银行重庆分行胡新智行长之安排，我偕张春霞博士、王东宾博士到重庆市调研农业龙头企业、农行分支网点、农业合作社等，在四川广元市的调研承农行总行战略部田学思副总经理（挂职广元市副市长）安排，特此致谢。2014年8月，我与王东宾博士、张春霞博士、高连水博士到甘肃、新疆进行第二次丝路调研，经兰州、甘南藏族自治州、临夏回族自治州、天祝藏族自治州、武威市、肃南裕固族自治县、张掖市、酒泉市、敦煌市，直到新疆乌鲁木齐、吐鲁番市。甘肃农行韩国强行长、张掖农行张吉龙行长、王增智副行长、酒泉农行马敏宏行长、敦煌农行马雁骋行长、新疆吐鲁番市农行张洪亮行长、新疆分行任茂谷先生、吐鲁番市文物局局长王霄飞校友、乌鲁木齐市政府马龙校友等为我们的行程进行了周密的安排，使我们在新疆的行程紧凑而富有收获，谨此致谢。这两三年来，我多次偕北大学生赴余姚考察，余姚农村合作银行沈红波先生、万克俭先生、赵海明先生、陈朝华先生给予最热情与周到的照顾，余姚之风物史迹令人倍感亲切，寻访古贤，徜徉山水，旧交新知，兴会无前，每每令人回味不已。

本系列书之出版，赖中国发展出版社尚元经先生鼎力支持，七年以来，得元经兄教诲良多，把酒之间，天地寥廓。

王曙光

2015年3月5日乙未年正月十五

于北大经院清溪书屋